日本統治下の
朝鮮シネマ群像

《戦争と近代の同時代史》

元毎日新聞ソウル支局長
下川正晴
Shimokawa Masaharu

◉弦書房

装丁＝毛利一枝
〔カバー表写真〕
映画「望楼の決死隊」（一九四三）から。
国境の駐在所長役の高田稔（左）と所長夫人役の原節子（右）
〔カバー裏写真〕
映画「望楼の決死隊」ポスター（右）とその一場面。
日本語とハングルが併記してある
〔表紙〕
映画「授業料」（一九四〇）から

目次

目次

第二部　朝鮮シネマの光芒

はじめに

日本統治時代の朝鮮社会をめぐっては、現在もなお、多くの議論がある。日本収奪だったのか、開発だったのか。最近では「植民地近代（性）」という概念も登場した。日本国内では旧態依然の嫌韓本が氾濫し、韓国では民族主義的言説が横行し、学術書『帝国の慰安婦』（朴裕河著）が有罪判決を受けた。日韓関係が極度に悪化している中で、本書のような研究書の存在意義はどこにあるのだろうか。

この本は、再発掘された映像と映画人の個人史をもとに、「植民地朝鮮の真相」を探求した私なりの成果である。

日本統治下の朝鮮映画フィルムが二〇〇五年以降、北京の中国電影資料館などで続々と見つかった。一九三〇年代中盤から四〇年代にかけて、京城（現在のソウル）で製作された国策映画が多い。「近代の朝鮮」「植民地の朝鮮」「戦時体制下の朝鮮」を記録し、劇映画として構成された映像は、日韓の研究者たちに衝撃を与えた。活字でしか知らなかった戦前・戦中期の朝鮮社会を生きた人々の姿が、生き生きと再現されていたからだ。これらの映画研究に絞った日本人による単行本は、本書が初めてになる。

フィルムが残存する植民地朝鮮時代の劇映画は、全部で一五本しかない。
私が映画を見るのは、他者の経験や過去の時代を皮膚感覚で感知したいからだ。
毎日新聞ソウル特派員や韓国の大学客員教授などとして、一〇年近くをソウルで暮らした。帰国後は大学生交流を軸とした「日韓次世代映画祭」を開催し、その中で日本統治下の朝鮮シネマの紹介に努めた。当時の映画を見ることは、政治経済中心の歴史書では隔靴掻痒だった過去の実相を、再認識するきっかけになると分かったからだ。

日本統治下の朝鮮シネマには、日朝現代史の断面が思わぬ形で、顔を覗かせている。私は映画批評家でも、映画史研究者でもない。映画の捉え方は見る人によって多様であっていい。私は残された映画を媒介にして、歴史の真相の一端を知りたいだけの元新聞記者だ。本書は日本統治下で作られた朝鮮映画の監督や俳優の軌跡を通じて、日朝同時代史のリアルな実相を確認するために、取材し執筆した。

本書では、東宝との合作映画である今井正監督『望楼の決死隊』（一九四三）のほか、韓国映像資料院から『発掘された過去』シリーズとしてＤＶＤが刊行されている崔寅奎《チェインギュ》監督『授業料』（一九四〇）、同『家なき天使』（一九四一）、李炳逸《イビョンイル》監督『半島の春』（一九四一）を中心に、映像と時代の検証を行い、その時代を生きた日朝映画人の軌跡を追跡した。東宝映画『望楼の決死隊』は敗戦後、米側に押収されていたが、一九六七年に返還された。

この時期の朝鮮映画の考察において、他の作品は関連して言及するにとどめる。一つ一つの作品が内包する情報があまりにも豊富であり、その映画に関係した監督や俳優たちの人生が波乱に満ちていたからだ。

この時期の朝鮮映画には、思いがけない日本の映画人が登場する。戦後映画を代表する女優・原節子は、戦時中の『望楼の決死隊』では国境警備の駐在所長夫人を演じ、モーゼル銃を連射して「匪賊」を撃退する。この映画の監督は、戦後の民主主義映画で名高い今井正である。『授業料』『家なき天使』は、戦争直前の朝鮮映画界で輝きを放った「高麗映画協会」が製作した涙ぐましい秀作である。金素英《キムソヨン》主演『半島の春』では、植民地近代の中で苦闘する朝鮮映画界がビビッドに描写されている。

第一部「『望楼の決死隊』のミステリー」では、原節子と今井正の真実に迫り、共産主義者の朝鮮人俳優・朱仁奎《チュインギュ》の波乱に満ちた生涯にたどりついた。第二部「朝鮮シネマの光芒」では、日朝小学生による作文集を発掘し、京城のストリート・チルドレンたちの境遇を時代背景とともに探った。さらに女優・金素英の生涯を中心に、悲運に満ちた朝鮮映画人の動向を探り、李香蘭（山口淑子）など日本人女優との交流記録を発掘した。

第一部で記述した「国境の原節子」「興南と水俣病の起源」「朱仁奎の自死」、第二部「京城の熊谷久虎」「『慰安婦』の金素英」「コロンの子・西亀元貞」などは、それらの探索作業によって得られた私なりの研究成果だ。

いずれの作品や人物研究も、残された映像とともに、当時のハングル月刊誌『三千里』や日刊紙『東亜日報』などの活字メディアを探索し、解放直後の朝鮮映画界については新資料『日刊芸術通信』を参照した。

近代と戦争の時代は、成功と錯誤が共存し、矛盾が同時展開する不平等社会であった。

無声映画の時代を「誕生・幼年期」とするなら、朝鮮でも一九三五年から始まったトーキー映画の時代は「青春期」であり、それは戦争激化による国策映画への一元化という「挫折期」へと暗転した。発掘された映像は、東アジアで進行していた「戦争と近代の同時代性」を皮膚感覚で感知させるものだ。

この時期の朝鮮映画のフィルムが、戦後五〇年にして北京で見つかったのは、日本—朝鮮—満州—中国が連結した帝国のネットワークの存在を改めて認識させる。

本書と併せて、ぜひ、映画を見てほしい。

論及する映画の選定にあたっては、読者の便宜も考慮して、インターネットやDVDで視聴可能な作品に絞った。とりわけ『半島の春』（八五分）は、韓国映像資料院によってインターネット上に全編が無料公開されている（二〇一九年四月現在）。この映画では、日本語と朝鮮語が交錯する二重言語状況などを確認できる。『望楼の決死隊』は日本国内でDVDが発売されている。『授業料』『家なき天使』も韓国映像資料院から日本語字幕付きDVDがリリースされているが、品薄気味である。

日本における日本統治下の朝鮮シネマ研究は立ち遅れている。内海愛子・村井吉敬『シネアスト許泳の「昭和」』（一九八五）という優れた個別研究書があったものの、日本人の著者による植民地時代の朝鮮映画研究書、朝鮮映画人たちの人物史研究書は存在しなかった。それは「植民地朝鮮」の内実に迫る研究そのものが、依然として未成熟であるということだ。

韓国の映画史研究者である金鍾元《キムジョンウォン》、鄭琮樺《チョンジョンファ》両氏らの助言を得たほか、多くの先行研究を参照した。執筆にあたっては歴史的用語であることを重視し、当時の文章や証言に頻出する「内鮮」「満鮮」「鮮語」などの表記は修正しなかった。「京城」（現在のソウル）は、拙著『忘却の引揚げ史―泉靖一と二日市保養所』（二〇一七）で詳説したように、差別語ではない。「京城という表現は日本の侵略以前にすでに多く使われてい」（川村湊『ソウル都市物語』二〇〇〇）たものであり、ソウルと同様に「首都」を意味する伝統的な言葉の一つである。

一九四五年八月一五日以前は原則的に「敗戦前（戦前）」「解放前」「朝鮮人」、一六日以降は「敗戦後（戦後）」「解放後」「韓国人」などの表記にした。引用文は基本的に旧漢字を常用漢字に、カタカナ表記はひらがなに修正したほか、文意を損ねない範囲で読点を挿入した。本書では映画の公開年（カッコ内に表記）を含めて、西暦一九〇〇年代の年号が頻出する。煩雑さを避けて「一九」の表記を省略したケースがあることをお断りしておきたい。

第一部

『望楼の決死隊』のミステリー

第一章　満州・朝鮮国境の国策映画

《日本支配下の朝鮮では独立運動のゲリラ活動が執拗に続けられていた。とくに強力だったのは朝鮮と中国の国境を越えて旧満州方面から出撃してくる武装ゲリラ集団だった。これに対して村々に配置された日本の警官隊も武装していた。一九四三年の今井正監督の『望楼の決死隊』は、このゲリラを良民から金品を強奪していく匪賊として描き、日本人の武装警官隊を命がけで朝鮮人を守ってやっている崇高で勇敢な人々というふうに描いたものだった。少数の日本人武装警官たちとその家族が多数の「匪賊」に包囲されてあわや全滅というところに、日本軍が一箇中隊ほどトラックでかけつける。ここらは完全に、インディアンに包囲されて全滅しかけている幌馬車隊を騎兵隊が駆けつけて救うというアメリカの西部劇の模倣だった。》佐藤忠男『韓国映画入門』（李英一と共著、一九九〇）

「撃ちてし止まむ」

今井正監督の国策映画『望楼の決死隊』（一九四三）は、多面性を持ったミステリアスな作品だ。日朝の左翼運動、朝鮮の「内鮮一体」、戦争の時代が背景にある映画だ。DVDで視聴できる。二〇一五年に東宝・新東宝戦争映画コレクションの一巻として発売された。

「撃ちてし止まむ」

映画の冒頭、戦意高揚のスローガンが大写しになる。「討って滅ぼしてやる」という意味だ。映画公開の一九四三年に、陸軍省が制定した戦争標語である。この時期の映画には、決まって冒頭に、この戦争スローガンが登場した。

「望楼の決死隊」銃撃戦シーン。国境の駐在所長の高田稔（左）と同夫人・原節子（右）

「後援　朝鮮総督府」「朝鮮軍司令部検閲済」。映画冒頭に示される文字が威圧的である。「この一編を国境警備の重任に当たる警察官に捧ぐ――」と続く。

三月一〇日の陸軍記念日。有楽町の日本劇場（現在の有楽町マリオンの場所）の正面壁には、「撃ちてし止まむ」と大書された百畳大の絵が掲出された。手榴弾を持った巨大な兵士の姿が、見る者を圧倒した。『望楼の決死隊』は四月一五日に、日本劇場をはじめ「紅系」映画館一〇館で封切られた。陸軍省は全国に「撃ちてし止まむ」のポスター五万枚を配布した。

太平洋での戦況は悪化していた。二月にはガダルカナル島から日本軍が撤退を開始していた。『望楼の決死隊』封切り三日後の四月一八日、連合艦隊司令長官・山本五十六がブーゲンビル島上空で米軍機に撃墜された。一〇月二一日には、明治神宮外苑競技場で行われた壮行会に出陣学徒ら七万人が集まった。軍国日本は破滅への道を歩み始めていた。

朝鮮半島の立体地図を背景にした導入部分が、圧巻である。

「鴨緑江、豆満江に境される北鮮地方一帯は、今、日本の、重要産業地帯である」「しかし、かつては山岳重畳たるこの地に、満州国討伐軍に追われた匪賊の群れが、最後の暴威を逞しうした」と、有無を言わせぬ説明が続く。

「昭和十年の頃――」。鴨緑江《アムノクガン》の国境地帯をズームアップしつつ、映画が始まる。岡本喜八監督『日本のいちばん長い日』（一九六七）の冒頭シーンを連想させる画面だ。あの映画では、日本列島の立体図を背景に、ポツダム宣言の音声と字幕が流れる。『望楼の決死隊』は、公開後二年余にして、日本の敗戦を迎える。朝鮮半島からの悲惨な日本人引揚げが始まる。関係者の誰が、それを予期できただろうか。

映画の最初の実写映像は、収穫が終わった田園地帯を疾走する蒸気機関車の姿だ。次は鴨緑江を遡るプロペラボート型の河川哨戒艇。船首に日の丸を掲げ、兵士が小銃を構える。続いて河畔の道を走る乗合バス。後ろを歩む朝鮮人の子どもと白衣の大人。バスがエンストし、若い日本人警官（浅野巡査）が車体を押す。彼は任地へ向かう途中だ。短いカットがテンポよく連続する。

巡査は畑の狭い道を牛車に揺られて行く。パンしたカメラが周囲の山々を映し出す。山の斜面がところどころ崩れ落ちている。幌馬車が荒野を進む西部劇のシーンを連想させる。カメラが山々を写し続けると、やがて、川沿いの平地に日章旗が翻る集落が見え始める。そこが浅野巡査の目指す国境の駐在所だ。

帝国の領域

駐在所は、村人が動員されて、石垣の工事中だ。二〇人ほどの朝鮮人が石を積み、モッコで土を運ぶ。そこへ建物の中から小柄な女性が現れる。右手に薬缶、左手に多くの茶碗を載せたお盆を持っている。金信哉《キムシンジェ》、二三歳である。夫の崔寅奎《チェインギュ》が演出した『家なき天使』(一九四一)では、けなげな少女役を演じた。

「望楼の決死隊」の金信哉

「お茶がはいりました」

金信哉の可憐な声(日本語)が印象的だ。彼女の後ろの石垣には「平安北道南山里《ナムサン》駐在所」の看板がかかっている。「うん、ひと休みするか」(日本語)。石積みをしていた林巡査(田澤二《チョンテギ》)が答える。「みなさん、お茶をどうぞ」(日本語)と、金信哉が村人たちに呼びかける。石に腰掛けた林巡査に、白衣の朝鮮人の老人が近づき、湯のみを差し出す。ここで、驚きの会話がある。

「コーマッスムニダ(ありがとうございます)」。林巡査が軽く朝鮮語で返事するのだ。朝鮮人同士の会話だから当然なのだが、金信哉の日本語を聞いた直後だから、少し驚く。続いて、ノコギリで木を切っている杉山巡査（清水将夫）に、林巡査が声をかける。「杉山さーん」。今度は日本語だ。座ってお茶を飲む住民たちのそばを、新任の浅野巡査（斎藤英雄）が通り、林巡査らに近づく。

ここまでが映画の導入部分だ。林巡査のセリフに日本語と朝鮮語が入り混じり、オヤッと思わせる。もともとシナリオ段階では、冒頭の「お茶をどうぞ」と呼びかける女性を、駐在所長夫人役の原節子が演じることになっていた。しかし、白いチマチョゴリを着た少女役の金信哉が演じた方が、国境映画としての「朝鮮カラー」がよく表出されている。このような細かな改変は、映画と脚本を比較すると、しばしば確認できる。

鴨緑江《アムノッカン》を渡って満州側地域を偵察していた駐在所長の高津警部補（高田稔）が、渡し船から降りて来る。黒い支那服で正体を隠し、ポケットにはピストルを所持している。金巡査（秦薫《シンフン》）が付き添っている。

朝鮮人の子どもたちが石運びを手伝う。村人の黄昌徳《ファンチャンドク》（朱仁奎《チュインギュ》）は不機嫌だ。「自分の家の石垣を作るのに、ただで他人をこき使う手はない」（日本語）。妻（全玉《チョンオク》）が「駐在さんたちを手伝ってあげたら」（同）と言うと、黄は「人夫を雇えばいい」（同）とにべもない。

黄昌徳役の朱仁奎は、謎に包まれた俳優である。羅雲奎《ナウンギュ》が監督した伝説の映画『アリラン』（一九二六）では悪役を演じた。「伝説の」と言うのは、フィルムが残っていないからだ。朱仁奎の妻役の全玉は、一九三〇年代に「涙の女王」と呼ばれ、一世を風靡した歌手兼女優である。この映画で金巡査役を演じた夫の秦薫（姜弘植）とともに、売れっ子の歌手だった。かつて有名俳優だった朱仁奎と、有名歌手の全玉が夫婦役で登場し、朝鮮人

日本語・ハングル併用の「時局座談会」

側の「非協力」「協力」を代弁する役柄なのが興味深い。追って詳述するが、朱仁奎の人生には「赤色労働組合」「抗日運動」の個人史が秘められているのだ。

駐在所内部に張られた「国語常用」の標語が、頻繁に画面に映される。

「昭和一〇（一九三五）年ごろ」という映画の時代設定からすれば、ありえない映像だ。「国語常用」の標語が登場するのは、第三次朝鮮教育令が発布される一九三八年以降だ。撮影時の風潮に映画が迎合した映像である。

ところが、さらにおかしなことがある。映画で描写される村の日常は、ちっとも「国語常用」ではないのだ。朝鮮人同士が朝鮮語で会話を交わし、日本人警官と朝鮮人巡査の宴会では、朝鮮語の民謡が朗々と歌われる。村の学校（書堂）で朝鮮人の柳先生（沈影《シムヨン》）が子供たちに教えているのは日本語だが、駐在所の日本人巡査は朝鮮語が達者である。業務上の必要性から見て当然だ。実際にも、こういう場面はあったに違いない。

自己矛盾の極め付きは、住民集会の場面だ。

村人に訓示する駐在所長（高田稔）の背後の黒板には、日本語とハングルが併記してある。「官民一致協力」「早期申告」といった漢字の横に、ハングルの訳語がある。映画では何度も「国語常用」の標語が映し出されるのに、映画のセリフで朝鮮語が多いのは、演出者の皮肉ではない。この訓示場面は地域の「時局座談会」を描写したものであり、当時ではありふれた光景だった。

一九三〇年代、朝鮮人の非識字率は、地方では約七八％もあった。つまり、八割近くが朝鮮語も日本語も読み書きできなかった（一九三〇年国勢調査）。だから新聞などの活字ではなく、映像と音声によって朝鮮民衆に訴えかける必要があったのだ。総督府による啓蒙手段としての映画が重視された理由でもある。

「トラジ」の謎

画面は、夜の宴会に変わる。

浅野巡査の歓迎会。庭にゴザが敷かれ、料理や酒をともにしながら、ランプの下で歓談が続く。日本人巡査が金巡査（秦薫《シンフン》）に歌を催促する。「いいだろう」と駐在所長の高津警部補も勧める。金巡査が照れながら、日本語の歌を歌う。歌い終えると、高津警部補が「例の十八番（おはこ）を出さんかね」と、金巡査に朝鮮語の歌を求める。

「チョッタア」（いいすねえ）と林巡査。金巡査が朗々とした声で、朝鮮語の歌を歌い始める。有名な朝鮮民謡『トラジ《ききょう》』である。その歌声はプロフェッショナルである。彼は一九三〇年代にレコード歌手の姜弘植《カンホンシク》として有名だった人物だ。歌がうまいのは当然である。横に座っていた林巡査

「望楼の決死隊」。日朝融和の夜宴。

が立ち上がり、陶然とした表情で踊り始める。金巡査も歌いながら踊る。日本人警官たちは箸で皿や茶碗を叩いて、リズムを合わせる。

朝鮮語の歌『トラジ』は二分近くも続く。料理を運んで来た駐在所長夫人（原節子）が高津の横に座り、朝鮮人巡査二人の歌と踊りを楽しそうに見守る。原節子の柔らかな表情が印象的である。

こんな和やかな宴会の模様を、カメラはロングショットの俯瞰映像でとらえる。朝鮮民謡『トラジ』で惹起された「日鮮融和の夜宴」という演出の意図が一目瞭然だ。そこに、この映画の導入部分のハイライトがある、と私は思う。

浅野巡査が言う。「踊りでも見せていただけなかったら、金さん、まるで内地人ですな」。林《イム》巡査は「僕も名前を『ハヤシ』と言っても、（朝鮮人だとは）分からないでしょう。家内もこのように和服に慣れましたしね」と、隣にいる和服姿で給仕する妻の玉善《オクソン》（戸川弓子）を見ながら言う。現代日本人の感覚からすると、このような臆面もない会話が日朝の警官同士で交わされるのだ。

一九四三年の公開当時、京城では明治座、京城宝塚劇場、若草劇場、京城劇場などで上映された。朝鮮人の観客にとって、往年の有名歌手が歌う朝鮮民謡『トラジ』は、どんなイメージを喚起したのだろうか。

原節子の戦争活劇

二〇一〇年秋、私はソウルの韓国映像資料院で、この『望楼の決死隊』を初めて見た。日本から寄贈されたフィルムをＤＶＤ化して個別視聴用に公開していたのだ。一人用のＤＶＤ観覧ボックスで見て、とても驚いた。西部劇仕立ての活劇シーンをクライマックスにした植民統治映画だったからだ。戦後の共産党員であり、『ひめゆりの塔』（一九五三）などの反戦映画を作った今井正が監督し、伝説の女優・原節子が国境警備隊長の夫人として登場し、「匪賊」に向かって銃をぶっ放す戦争活劇なのである。そして日朝二重言語の矛盾に満ちている。なぜ注目されてこなかったのか。

映画は観客に日常生活と異なる異次元の体験をさせるメディアである。『望楼の決死隊』は戦時中の朝鮮・満州国境を見せてくれる映画だ。今でも脱北者が北朝鮮側から越えて来る鴨緑江流域を舞台にした戦争映画である。最大の眼目は「日鮮一体」「皇国臣民化」の帝国主義イデオロギーを背景に、植民地朝鮮でロケした国策映画だという点だ。戦争活劇、北朝鮮国境、虚飾のイデオロギー。これだけの要素のある映画を、「民主化映画」の監督が演出し「永遠の処女」が主演したのである。その真相は何だったのか。

東宝のプロデューサー藤本真澄は、この映画に主演した高田稔らとの対談で「いままでわれわれは国境というものの意識がない。こういう映画を作っていいのじゃないか」と述べた。高田は「国境を意識していない生活をしているから、あそこへ行って不思議な気がします」と応じている（雑誌『新映画』一九四三年一月号）。二人のやりとりを、著書『今井正　戦時と戦後のあいだ』（二〇一三）で引用した崔盛旭《チェソンウク》（早稲田大学演劇博物館招請研究員）は、「藤本の発言には『帝国の領域』を『見せる』という意識がはっきりと表れている」と指摘している。確かにそうだろう。朝鮮総督府警務局の全面的な協力なしで、この映画の撮影はできない。

当時の警務局長は、三橋孝一郎（一九三六年九月～四二年六月在任）である。

ロケ現場を管轄する満浦《マンポ》警察署にいた警部補・宮明松夫（大分市出身）は、「三橋局長が国境警備の警官の苦労を後世に残したいと東宝の知人に相談して、満浦警察署文岳《ムナク》駐在所でロケをやった」という備忘録を残している。私は大分県立芸術文化短大に勤務していた当時に、宮明の子息から備忘録を入手した。

三橋警務局長時代の一九三八年五月、雑誌『三千里』に編集部論説「共産匪、馬賊出没と『国境警備』の実情」が掲載された。警務局の発表文を転載したもので、論説は一九三二年から三六年六月までに警官の殉職者が二一人、負傷者三〇余人という数字をあげ、「鴨緑江《アムノッカン》上流地方に勤務する警察官の苦心は一層深刻なものがあり、一朝危急の時には家族といえども警備の任に当たる準備をしており、妻も銃を持ち応戦する覚悟を持っている」と記述した。『望楼の決死隊』のモティーフそのものだ。

朝鮮総督府警務局には、国境映画に伝統的な執着があるようだ。のちの警視総監・丸山鶴吉（警務局長在任一九二二～二四年）は、国境警官の奮闘を描いた長編映画の台本を自ら創作した。彼の構想は警務局の後援により、島田章監督『夫は警備隊に』（一九三二）に結実した。剣戟俳優・遠山満が主演した作品である。フィルムは現存しないが、『望楼の決死隊』の前史として紹介しておく。

「敵と同衾させる」

韓国の重鎮監督・金洙容《キムスヨン》（一九二九年生まれ）が、『望楼の決死隊』に言及している。彼は「中学一年の頃だったか、日本人教師に引率されて『望楼の決死隊』を団体観覧した」のだという。金洙容は映画人になってから、もう一度、この映画を見た。

「警備隊が危機に陥り、家族たちは自決のためのピストルを手にする。破裂する手榴弾、壊れる窓ガラス、壁に当たる銃弾、射殺されるゲリラなど、息を呑む場面が絶え間なく演出される。五三年前の映画とは信じられない。やはり映画というのは、正確な映画文法に立脚した精巧な編集が生命である」（韓国『映像文化情報』一九九六年六月号）

金洙容は今井のプロパガンダ映画を激賞している。「ひたすら勇敢だった警備隊の勝利に、あやうく拍手を送るところだった。しかしゲリラが馬賊ではなくて抗日独立軍だったら、と考えると戦慄を感じた。映画の魔力は観客を敵と同衾させることもできるのだ」。

「敵と同衾させる魔力」という表現は、絶妙である。抗日独立軍を弾圧する日本人警備隊側に、韓国人を同一化させる映画の「魔力」を感じて、金洙容は感嘆したのだ。

私は金監督と何度か懇談したことがある。六回にわたって大分県別府市で開いた「日韓次世代映画祭」（二〇〇八―二〇一四）に、ゲスト監督として来ていただいたこともある。彼は韓流シネマファンの女性たちに達者な日本語で語りかけた。とても人気があった。前述の文章は正直な感想だと思われる。

虚飾のプロガタンダ（「日鮮一体」「皇国臣民」）映画であるにもかかわらず、『望楼の決死隊』が今も生命力を保っている理由が、このあたりにある。日朝の関係史に疎くなり、多くの誤解を持っている現代人に、過去を再検証させる契機になる映画なのだ。

この映画の演出助手・崔寅奎《チェインギュ》は、韓国の解放前後を代表する監督である。『国境』（一九三九）で監督デビューした。一九一一年頃の生まれだから、監督デビュー当時はまだ二〇歳代後半の新鋭だった。『授業料』（一九四〇）『家なき天使』（一九四一）と注目作を連発した朝鮮映画界の若きエース監督である。

「恐ろしい男ですよ。何でもできますよ」。崔寅奎は先輩の方漢駿《バンハンジュン》監督から、こう評された。朝鮮映画人六人による座談会（『モダン日本』朝鮮特集号一九四〇年八月号）での発言である。崔寅奎が所属する高麗映画協会社長の李創用《イチャンヨン》は「（崔寅奎は）病的な鋭さを持っている。細かい所に鋭い人は、大きい所が見えないことがあるから、良きプロデューサーの下でなくちゃ、いい作品が生まれないんじゃないか」と言っている。

この座談会で、崔寅奎は「使ってみたい内地の俳優は？」との質問を受けている。その返事が面白い。「原節子を一度使ってみたいな」と言っているのだ。原節子はデビュー一二作目の日独合作映画『新しき土』（一九三七）で、世界的にも注目された。崔寅奎も京城の映画館で彼女の出演作を見たに違いない。彼の夢は二年後に『望楼の決死隊』で実現した。

原節子と高田稔

駐在所長役の高田稔は、印象の良いハンサムな男優だ。『望楼の決死隊』の二年後に崔寅奎《チェインギュ》が監督した『愛と誓ひ』（一九四五）にも、主役を演じた。「松竹三羽がらす」のひとりと言われた人気男優だ。杉山巡査役の清水将夫は、戦前戦後を通じて映画や舞台で名脇役として活躍した。ヒゲの熊沢巡査役の鳥羽陽之助も、戦前戦後の映画界で活躍した男優だ。中華料理店主の王龍をサイレント映画期から活躍して来た菅井一郎が演じる。

原節子は高津警部補の妻・由子を演じた。今井作品には三度目の出演だ。出征兵士の留守を守るおでん屋の女将役の『女の街』（一九四〇）、新聞記者の若妻役を演じた『結婚の生態』（一九四一）、そして『望楼の決死隊』（一九四三）。さらに今井の次回作として翌年公開された海軍映画『怒りの海』にも出演した。「軍艦の父」と呼ばれた平賀譲博士の苦闘を描く一種の伝記映画である。原節子は平賀の娘役を演じた。『青い山脈』（一九四九）『続青い山脈』（同）という戦後の今井作品二本に、彼女が女教師役で主演したのは有名だ。

『望楼の決死隊』の中国人・王龍の娘（王燕）役が三谷幸子である。豊田四郎監督『若き姿』（一九四三）にも出演した中堅女優だ。『若き姿』は植民地朝鮮の国策会社「社団法人・朝鮮映画製作株式会社」の第一回作品である。朝鮮人や中国人役を日本人俳優（佐山亮、三谷幸子、戸川弓子ら）

が演じる姿が目につく。こういうキャスティングは戦後の映画でもよく見られた。顔を見ているだけでは、どの民族か識別できない。トリッキーな「内鮮一体」「五族共和」イデオロギーが、映画の世界に浸透しやすい基盤がここにある。

重要なのは、『望楼の決死隊』では朝鮮人の役柄名が全員、日本人風の名前（設定創氏）でない点だ。この映画の際立った特徴だ。これはシナリオ段階からの特色である。『望楼の決死隊』から八カ月後、一九四三年一二月に公開された『若き姿』では、事情が異なる。卜恵淑《ボクヘスク》、文藝峰《ムンイエボン》といった朝鮮人のトップ女優が、創氏改名された役柄名で出演している。卜恵淑が松田礼文、文藝峰が吉村福順という具合だ。

『望楼の決死隊』では、なぜ役柄が朝鮮名なのか。

その答えは簡単に言うと、映画の設定が一九三五年ごろだからだと言うしかない。創氏改名は一九四〇年の出来事なのだ。ところが、この映画では「国語常用」など、一九三五年当時は一般的ではなかった標語が登場する。創氏もしていない時代に「国語常用」とはこれいかに。これらの自己矛盾、恣意的な扱いも映画の解釈を混乱させている原因の一つだ。

実は崔寅奎は、さらに複雑な映画を戦争末期に作っている。朝鮮人特攻隊の募集映画『愛と誓ひ』（一九四五）だ。ここでも主人公の朝鮮人少年の名前が「金英龍《きんえいりゅう》」なのだ。創氏改名（一九四〇）から五年も経っており、崔自身も創氏しているのに、主人公の名前は日本式の氏名ではない。植民地生まれの朝鮮人監督の内面は、一筋縄ではいかないのである。

監督・今井正

今井正監督（一九一二〜九一）とは何者か。

「戦後日本映画の左翼ヒューマニズムを代表する名匠である」（ウィキペディア）というのが、定番の評価だ。主な監督作品に『青い山脈』（一九四九）『ひめゆりの塔』（一九五三）『真昼の暗黒』（一九五六）などの進歩派映画がある。没後三〇年近く経つ。いまや「名画座の監督」なのだが、「民主化映画の監督」という社会的評価は不動のようだ。

全共闘世代の私は、今井の映画『橋のない川・第二部』（一九七〇）が、部落解放同盟から批判を受けたのを覚えている。今井は、アンチ共産党の部落解放同盟とは折り合いが悪かった。彼には傑作も少なくない。『あれが港の灯だ』（一九六一）は隠れた名作だ。李承晩ラインをめぐって、韓国人と日本人の狭間に立たされた在日コリアンの葛藤を描いた。水木洋子が熱心に取材して脚本を書き、今井が卓抜な演出を施した。この映画は水木がリードした作品と言っていい。

今井自身が生前、『望楼の決死隊』について語った証言がある。

岩波書店『講座日本映画（四）戦争と日本映画』に載っている。今井は「アメリカ映画の『ボー・ジェスト』を下敷きにして、満州と朝鮮の国境を舞台に、匪賊の来襲を防衛するために日夜活躍している国境警察官を描こうっていう話なんです」と言っている。『ボー・ジェスト』という映画は、一九三九年製作の米国映画だ。日本では公開禁止になったが、映画関係者は見る機会があったよう

「望楼の決死隊」の広告

だ。フランス外人部隊を助けるため、支援部隊を呼びに行く場面がある。『望楼の決死隊』では朝鮮人巡査が応援部隊を呼びに行く。

「（撮影した）当時はロケハンに行くったって、汽車で下関に行き関釜連絡船で釜山に渡る、それから一〇何時間か汽車に乗って、鴨緑江の先端にある新義州《シンウィジュ》という町に着くんです。鴨緑江が凍結すると、匪賊が河を渡って襲ってくるという設定なんですよ。ひどい寒さでね、風呂に入ると流れた湯がすぐ氷になって、タイルにこびりつくほどだった。このロケハンの間に太平洋戦争が勃発したでしょう。（日本に）戻ると、撮影所も戦時色一色になってってね、満浦鎮《マンポジン》という鴨緑江の中ほどにある、平壌から汽車で二〇時間もかかる国境の街に、翌年の三月に原節子や高田稔の俳優も一緒に出発したわけです。でも美術部が苦労して作った望楼が、春になって地盤が緩んで崩れちゃった。結局、セットを建て直して一一月に撮影再開になったわけです」

「朝鮮側からは、浮浪児問題を扱って『家なき天使』ていう、いいシャシンを撮っていた崔寅奎《チェインギュ》という監督が全面的に協力してくれて、そのおかげで朝鮮の映画スターがずいぶん出てくれたわけです」

満浦鎮は、現在の北朝鮮慈江道《チャガンド》にある満浦市である。鴨緑江を挟んだ対岸が、中国吉林省の集安市（高句麗の故都）だ。川幅が狭く、いまも脱北者問題など、中朝国境地帯の取材で取り上げられる場所である。

『望楼の決死隊』は、一九八〇年代になって、批判の矢面に立たされた。

「いつかどっかから、『望楼の決死隊』というシャシンを戦争中に撮ったそうだけど、戦犯映画だ。あんたに言ったら答えてくれるかどうかしらんけど、なんて言ってきたから、とにかく自分でつくったんだから、僕の責任で作ったんだから、ちっとも答えないなんていうことはないんだよ、と言ったことがある」

今井はわかりにくい言い方をしているが、注目すべきは次の部分だ。

「僕は学生時代、左翼運動をやって何回か引っ張られた後、転向手記を書いたし、戦争中には『戦争協力映画』と言われても仕方ないようなのを何本か作っている。そのことは、自分の犯した誤りの中でいちばん大きいと思っているんです。だから、自分の弱さを知っているだけに、戦後もなかなか自信が持てなかったわけですよ」

ここが今井が戦争責任に言及した部分だ。

「自分の犯した誤りの中でいちばん大きい」と彼は言っている。だが、これ以上の詳細な言及をしていない。それが在野の歴史研究家・辛基秀《シンギス》などから強い不信感を買った所以だ。国策映画『望楼の決死隊』への評価が、揺れ動いている原因でもある。

映画のスタッフを画面で確認しておこう。

タイトル『望楼の決死隊』は、横書きの太い文字である。同じ画面に「脚本・山形雄策、八木隆一郎」「演出・今井正」「演出補佐・崔寅奎」と、主要スタッフ名が表示される。脚本の二人については後述する。撮影は鈴木博である。一九二〇年代から松竹、東宝、新東宝で活躍し、市川崑監督『東京オリンピック』（一九六五）が遺作となった。録音・高畠氏康、照明・平田光治である。美術・松山崇が注目される。戦中期の『ハワイ・マレー沖海戦』『加藤隼戦闘隊』や、戦後の『青い山脈』『羅生門』で手腕を発揮した。

字幕に名前はないが、東宝の公的記録である東宝シネマ・データベースには、「特殊技術　円谷英二」の記載がある。円谷は前年の一二月三日に公開された開戦一周年記念映画『ハワイ・マレー沖海戦』（山本嘉次郎監督）で、特撮の腕を存分に発揮した。のちに「特撮の神様」と呼ばれた。周知のように『ゴジラ』『モスラ』を生み出し、日本の特撮怪獣映画の基礎を作った映画人である。円谷は今井正の次回作『怒りの海』でも、特殊技術を担当した。

この映画の陣容をめぐって、韓国では異説が伝わっている。

田凡成《チョンボンソン》編『韓国映画叢書』（一九七二）の記録には、製作会社・高麗映画協会、製作者・李創用《イチャンヨン》、企画・崔寅奎、美術・金貞恒《キムジョンハン》、録音・梁柱南《ヤンジュナム》、照明・金聖春《キムソンチュン》が名を連ねる。李創用は高麗映画協会の社長。梁柱南は、崔寅奎『授業料』『家なき天使』で録音を担当した。金聖春は一九三五年以降、朝鮮映画界で活躍した照明技師である。『望楼の決死隊』が李創用や崔寅奎など高麗映画側から発想され、資金とマンパワーを兼備した東宝の実力によって、合作映画として結実した製作経緯を反映している。

二重言語《バイリンガル》状況

『望楼の決死隊』における二重言語状況は、明らかである。俗に「植民地時代には朝鮮語は禁止された」と記述されるような生半可な認識をくつがえす映像がそこにある。映画に登場する朝鮮民謡『トラジ』が当時、問題になった形跡もない。『望楼の決死隊』のシナリオ（山形雄策、八木隆一郎）が、専門誌『日本映画』一九四二年一〇号に掲載されている。映画封切りの半年前だ。歓迎会の夜宴の部分は、以下の通りである。

《駐在所の中庭／こうこうたる月光がみなぎって、木の枝にかけたランプも要らないくらいである。浅野巡査を歓迎する心ばかりの宴が開かれている。高津がいる、熊沢も林も金もいる。金「それでは歌います。仕方ありません」。金はみんなに勧められるままに、白頭山節を歌い始める（高津夫人らがいる台所の光景が挿入される）。歌い終わった金が続いて、朝鮮俚謡を始める。林、手拍子を打って和す。一同も次第につり込まれて手拍子を合わせる。金、興に乗って立ち上がり、踊り出す。肩の律動に特色ある朝鮮舞踊だ（後略）》

「朝鮮民謡が喚起した日朝融和の夜宴」シーンは、シナリオ段階から構想されていたことが確認できる。そして、このシーンが総督府や朝鮮軍の事前検閲でも、了解されていた点が重要である。シナリオにある『白頭山歌』（日本語）は当時流行していた軍歌だ。朝鮮俚謡は、まさに金巡査が歌った『トラジ』だ。「肩の律動に特色ある朝鮮舞踊」というシナリオ表現は、林巡査が映画で見せた踊り方そのものである。今井正・崔寅奎の演出コンビが、シナリオにない場面を撮影現場で映像化したという推測は、ここでは成り立たないのだ。

国境の地政学

『望楼の決死隊』は、風景映画としても楽しめる。

村落周辺の景色が旅情に満ちた風物詩のように描写される。集落、山岳、学校、河川、墓地。杉山巡査（清水将夫）が新任の浅野巡査（斎藤英雄）を連れて、警備所管内の村落や河畔を案内するシーンである。

路端で草を食む牛一頭。庭で糸車を巻く女性が、杉山巡査に朝鮮語で話す。「息子が怠け者で困るから、一度意見をしてくれって」と、杉山が浅野に通訳してやる。山道を歩む二人。杉山巡査は手に戸口調査票の綴じ込みを持つ。浅野「達者なもんですね、杉山さんの言葉」。杉山「こいつを覚えんと、管内の状況がわからんもんね」。杉山は朝鮮語で何事かを訴える老人の話を聞く。「よく分かった」。老人が日本語で「サイナラ」と言う。

二人が村の書堂（学校）に立ち寄る。先生は金巡査の友人の柳東純（沈影《シムヨン》）だ。日本語の授業だ。子どもの朗読。「父の代になってから、ピンボウになりました」。柳「ピンボウじゃない、ビンボウッ」。巡査二人が教室内に入る。「起立ッ」。敬礼する巡査たち。

引き続き、村を巡回する巡査二人。路上で牛が粉挽き車を引く。鴨緑江河岸の断崖を進む二人。

「望楼の決死隊」。鴨緑江を筏で下る国境警官。

川には数隻の白い帆を掛けた船が浮かぶ。イカダに乗って川を下る警官二人。背景に満州側の山々が折り重なって連なる。国境の美しい光景そのものだ。

朝鮮半島の北限国境は、一三〇〇キロメートル以上におよぶ。最高峰・白頭山《ペクトゥサン》を中央部に、鴨緑江《アムノッカン》（西側）と豆満江《トマンガン》（東側）が流れ、一部はロシア国境と接している。豆満江対岸の間島《カンド》一帯は、近代以前から咸鏡北道《ハムギョンブクド》からの移民が多かった。すでに日本の韓国併合（一九一〇年）時点で、間島総人口の七六％に当たる一〇万九五〇〇人が、朝鮮人によって占められていた。併合後、国境の対岸地域は抗日運動の根拠地になった。

『望楼の決死隊』のロケ地に近い満浦警察署の小出武は、当時の国境地帯の模様を次のように報告している（『新映画』一九四三年一月号）。

《昭和一〇年頃、夏は鴨緑江を行き来するプロペラ船の水運に頼り、凍結期には馬や牛のソリに頼っていた。共匪、抗日匪、土匪が横行し、女も匪賊襲来に備えて射撃訓練をしていた。国境警備隊が医者代わりをしていた。内地の縁者が危篤になっても帰郷できない。対岸の満州通化省には「王鳳閣溝」を頭目とする一団など、匪賊四、五百人がいた。交通至難のため匪賊の襲撃を受けても、救援隊が着く頃にはすでに遅いのが常だった。》

映画のストーリーと一致する内容だ。国立国会図書館所蔵の『朝鮮総督府警察職員録』（一九四三年版）によると、小出武は当時、満浦警察署巡査部長（長野県出身）だった。

警備所長夫人役の原節子が襲撃した「匪賊」に対抗して、夫（高田稔）とともにモーゼル自動拳銃を乱射する場面は、この映画のクライマックスだ。シナリオには「共匪咬龍《こうりゅう》」とある。共産ゲリラの一党「咬龍」という意味だ。

村の女性たちの射撃訓練は、辛基秀《シンギス》編著『映像が語る「日韓併合」史』（一九八八）でも確認できる。平安北道警察部撮影の写真集『国境の守り』（一九三三）から、「警察官家族の実弾射撃訓練」の写真を転載しているのだ。割烹着姿の女性たちが、モーゼル自動拳銃を右手に構える。指導の警官らが見守る。赤ん坊を抱いた村の婦人たちや幼い子どもら十数人の姿が映っている。映画のシーンを彷彿とさせる写真である。

写真集には多くの貴重な画像が収録されている。

豆満江を渡江する日本軍、巡察する騎馬分隊、越境者への検問、夜中の住民取り調べ、氷上を通る貨物ソリの検査、奇岩の間を行く警備兵、雪の国境を巡察する警備兵、駐在所全景（前方は豆満江支流）、氷上を行く警官隊、河川沿いの断崖を行く警官隊、駐在所の望楼、殉職警官の碑……。地図一枚も加え、きわめて臨場感がある。

この写真集『国境の守り』が今井正の死後、彼の書斎で見つかったという。今井らがロケハン時に国境警官から体験談を聞き、資料として写真集を持ち帰ったことが、これで立証できる。

「匪賊」とは何か

そもそも、「匪賊《ひぞく》」とは、何なのか。

「匪賊＝抗日武装勢力（パルチザン）」という画一的な理解が少なくない。『大辞泉』には「徒党を組んで略奪・殺人などを行う盗賊」とある。これは国語辞典の解釈だが、それを抑えておいた上で、満州（現在の中国東北部）に跳梁した「匪賊」が、どういう存在だったのかを考えたい。

「この夏、私は満州を旅行して、匪賊に遭いました」

この書き出しがあるエッセーを読んだ時、私は苦笑してしまった。筆者は『帝国主義下の台湾』（一九二九）など殖民政策学で知られる矢内原忠雄（戦後の東京大学総長）である。

一九三二年九月、満州の首都・新京（現在の長春）からハルビンに向かう途中、矢内原が乗った列車は匪賊集団一〇〇人の襲撃を受けた。日本兵四人、民間人一人、ロシア人一人が殺された。列車を脱線させて、乗客の物品を略奪するという乱暴な手口である。この時の「匪賊」は何だろうか。

徐大粛《ソデスク》『金日成《キムイルソン》と金正日《キムジョンイル》――革命思想と主体思想』（一九九六）によれば、「満州にあった中国の非合法団体は様々な名前で知られていた」という。徐は金日成研究の第一人者である。「中国政府から見れば、彼等は匪賊であり、匪賊の中でも馬賊・土賊・共匪・紅槍匪などと呼ばれる一種のテロの団体のようなものが多数存在していた。朝鮮独立運動系列の武力団体にもいくつかの派があった」。紅槍匪とは、槍に紅色の房をつけた武装グループだ。

「匪賊」にも色々あったことが分かる記述だ。共匪も「テロの団体」と認定されているのが、凡百の金日成賛美本と違う点だ。徐大粛は専門書『金日成・思想と政治体制』（一九九二）では、金日成部隊の兵力補充は「中国人苦力および朝鮮人農民を徴用し、村や町を襲撃するたびに人質にとった若者に、訓練を施しては兵士に仕立てた」と書いている。

『望楼の決死隊』に襲撃シーンに登場する共匪を、金日成の満州パルチザンや普天堡《ポチョンポ》襲撃（一九三七）と同一視する見方が、韓国にも日本にもあるが、これは早とちりである。

パルチザンは金日成の部隊以外にも色々あったからだ。東北人民革命軍の朝鮮人隊長・李紅光《イホングァン》に率いられた部隊は一九三五年、氷結した鴨緑江を渡って平安北道東興邑《トンフン》を襲撃した。いわゆる東興《トンフン》事件だ。彼らは民間人を殺害、金品を略奪し、朝鮮人資産家の家に放火して、日本軍当局に衝撃を与えた。満州パルチザン部隊による初の朝鮮内侵攻事件として、国境警備体制の見直しを迫ることになった。

金日成《キムイルソン》と「歴史の偽造」

朴金喆《パククムチョル》ら「甲山派《カプサン》」と呼ばれる朝鮮内パルチザン派もいた。しかし彼らは一九六〇年代、ソ連帰りの金日成一派によって粛清された。これによって「金日成神話」が完成し、抗日闘争史が金日成ひとりの成果として独占されるに至った。抗日パルチザン史を金日成中心に叙述するのは、金日成崇拝の術策である。

北朝鮮の歴史記述には嘘がある。高秉雲《コビョンウン》（朝鮮大学校教授）と鄭晋和《チョンジンファ》（同教員）が編集した雄山閣刊『朝鮮史年表』（一九七九）は、一九四五年八月九日の史実として、「金日成主席の指揮する朝鮮人民解放軍部隊は日本帝国主義侵略者に対し総攻撃を開始し、雄基、西修羅を攻撃し解放」と書いている。

だが周知のように、八月九日に侵攻したのはソ連軍である。金日成は日本軍の弾圧を避けてソ連ハバロフスク近郊に避難していた。彼がウラジオストクからソ連の軍艦プガチョフに搭乗して、北朝鮮東海岸の元山港に上陸したのは、九月一九日のことだ。金日成はソ連軍第八八特別旅団の一員だった。

ソ連軍の侵攻の際、中国共産党軍や朝鮮人部隊は参戦を許可されなかった。朝鮮人で戦闘に加わったのは、呉白龍《オベンニョン》ら偵察要員だけだった。「北朝鮮では、その呉白龍の回想を利用して、朝鮮人民革命軍がソ連軍とともに対日戦に決起し、朝鮮の各都市を次々に解放したと記述しているが、それはそうでありたかったという願望の現実視であって、事実ではない」（和田春樹『北朝鮮―遊撃隊国家の現在』）というのが史実である。

日本国内にある朝鮮中級学校の歴史教科書（三）では「敬愛する主席様におかれては一九四五年八月九日、朝鮮人民革命軍の全部隊に祖国解放のための総攻撃命令をだされた」（萩原遼ら訳、二〇一〇）と記述する。これは偽造の歴史教育である。

朝鮮戦争についても、朝鮮高級学校の教科書・現代朝鮮歴史（一）は「李承晩《イスンマン》は一九五〇年六月二三日から三八度線の共和国地域に集中的な砲射撃を加え、六月二五日には全面戦争へと拡大した」（同）と記述し、金日成による開戦命令を隠蔽している。

中西伊之助（戦後の共産党員代議士）に『不逞鮮人』という作品がある。彼は平壌日日新聞の元記者だった。『望楼の決死隊』で描かれた朝鮮北西部の「匪賊」を訪ねてインタビューしたという卓抜な小説だ。しかし、その正体は土匪でも共匪（パルチザン）でもなく、儒教的民族主義者だったというのが、小説の結末だ。匪賊の村に向かう情景描写が真に迫っている。一九二二年に雑誌『改造』に発表された。当時の匪賊認識を反映した小説だ。

高知にいた共産主義者の青年・槇村浩が長編詩『間島パルチザンの歌』を発表したのは、一九三二年四月の『プロレタリア文学』臨時増刊号だ。共産党関係の雑誌記事などを読み、想像力だけでパルチザン賛歌を書いた。すると一九三五、六年頃には、間島・延吉《ヨンギル》の小学校で日本留学歴のある朝鮮人教師がこの詩を朗読して、子どもたちに読み聞かせていた。戸田郁子『中国朝鮮族を生きる――旧満州の記憶』（二〇一一）に書いてある。それほど当時の左翼ネットワークは緊密だった。

間島は、満州と朝鮮の間にある地域だ。間島問題は、今や日本人が忘れてしまった問題だが、間島を含む旧高句麗の帰属問題（中国史か朝鮮史か）は、一〇数年ほど前、韓国と中国の歴史学界を対立させたイシューでもある。

李氏朝鮮時代から間島に朝鮮人が移住し、清朝側と大韓帝国の間で紛糾して来た。韓国併合後は、一九三〇年に中国共産党（極左冒険主義の李立三執行部）と連携した間島朝鮮人武装蜂起（間島五・三〇事件）が起きるなど、一層こじれた。「満州国」成立後は、間島省が置かれた。朝鮮人は満州国の「五族協和」体制で、日本人に次ぐ待遇を受けた。しかし満洲パルチザンの動きは、内部分裂の恵山《ヘサン》事件（一九三七）もあり、衰退局面に入った。

松田利彦（国際日本文化研究センター教授）『日本の朝鮮植民地支配と警察』では、「一九四〇年以降、東北抗日連合軍の主要部隊は壊滅するかソ連領へ脱出することになる」と記述されている。「昭和一六年春からは『満州国内に匪影なし』といわれるまでに、治安も格段とよくなっていった」。これは朝鮮警察出身の研究者・坪江汕二『朝鮮民族独立運動秘史』の一節だ。

つまり『望楼の決死隊』が撮影された一九四二、三年当時は「匪影なし」の状態だったということなのだ。朝鮮軍報道部の映画検閲が「共匪」登場をパスさせるほど、満州パルチザン派は衰退し、軽視されていた。しかし、それから三年後、「共匪」の背後にいたソ連軍の侵攻によって、満州・北朝鮮の日本軍はたちまち崩壊する。

転向者たちの映画

『望楼の決死隊』の今井正監督は、本人の回想を引用した通り、旧制水戸高校や東京帝大の学生時代に検挙歴のある左翼学生だった。脚本を書いた山形雄策（一九〇八〜九一）は、今井より四歳年上で共産主義青年同盟（共青）の有力メンバーだった。山形は小林多喜二と同じ時期（一九三〇〜三一）に、豊多摩刑務所で獄中生活を送った。今井も山形も戦後は、日本共産党の映画部門で活躍した。第三章で詳述するように、国境駐在所に不満顔の村人を演じた朝鮮人俳優・朱仁奎《チュインギュ》は「赤色労働組合運動」で逮捕・下獄歴のある共産主義者であった。

その山形雄策は映画公開に当たり、雑誌『シナリオ』で四ページにわたって「望楼の決死隊脚本覚書」を書いた。映画の制作意図を山形が代表して記述した形だ。

それによると、山形が『望楼の決死隊』に参加した時には「共作者・八木隆一郎、演出者・今井正、制作者・藤本真澄、崔寅奎諸君によるストーリー第一案ができあがっていた」。現地調査や資料収集に努め、脚本原稿を数回も改稿して脚本は完成したという。撮影開始前の新聞発表で「原作・八木隆一郎、シナリオ・山形雄策」となっているのは、こういった事情を反映したものなのだろう。八木隆一郎（一九〇六～一九六五）はプロレタリア演劇運動から映画、演劇で戦前戦後に活躍した脚本家である。

山形によると、「製作主要者の重点は（中略）国境警備の精神と現在の国境地帯の発展の蔭に潜む長い間の全く血のにじむ国境警察官の苦闘を偽りなく描き出そうとすることにあった」という。ここに元左翼活動家の面貌はすでにない。「ランプの下で（映画関係者）一行を歓迎する警察官諸氏とその家族の方々は、他意ない真情をもって助け合い、内地出身も半島出身ももはや弁別できなかったのである」と、彼は映画の場面と酷似した見聞録を書き残した。

山形は戦時中に『望楼の決死隊』のほか、インド独立支援の衣笠貞之助監督『進め独立旗』（一九四三）、今井正監督『怒りの海』（一九四四）という戦意高揚映画三本の脚本を書いている。戦後は、日本共産党機関誌『前衛』や共産党系雑誌『文化評論』などで、多くの映画論を発表した。左翼―国策追従―左翼と、戦前戦後を思想的に推移した。

このような時代状況と変節の中で、日朝の左翼映画人たちが作った右翼イデオロギー映画が『望楼の決死隊』なのである。「左」が「右」に転向（ないし偽装転向）した時代の映画である。『望楼の決死隊』を襲う部隊が、数ある匪賊の中からなぜ「共匪」に設定されたのか。その解答の糸口は、この左右ネジレ現象からも導きだせるだろう。彼らは「敵」の中に、かつての自らを投影したとも言えるのだ。

「多民族帝国」の虚実

タカシ・フジタニは進歩派の在米研究者である。視覚化された近代天皇制を論じた著作『天皇のページェント』（一九九四）で知られる。彼は『望楼の決死隊』を見て、「想像されがちな単純でわかりきった筋書きのものなどでは全くなかった」と評価した。フジタニは、プロパガンダ映画といえども偏見を排して見た方がいい、と言っているわけだ。

「重要なのは、国家により厳しい監視の下で製作してはいても、日本と朝鮮の映画製作者たちが、彼ら自身のさまざまな懸案事項と、拡大する多民族帝国日本の変化していく必要との間で、〝交渉した〟ということだ」

翻訳がコムズカしいので閉口する。これは「植民地支配後期の〝朝鮮〟映画における国民、血、自決／民族自決―今井正監督作品の分析」（二〇〇六）という論文の冒頭部分だ。彼が言う「多民族帝国」は、この映画を論ずる際のキイワードだ。私はフジタニの次の文章にある「新参者」という言葉に注目したい。

「朝鮮人は文化的同化を受け容れ、日本人の服装をしてようやく国民共同体に参加されることが許されるが、映画は私たちに、〝新参者〟と内地出身の日本人との間には、還元不能な差異があることを忘れさせない」

ここでフジタニが言う「新参者」の朝鮮人と「内地出身の日本人」の差異とは、金巡査が歌う『トラジ』であり、朝鮮の子どもが日本語を正確に発音するための「訓練」などである。「新参者の日本人」としての朝鮮人。そのことを端的に表現する別の言葉が、植民地時代にはあった。「新付《しんぷ》日本人」という言葉である。

古川兼秀が、この言葉を使っている文章を読んだ。映画の舞台になった平安北道で、警察部長を務めた人物だ。朝鮮総督府保安課長に転じていた一九四一年六月、百済の古都・扶余《プヨ》で開かれた全朝鮮指導者講習会で、彼は「内鮮一体」について次のように定義した。

「内鮮一体の本義は、新附の朝鮮同胞をして、名実ともに完全に忠良なる皇国臣民とせしむるということであり、朝鮮人の側から言えば、真の日本人になるという点である」

ニューカマーの朝鮮人が、ひたすら日本人化することが「内鮮一体」の本義というわけだ。彼の言う「内鮮一体」論は、日本的な帝国主義イデオロギーの露骨な表現である。

古川が平安北道警察部長だったころ、『望楼の決死隊』によく似た事件が起きていた。一九三六年に平安北道昌城《チャンソン》警察署大吉《デギル》駐在所で起きた匪賊襲撃である。古川自身が現地に出向いて陣頭指揮を執った。この事件は朝鮮中央日報（六月二六日）が四段見出しで「一五〇土兵襲来／警察と激戦を演出し退却／警察用飛行機も出動」と報じている。私は韓国の新聞データベースで確認した。
それによると、匪賊一五〇人が鴨緑江を越えて襲撃し、駐在所の巡査三人が銃撃で即死した。機関銃三丁、軽機関銃一丁、金庫などを強奪した。住民一人が拉致され、自警団員一人が負傷した。五〇人が駐在所、一〇〇人が市街地を襲撃し、民家から多くの物品を略奪した。五、六人に分散して逃亡し、飛行機からの爆弾投下はできなかったと伝えている。相当に組織的な襲撃だったことが分かる。

総督府の御用新聞・毎日申報は一九三五年五月二四日にも、馬賊四〇人が大吉駐在所の対岸を襲撃し、鴨緑江を渡って同駐在所にも機関銃で銃撃を加えたと伝えている。

古川が課長を務めた総督府保安課は、新聞や映画の検閲を担当したセクションだ。つまり古川は国境警察にも映画にも詳しかった。『望楼の決死隊』には、彼の実体験が反映している。古川は敗戦時の平安南道知事として、平壌に進駐して来たソ連軍と交渉した。古川は拘束され、シベリアで五年間の抑留生活を送った。

「新付日本人」

「新付《しんぷ》日本人」という言葉に、激しく反発した朝鮮人官僚がいる。

任文桓《イムムンハン》（一九〇七～九三）である。忠清南道《チュンチョンナムド》で生まれ一六歳で渡日し、人力車引き、牛乳配達などをしながら同志社中学、六高（岡山市）、東京帝大法学部を卒業した。朝鮮総督府殖産局、鉄道局、鉱工局に勤めた。戦後は李承晩政権の商工部次官、農林部長官などを歴任した。彼が書き遺した『日本帝国と大韓民国に仕えた官僚の回想』（二〇一一）は、自分の生涯を自分の頭で考察し記述した稀有な回想録だ。任文桓は「新付日本人」という言葉を、苦々しい思いで記述している。朝鮮総督府でも差別待遇は露骨だった。日本人の給料には植民地勤務加俸や舎宅料がつき、朝鮮人官僚の二倍ほどもあった。

彼は「日本の植民地統治に参加しながら、心の中では、その植民地が日本から解放されることを念じ、植民地人の利益守護に没頭し続けた」と書いた。任文桓はその人生を「曲芸師の空中ブランコ」と比喩した。万一、ブランコから落ちても救助網はない。「親日派」（裏切り者）呼ばわりされる深淵が黒々広がっているだけだ。孤独な人生だった。

しかし任文桓は日本人官僚二三人の名前を明記して、彼らに感謝している。「植民地人の利益拡大と人権向上が、究極において日本の体制を強化する」と信じた人たちであり、任文桓にとって彼らは「忘れられない救い」であったという。上司だった穂積真六郎（元総督府殖産局長、一八八九～一九七〇）への敬意を彼は怠ることがない。「この人から教わった『吏道』を身につけて一生を通した」。彼はそう言ってはばからない。穂積は現代の日本人に、もっと知られていい人物である。

任によると、穂積は創氏改名の強制に反対し「朝鮮人が着物の襟を左巻きから右巻きに変えれば、日本が戦争に勝てるのかね」と、吐き捨てるように言ったという。戦時中の朝鮮支配政策に批判的だった穂積は、反軍的だとして一九四一年に強制退官させられた。日本が敗戦すると、穂積は京城日本人世話会を作り、多くの日本人引揚者の支援に当たった。戦後は、旧総督府官僚たちが持ち帰った資料を学習院大学に寄贈して朝鮮近代史料研究会を作り、植民地支配を批判する若手の学者たちと論議した。朝鮮植民地研究で不可欠の人物である。

第七代朝鮮総督の南次郎は、韓国人から「最も悪辣な総督だった」と酷評されている陸軍大将である。彼の総督在任中（一九三六年〜四二年）に、神社参拝、皇国臣民の誓詞、創氏改名、朝鮮教育令の改正、志願制実施、徴兵制公布などの皇国臣民化政策が強行されたからだ。「南が最初に決心した統治の目標は二つあった。第一は朝鮮に陛下の行幸を仰ぐことで、第二は朝鮮に徴兵制度を敷くことである」（御手洗辰雄編『南次郎』）。そして、朝鮮統治五大政綱が国体明徴、鮮満一如、教学振作、農工併進、庶政刷新であった。

南の総督治世を、理論的にも実戦的にも支えたのが、南によって学務局長に抜擢された塩原時三郎である。塩原は「白人の世界征服の方法のひとつとして生まれたものは、デモクラシーであり、共産主義」（『文教の朝鮮』一九三七年九月号）という思想の持主であり、朝鮮には二つの悪い思想、共産主義と民族主義がある（同一九三八年七月号）と広言していた。塩原が総督府の主流であった。穂積のような官僚は主流派から排斥された。

以上のような事実から容易に推測できるのは、「日鮮一体」のスローガンは総督府官僚の内部で少なくとも二通りの解釈があったということだ。

国粋主義的な解釈とリベラル派官僚たちの解釈の違いである。そして朝鮮人の側にあっても「内鮮一体」の論理は二種類があった。「徹底一体論」は、身も心も血も日本人とならなければならないという考え方だ。小説家の李光洙《イグァンス》らが主導した。もうひとつは「皇道」を生活原理としつつも、異体同心によって団結すればよいという「協和的内鮮一体論」である。朝鮮人知識人の大部分がこの考え方だった（趙景達『植民地朝鮮と日本』二〇一三）。

日本統治下の朝鮮理解に関しては、「植民地搾取論」「植民地近代化論」のほかに、この一〇数年間で台頭して来た複合型の「植民地近代（性）論」という三つの考え方がある。画一的な「搾取」「近代化」の二項対立で理解できないのは当然であろう。私の朝鮮植民地論は「植民地近代（性）論」に近い。

南次郎の墓

朝鮮総督・南次郎の墓は、別府湾を望む大分県日出《ひじ》町の高台にある。

陸相当時の満州事変の責任を問われてA級戦犯容疑者になり、終身禁固刑の判決を受けた。獄中で病気になり自宅療養中に死去した。八一歳だった。

別府温泉から大分空港に向かう途中、日出町の交差点付近に作曲家・滝廉太郎の記念碑が見える。そこから山側に向かって行くと、なだらかな山腹に住宅街がある。マンションのそばの木立に南の墓はあった。地図に載っていないので、分かりにくい。地元ロータリークラブが立てた標識が、墓に近い四つ角にあるだけだ。南の墓は木立の入り口にあり、比較的大きい。戦後間もないころ、遺族が建立した。隣には南家の先祖の墓がいくつもあった。うらぶれた印象は免れない。

墓参後、日出町歴史資料館を訪ねた。しかし南次郎に関する何の資料もなかった。南に関する学術的な評伝も存在しない。南次郎の全体像に関する現代日本の無関心は異様である。

元外相・重光葵《まもる》は、巣鴨プリズンの隣房にいた南を『巣鴨日記』（一九五三）で「純白の天神ヒゲは名物である」と描写する一方、南が「外交とは軍の行動の尻拭いをすることであると思っていたが、今度初めて外交の重要性を了解した」と話したことを記録した。重光も大分県人（杵築市出身）だ。一級の外交官だったのに、地元の人々は彼のこともよく知らない。

南次郎は満州事変（一九三一年九月）で、関東軍の独走を許した陸軍大臣だ。

南次郎の墓（大分県日出町）

中村震太郎大尉殺害（同年六月末）や、朝鮮人と中国人の農民同士が激突し、京城や平壌での中国人商店襲撃に発展した万宝山事件（同年七月）など、外交的にも難しい問題が頻発していた時期だ。心配した昭和天皇が、南に「陸軍が国策を引きずるような傾向はないか」と尋ねたが、南は「外交に関して軍部は、差し出がましい態度に出ることは慎むべき」と答えたという。

「南はそうとうなタヌキですよ」。軍事史家の秦郁彦は、中公新書『歴代陸軍大将全覧／満洲事変・支那事変期』でそう言っている。私の印象も、それに近い。

同郷人の御手洗辰雄（京城日報社長）が執筆した『南総督の朝鮮統治』（一九四二）は、提灯記事のオンパレードだ。しかし戦後に書かれた御手洗編集の伝記『南次郎』（一九五七）には、総督時代の陸軍特別志願兵令について「郡守や警察署長などその成績を誇るための勧誘や中には強制もあった」という記述もある。

南は陸軍内の「大分閥」のボス的存在だった。ポツダム宣言受諾の御前会議に出席した陸海軍首脳四人のうち、岩手出身の海軍大臣・米内光政を除き、陸軍大臣・阿南惟幾《あなみこれちか》、陸軍参謀総長・梅津美治郎《よしじろう》、海軍軍令部総長・豊田副武《そえむ》の三人が大分県人である。戦後、大分県民の一部に「戦犯県」という自嘲史観が生まれたのも、南の存在と無関係ではない。

第二章　原節子と今井正の謎

原節子が映った一枚の写真が、手元にある。

私が大分県立芸術文化短大教授だった二〇一〇年、『望楼の決死隊』（今井正監督）を、大学の公開講座で上映した。その際、観客の男性が「亡父の遺品だ」として持参されたのだ。彼の父親は朝鮮北部の国境警官だった。

国境の原節子

写真二列目チマ・チョゴリの女性の左隣が、原節子とみられる。写真の裏に「昭和一八年一月五日、東宝『望楼の決死隊』ロケーション記念撮影（平安北道江界郡満浦邑文興洞警察署長官舎《ピョンアンプクドカンゲマンポムンフン》）」とある。この文字から見て、鴨緑江《アムノッカン》沿いで撮影していた原節子ら一行と警察署員の家族による記念写真であることに間違いない。原節子は当時、二三歳だった。

写真を所持していたのは、大分市の宮明《みやあき》健児（一九四〇年九月生まれ）である。写真右端の女性が宮明の母親（九〇歳で死去）。彼女の膝に抱かれている子供が健児だ。「父親がこの写真を大分の妹

「望楼の決死隊」撮影中に1943年正月を迎えた原節子（２列目）らの記念写真。原の右隣は金信哉。

に送っていたため、手元に残っていたのではないか』という。撮影関係者のうち男性陣は警察署で、女性陣は署長官舎で新年の祝宴を開いたと、健児は父親・宮明松夫（九六歳で死去）から聞いた。

チマ・チョゴリ姿の女性は、当時の朝鮮人トップ女優である金信哉《キムシンジェ》である。

金信哉は『望楼の決死隊』で、京城の女子医専に通う村の少女役を演じた。朝鮮民謡『トラジ』を歌う金巡査（秦薫《シンフン》）の妹役だ。一列目の女性も、原節子とよく似ている。ひょっとしたら、こちらが原節子かもしれない。

宮明松夫は一九一二年生まれ。普通文官（準キャリア）試験に合格した警察官だ。国立国会図書館に所蔵されている『朝鮮総督府警察職員録』（一九四三年版）によると、当時、満浦警察署の警部補だった。警視（署長）、警部二人に次ぐ警部補三人のうちのひとりだ。

この職員録によると、一九四三年当時の満浦警察署は署員が七〇人いた。うち朝鮮人は名簿記載の出身地から一三人と見られ、いずれも設定創氏（日本式の氏）をしている。映画『望楼の決死隊』で朝鮮人巡査の役名が、いずれも朝鮮式の姓名であるのとは大きな違いがある。

朝鮮人警官は巡査部長一二人中四人である。巡査四九人のうちでは、一七人が朝鮮人だ。巡査二人を除き全員が地元の平安北道出身である。公医と警察保健医は朝鮮人である。満浦鎮にある本署のほかに、駐在所が七カ所（三〇人）、出張所が九カ所（二〇人）もあった。移動警察係が九人いた。

宮明一家は敗戦によって、朝鮮から故郷の大分に引揚げた。「朝鮮戦争が始まると、公安調査庁（一九五二年設置）の人が何度も来て復職するように勧めていたが、父はいつも断っていた」（健児の話）という。

『望楼の決死隊』撮影のため、朝鮮に向かう原節子を見かけた人物がいる。

比較文学者の故・佐伯彰一（元東京大名誉教授）だ。彼は一九四二年一二月、海軍少尉として東京駅から鹿児島行きの長距離列車に乗り込んだ。ふと周囲を見回すと、同じ車両の目と鼻の先の席に、原節子が座っていたのだという。佐伯はこの体験を、東京大大学院の授業で四方田犬彦《よもた》（映画史研究者）らに話した。四方田が自著『李香蘭と原節子』（二〇一一）で、この逸話を紹介している。

佐伯によると、原節子は一晩を車中で過ごし、下関でそっと降りて行ったという。四方田は、原節子の年譜からみて、彼女は『望楼の決死隊』撮影のため朝鮮に行く途中で、下関から船に乗り換えたのだろうと推測している。前述の写真で確認したように、節子は一九四三年正月には北朝鮮にいた。前年一二月、節子は東京から下関まで列車で行き朝鮮行きの連絡船に乗ったと見られる。

佐伯によると、原節子は「姉らしき女性と二人でいた」という。四方田は「同行の女性はおそらく実姉で、監督・熊谷久虎の夫人だった」と推定している。その「姉らしき女性」が、宮明家で保管されて来た写真の最前列に写っている原節子に似た女性だと思えるが、別の推測もありうる。

写真の女性は、原節子と変わらないほど若くて美しい。熊谷久虎夫人の光代（二姉）は、原節子とは一四歳も違うのだから、光代と考えるのは少し不自然だ。写真の女性は四歳年上の四女・律子かも知れない。彼女は「原節子よりも美しい姉」との評判があり、一時期は付き人をしていたという。後年、映画監督の番匠義彰と結婚した（のち離婚）。しかし、この女性が二姉であれ四姉であれ、宮明家が保管して来た写真と佐伯彰一の記憶が一致した事実は動かない。

原節子の家庭で興味深いのは、兄や姉に満州やシベリアの影があることだ（石井妙子『原節子の真実』ほか）。

長兄は一九四五年一〇月ごろ、抑留されていたシベリアで亡くなった。東京外国語学校（現在の東京外国語大学）を卒業後、弁護士資格を取り、満州に渡っていた。フェリス和英女学校（現在のフェリス女学院大学）を卒業した三姉は、三井銀行員と結婚した。夫は大連支社勤務中に召集され、フィリピンで戦死した。残された三姉の家族は身ひとつで引揚げ、節子の援助を受けて食堂を経営した。熊谷久虎の姉一家も満州から無一文で、故郷の中津（大分県）に引揚げてきた。戦時下で最初に亡くなったのは、節子の母親のナミである。関東大震災で火傷を負い、一九四一年に亡くなった。長姉は嫁ぐことなく四四年に亡くなった。映画のカメラマンだった次兄は戦後、撮影中の事故で亡くなった。

国境警官の戦後

宮明の手元に、父・松夫が戦後になって書き遺した『備忘録』が残されている。

一九四三年元旦午前一〇時、満浦警察署で新年の祝宴が始まった。東宝『望楼の決死隊』一行が年始のあいさつに訪れた。今井正、代田（謙三？）事務長、高田稔、清水将夫、原節子、三谷幸子、金信哉のほか数名である。

「私（宮明松夫）の前に原節子が来て、頭を下げた。『おめでとうございます』。美しい声。世の中にはこんな美しい女の人もいるのかと驚いた」

映画のロケ地は「満浦警察署文岳《ムナク》駐在所」と松夫は記述している。彼は一九三八年に結婚した。

「電灯もないランプ生活に、私を騙してこんな田舎に連れて来た、と妻は愚痴った」。

敗戦時は、平安北道の道庁がある新義州にいた。

宮明一家の引揚げ記録は次の通りだ。

「健児（四歳）を背負い、妻（二九歳）は眞理子（二歳）を背負い、神谷の奥さんは寿興を背負った。寿一は歩けるが、兵隊の肩に負われた。沙里院《サリウォン》を出て、追いはぎに会った。一行一一人は身ひとつになって、山野をとぼとぼと歩き始めた。（中略）昼下がりに天台に着いた。旧盆で朝鮮の老人たちが土饅頭の墓に、供え物のごちそうを木鉢に入れ、頭に載せて、薄黄色のチマチョゴリで盛装して、墓参している。アンネイカシプシヨ（気をつけて帰りなさい）と、休憩している頭の上から、声をかけてくれる優しいオモニ（年配の女性）にも、何人か出会った。優しい眼で子どもを見つつ、リンゴを恵んでくれる人もいた」

欄外のメモ。「八月一五日平壌《ピョンヤン》、その晩は江界《カンゲ》。志村健司宅で泥酔。一六日江界発、夕方、新義州《シンウィジュ》。一七日武道場。一八日知事公舎」。ほかに意味不明の記述。

本文。「八月二三日午前三時頃、新義州駅から南行きの特急列車に乗り込んだ。（中略）この列車で内地まで直行できることを、誰ひとり疑う者はいなかった。汽車の中は満州からの引揚者で立錐の余地もない。乗車できただけでも良いと思ったはずだ。みな特高の刑事経験者である。万一、途中で下車させられたら、どうしよう。そんなことを考えなかったのであろうか。この列車の中から敗戦国民としての悲惨な人生が始まった」

「二時間ぐらいして汽車が停車した。特急であるのに、何で停まったのか。平北・白馬《ペンマ》駅（南新義州駅から一三・八キロ）であることが分かった。しばらく走って、また停まった。小さな炭坑町の駅である。汽車はこれより先は行かないので、下車せよと駅員の話。昨日、三八度線の開城《ケソン》にソ連軍が進駐して、すべての列車はソ連軍指揮官の権限になったようだ。その晩は無理を言って頼み、そこに宿を取る。炭坑に勤める日本人もいた。それから牛車を雇って乗り込んだ」

欄外のメモ。「九月、京城滞在約二〇日。釜山《プサン》滞在五日。釜山発一〇月一二日、一三日対馬比田勝《ひだかつ》、一四日五島、一五日福岡上陸。一七日（大分県）佐伯《さいき》」。

佐伯は宮明家の故郷だ。「戦争に負けた。二度と海を渡って、日本を離れ、外国などにゆくものでないと誓った」。松夫は、そのように書いている。

宮明松夫は敗戦時、平安北道警察部高等警察課の課長補佐だった。その上司の課長一家の心中事件があったことは、坪井幸生『ある朝鮮総督府警察官僚の回想』（二〇〇四）に記述されている。あとがきに「自決した高等警察課長、中野警視」とのみ記されている事実だ。前述の『朝鮮総督府警察職員録』（一九四三年版）を調べてみると、中野は平安北道高等警察課長の中野秀雄警視（福岡県出身）のことだと分かった。高等課は、反政府活動を取り締まる政治警察である。

宮明松夫の備忘録には、心中事件の詳細な記述がある。

「中野課長は白髪で小男ではあるが、常に何かを考えている様子の人だった。思慮周密、用心深く高等課長のポストに適任だった。中野課長は捕らえられていた新義州の留置場で、夫人に青酸カリを差し入れさせ、これを飲んで自決した。夫人は課長官舎で六歳の長男、四歳の長女とともに、ほぼ同時刻に服毒自殺した」

健児によると、中野課長の故郷は福岡県築上郡椎田《しいだ》町である。彼の亡父は戦後たびたび墓参したという。国境警察官たちの戦後の真相を知って、慄然とせざるをえない。

原節子「軍国の女神」

原節子は韓国の映画ファンにも人気が高い。ソウルのある大学映画学科の教授に頼まれて、写真集『原節子』（一九九二）を買い求め、韓国まで持参したこともある。この本の巻末で映画評論家の佐藤忠男が、原節子の魅力について書いている。

「原節子は、一九三〇年代半ばから一九六〇年代の初めまで、ちょうど戦争の時期を挟んで三十年近く、日本映画界でトップスターの座にあった大女優である。（中略）花の盛りのときに戦争の時代を過ごさなければならなかったことは、彼女にとって実に不幸だった。（中略）敗戦後、民主主義啓蒙の時代が来ると、知的で生真面目なキャラクターを持つ彼女の出番がやってくる」

確かに、原節子の名前は戦後民主主義と関連して語られることが多い。

だが、彼女を「軍国の女神」だった、と呼ぶこともできる。映画史研究者の四方田犬彦《よもた》はこう指摘する。「一九四二年から四五年の敗戦までの四年間に、原節子は一三本のフィルムに出演している。（中略）。この本数は他の俳優たちと比較してみると、いかにも多い。そしてそのほとんどが、戦時下の国民に模範を示すといった意図のもとに制作されたものであった」（四方田『原節子と李香蘭』）。

佐藤忠男は、原節子が映画で演じた「進歩的思想傾向は彼女自身とは関係のないもののようである」と前掲書で書いた。「彼女は義兄の熊谷久虎《くまがいひさとら》監督の影響下にあり、熊谷監督は右翼的な人だったからだ」。原節子の二姉が熊谷の妻だ。

熊谷が原節子に与えた影響については、今井正の次のような証言がよく知られている。『望楼の決死隊』朝鮮ロケに関連した証言だ。

「宿に着いた晩、原節子がやってきて、今井さん、これ兄（熊谷監督）からですって、封筒を差し出すんです。その手紙には、日本は全勢力を挙げて南方諸国に領土を確保しなければならない、その時に日本国民の目を北方にそらそうと目論んでいるのは、ユダヤ人の陰謀だ、この『望楼の決死隊』は日本国民を撹乱しようとするユダヤの陰謀だから、即刻中止されたいというようなことが書いてあった。熊谷さんは日活で『情熱の詩人啄木』を撮りました。いいシャシンでしたね。東宝へきて『阿部一族』、これもよかった。僕はほんとに感激したけどね。それからだんだんおかしくなって、すめら塾（正確にはスメラ学塾）っていう極右団体に入って、かなりえらいところまで行ったんじゃないの。だから、その影響で原節子までユダヤ人謀略説をとなえるありさまだった」（『講座日本映画（四）戦争と日本映画』）。

今井の回想は各種の原節子研究で引用されてきた。生身の原節子を伝える逸話である。

耶馬渓へ疎開

「義兄夫婦の存在を離れて、あたくしという人間は考えられませんわ」

原節子が『週刊朝日』別冊（一九六〇年五月一日号）で語った言葉が、二〇一五年の彼女の死後、クローズアップされた。義兄の熊谷久虎監督（一九〇四〜八六）は、原節子という女優に大きな影響を与えた「問題の人物」として、少なからぬ書籍で言及された。

熊谷久虎が生まれたのは、「青の洞門」で知られる大分県耶馬渓《やばけい》（現在の中津市）である。帝国大学に進学したかったが、父親が炭坑事業で失敗したため、大分高等商業学校（現在の大分大経済学部）に進んだ。留年したのを機会に退学し、京都で日活の撮影所長をしていた父親の従兄弟に頼み込んで、そこに就職した。熊谷は、戦中戦後は「国粋主義者」と呼ばれた映画人だが、この当時はプロレタリア文学に熱中する左翼青年だった。

熊谷の映画に関しては、四方田犬彦『日本映画一一〇年』（二〇一四）の記述が的確だ。

熊谷は当初「理想主義的傾向をもち、社会矛盾を明るみに出そうという意欲のもとにメガホンを握った」。一九三七年公開の『蒼氓』ではブラジル移民の実態を描いた。『阿部一族』（一九三八）では武士道批判を展開した。「四〇年代に至ると国策映画に向かい、超国家主義の神秘思想団体の頭目として、日本には稀有な反ユダヤ主義を唱えた」。

熊谷が監督し原節子が中国人女性を演じた『上海陸戦隊』（一九三九）は、海軍省後援の国策映画であり、第二次上海事変での上海海軍特別陸戦隊の模様をドキュメントタッチで描いた。声高のナレーションと原節子のわざとらしい演技が目立つ映画だ。

熊谷の名前は、意外な小説にも登場する。

火野葦平の自殺直後に刊行された『革命前後』（一九六〇）だ。この小説は実話に基づいている。熊谷は、敗戦前夜に九州独立運動を画策する首謀者のひとりだったのだ。福岡市郊外にある二日市温泉の宿に関係者が集結したという。実在する「組閣名簿」で、熊谷は書記官長（官房長官）である。葦平は宣伝担当だった。

小説『革命前後』について、熊谷は「あれは実際にワシがしゃべったセリフまで全くそのままだよ」と、対談集『勲章のいらない巨人たち』（森山幸晴著）で語っている。彼らが集結した旅館は、二日市保養所（筑紫野市）から、徒歩で数分しか離れていない。そこでは満州などでソ連兵などに強姦された引揚げ女性たちの妊娠中絶手術（四〇〇〜五〇〇件）が行われた。

原節子の戦時中と戦後の動向には、謎が多い。

右翼団体スメラ学塾メンバーだった人物の自伝には、節子が突然『薄茶の軍服姿で、ズボン履きの男装で颯爽と現れた』と記述してある。『原節子の真実』（二〇一六）の著者である石井妙子は、現地調査の上で、節子は「昭和一九年の終わりか二〇年の初め」熊谷家の父祖の地である耶馬渓で一時、姉の光代（熊谷監督夫人）と暮らした、と推定している。

大分県立芸術文化短大（大分市）に在職していた私は、かねてから「原節子の耶馬渓伝説」に関心があった。地元でも「ヨシタケさんという親戚が耶馬渓にあり、原節子が疎開していた」などと、少なからぬ風評があった。

別府で選挙応援

最近、意外な新事実が発見された。

原節子が戦後になってから、大分県を選挙応援のため、再訪していた事実が発掘されたのだ（毎日新聞大分版二〇一五年一二月二二日）。

原節子は戦後初の衆議院議員選挙（一九四六年四月一〇日投票）の大分全県一区（定数七）に立候補した溜島《たまるしま》武雄候補の応援のため、三月一二日に別府市鉄輪、亀川の二カ所で応援弁士を務めた。地元紙の大分合同新聞に「原さんは熊谷久虎氏に代わって東京からはせつけ、生まれて初めての演壇に立って、女性の立場から応援した」との記事があった。市民団体「大分プランゲ文庫の会」の白土《しらつち》康代代表（元大分文理大教授）が見つけたのだ。

溜島は戦時中に産業報国会中央本部生活指導部副部長を務めた右派思想の持主だ。節子が選挙の応援演説までしたのは、彼女自身に相当なシンパシーがあったことを伺わせる。節子はラジオの政見放送でも「女性と文化」の題で応援演説したという。そんな資料が『プランゲ文庫』（GHQが検閲のため収集した新聞や雑誌）から見つかったのだ。

この総選挙では周知のように、女性たちが初めて選挙権、被選挙権を得た。原節子の戦後第一作は、一九四六年二月に公開された『緑の故郷』（渡辺邦男監督）である。節子は二年半前の同監督作品『決戦の大空へ』では、少年航空兵を励まして戦場へ送り出す役柄だった。戦後は一転してGHQ傘下のCIE（民間情報教育局）の検閲下、『緑の故郷』で民主主義賛美を要求される女教師役を演じた。

軍国主義の『決戦の大空へ』、民主主義の『緑の故郷』、右派候補を支援した「選挙の応援演説」。いずれが会田昌江（原節子の本名）の本心だったのだろうか。

溜島の自叙伝は信頼性に欠ける部分がある。溜島『明治人の経営外伝』（一九八六）の巻末におさめられている自伝に、その選挙結果に関する記述があるのだが、彼は「次点の次」で落選したと書いている。しかし大分県選挙管理委員会の記録を、私の大分時代の教え子たちに調べてもらったところ、無所属新人の溜島武雄は大分全県一区（定員七人）の立候補者四九人中、第一六位だった。得票数は二万二四二一票である。次点（三万三七九票）とはかなりの票差があった。

溜島は「明治三八年、大分県下毛郡三光村の生まれ」である。熊谷監督（下毛郡耶馬渓出身）の一年後輩にあたる。二人とも大分高商（現在の大分大学経済学部）に進学した。溜島は大分高商に入学前に、朝鮮北部の鎮南浦《チンナムポ》に二、三年いたと書いている。

熊谷が原節子に大きな影響を与えたことは、すでに記した。溜島はナチス式の労働組合を日本に紹介した人物だ。戦後、公職追放の対象になった。このため旧海軍省顧問室補佐官時代の知人と相談して「国際宣伝株式会社」を起した。彼の自叙伝によると、熊谷と原も同社取締役に名を連ねたという。

「繭」の抜け殻

原節子の義兄・熊谷久虎は、故郷・大分県でも「忘却された映画監督」だ。

節子の死後、彼女の主演作が都内でたびたび上映された。熊谷が監督した『美しき母』（一九五五）も、そのひとつだ。原節子が大分弁の母親を演じる特異な作品である。転向作家・林房雄の自伝的小説が原作だ。林は旧制大分中学（現在の大分上野丘高校）の卒業生である。

生前は著名作家だった林房雄も、いまや「忘却された作家」と言ってよさそうだ。

西日本新聞文化面（二〇〇七年六月一〇日付け）に、地元・大分の空気を伝える記事がある。記者が林房雄の親類筋を訪問したところ、いきなり「勘弁してください」と取材を断られたというのだ。林の『大東亜戦争肯定論』（一九六四）を親戚たちは負担に感じていたという。福岡県在住の文芸評論家・松原新一は、林を「忌避された作家」と表現した。

熊谷と林の人生の軌跡は酷似している。二人とも父親の鉱山投機で家運が傾き、苦学した。二人とも若いころは、プロレタリア文学を愛読する左翼青年だった。二人とも後年には右翼監督、右翼小説家へと転向した。

私は映画『美しき母』を見た上で、林の自伝的小説『繭』（一九二六）『美しき母への讃歌』（一九五三）を読み、母親への愛が林の人生の転換点になっていることを知った。そして林と熊谷の作品に、改めて関心を持つようになった。

林房雄の小説『美しき母への讃歌』は、なかなかの佳作である。

林の旧居があった荻窪の図書館にまで出かけて読んだ。都立図書館では、ここにしか、この本の蔵書はない（国立国会図書館と提携関係にある図書館では、デジタル書籍として閲覧できる）。パラフィン紙で包装された古書籍を、壊れ物を触るようにして読んだ。大分・府内城趾、港の打瀬船、練兵場、母親が勤めた製糸工場、地蔵堂、大分中学……。今や地元でも語られることがない大正時代の大分のたたずまいが、丹念に記述されていた。この街に八年間住んだ者として、強い感銘を受けた。

原節子は一一二本目の映画『忠臣蔵　花の巻・雪の巻』（一九六二、稲垣浩監督）を撮り終えると、銀幕を去った。そして長い蟄居生活の末、二〇一五年に九五歳で亡くなった。義兄・熊谷久虎は一九八六年五月、その妻で二姉の光代は翌年六月に亡くなっている。

林房雄の母親は、大分市の製糸工場の女工として働き、息子を育てた。

自伝的小説『繭』で、林は次のように書いた。その描写は今となれば、本名・会田昌江という女性の身体が「原節子」という名の美しい絹糸に巻き取られ、没後に残した表象であるかのように思える。以下のような一節がある。

「女工たちの前には、煮え湯をたたえた釜が、大きいのと小さいのと二つずつあって、小さい方では白い繭がぐつぐつと煮えていた。煮えあがった繭は大きい方の釜に一つ二つ投げ込まれ、煮え湯の中でくるくる躍りまわりながら、だんだん痩せて行った。眼に見えぬほどの細い絹糸のすじが、女工たちの頭の上を越して、後でぶんぶんまわっている糸枠に巻きとられている。調帯の廻転につれて、糸枠は肥え、繭はますます痩せほそる。やがてすっかり裸にされてしまうと、そのあとに、真黒な蛹の死骸がぽっかりと浮いた」

国境のリアリズム

テーマを変える。

これ以上、原節子については言及しない。この稀代の女優に対して不遜な気がするからだ。

『望楼の決死隊』の言語問題に関連して、点検しておきたい記事がある。

映画雑誌『新映画』(一九四三年一月号)に載っている『望楼の決死隊』関係者による座談会の記録だ。今井正、崔寅奎《チェインギュ》、藤本真澄に加えて、主演の高田稔、映画評論家の飯島正、双葉十三郎の計六人が参加した。今井らが三度目の北朝鮮ロケに向かう直前の一九四二年末ごろに、東京で行われたものとみられる。

「日本には活劇映画がない。今度、朝鮮に行って『望楼の決死隊』を撮ることになった」。座談会でこう切り出したのは、プロデューサーの藤本だ。これを受けて崔寅奎が「私はかつて双葉（十三郎）さんに活劇を撮れと言われた」と発言している。双葉が崔寅奎に活劇映画を提言したことが、『望楼の決死隊』製作の発端であることを明らかにしたやりとりだ。

双葉は戦後になっても、『望楼の決死隊』のアイデアを提供した事実を作家の小林信彦や川本三郎に話していた。東宝宣伝部に在籍していた映画評論家・淀川長治によると、『望楼の決死隊』の襲撃シーンの演出に悩んでいた今井に向かって、双葉は米国の映画の演出例を説明しながら、こと細かく紹介した。『望楼の決死隊』には、「その演出が完ぺきに効果を出して用いられていた」という（『淀川長治自伝（上）』）。

藤本真澄と崔寅奎は、まず「鮮ソ国境の土里という所に行き、それから一〇日ばかり国境を歩いた」。豆満江の上流、農事にある駐在所に五、六人の国境警察官を集めて話を聞いた。「どれが内地人だか半島人だか分からない。崔君は分かったそうですが」。藤本は「これはいい話だと思って、そこから、この話（映画化）が起きたわけなんです」と、製作経緯を明らかにしている。藤本は警官たちの「内鮮融和」に感激したというわけだ。

崔寅奎の発言で注目されるのは、彼が「私の家族の者が匪賊にやられたことがあるのです」と語っている点だ。「お父さんの姉さんのハズ（夫）の兄弟が金持ちだったのですよ。ある日、どっかで酒を飲んでいたら、その留守中に匪賊が来まして、金を出せということになったのです」。親戚二人が匪賊に組みついて、胸などをやられたのだという。「崔君のお父さんは、警察官なんです」

と、今井が補足している。
崔寅奎「国境にいるちょっとした金持ちは、匪賊の被害を受けまして。ちょうど西部劇に出るようなのが……」
今井「沿岸のちょっとした家は、望楼を持っています」
藤本「匪賊が来るのは、警察へは弾丸、民家へは食糧が目的で来るのです。進軍ラッパを吹いて、一斉射撃というのがあるのです」
今井、崔寅奎、藤本の三人それぞれが、ロケハンで得た現場感覚をもとに、このようなリアリティのある話をした。続いて、今井らがセリフの言語問題について言及する。この会話で「国語」というのは、日本語という意味である。
今井正「こんど半島の俳優さんは国語でやっておりますので、国語に気をとられて、芝居が固くなっております」
飯島正「それじゃ朝鮮語でやって、ダビング（吹き替え）したら」
崔寅奎「もっと早くから国語でやっていなければ、ならなかったのです。そうなっていたら、もっと立派なものになっていたろうと思うのです」
飯島「この映画なら、国語にならざるをえない。その点、当を得ている」
崔寅奎「無理に入れているのじゃないから、これなら当然、国語で行っていいのです」
映画『望楼の決死隊』では国境警察官は、日本人であれ朝鮮人であれ、主要に話す言語は日本語（国語）である。そのために「朝鮮人俳優の演技が固くなった」と今井は嘆いているのだが、演出助手の崔寅奎は、それはある程度仕方がない、という意見だ。崔寅奎が今井の演出内容にかなり関与していたことを示唆する発言でもある。

今井が『半島の国語は九州なまりがある』と言っている点も面白い。今井が『向こう（朝鮮）に行っている日本人の関係ですかね』と首をひねっている。朝鮮半島に移住した日本人は九州出身者が多いという点を、今井は喚起しているのだ。

確かに、在朝鮮日本人は九州・中国地方の出身者が多かった、一九三〇年当時の在朝鮮日本人（計五二万三四八六人）の出生地別調査では、①山口県三万二六一五人 ②福岡県二万八五三二人 ③長崎県二万四四五二人 ④熊本県二万二八四九人 ⑤広島県二万二七三四人の順番である。朝鮮生まれの日本人も一五万四九五四人いたが、なまりは父母の影響を受けていたに違いない。

飯島「沈影君（柳東純先生役）はなかなかうまいですね」

崔「本人は勇敢ですからね。とにかく熱を持っている」

今井「朱仁奎氏（黄昌徳役）なんか訛りがないね。非常に夢中ですね」

沈影や朱仁奎は比較的無難に、日本語での演技をこなしたことが分かる。濁音と清音の混同に、言及した発言もある。

崔「もうひとついけないのは濁音です。書いても間違うのですね」

高田稔「今度の映画の中に入れているので、（学校の授業風景で）『ビンポウじゃない、ビンボウだ』というのは、思いつきとして立派だな」

藤本真澄「沈影君が先生で、ピンポウじゃない、ビンボウだと教えているのです」

高田「斎藤君（浅野巡査役）が『母が……』というのが言えないで、二時間か三時間かかった」

崔「田澤二（林巡査役）が一言で、三時間くらいかかっているのです」

今井の演技指導は厳格だった。今井は『あれが港の灯だ』（一九六一）では、朝鮮人娼婦役の中堅女優の演技が気に入らず、岸田今日子に交代させて、迫真の画面を演出した。

映画のリアリティ

朝鮮映画の言語問題について、朝鮮映画界に精通した西亀元貞《にしきもとさだ》（一九一〇～七八）による説明を紹介したい。

東京帝大法学部を中退後、京城日報学芸部で映画を担当した映画青年である。一九三九年度から二年間は、映画の検閲に当たる総督府図書課の嘱託だった。朝鮮映画界が国策会社「朝鮮映画製作」に統合された時期には、同社企画課に在籍して映画の脚本を書いた人物である。西亀は敗戦によって京城から引揚げるまで、崔寅奎監督『家なき天使』（一九四一）をはじめ、朝鮮映画数本のシナリオを書いた。

西亀は『映画評論』（一九四一年七月号）に、「朝鮮映画の題材について」と題する小論を寄稿している。この文章で西亀は、朝鮮映画は新派風の悲劇、失恋ものが大半だと述べた上で、「国語使用の問題にちょっと言及する」として、「国語使用はある程度に、その題材が（何かで）決定される」と朝鮮映画界の実情を述べている。日本語、朝鮮語の混用程度は、映画の題材次第だという主張だ。

私は彼の説明を重視したい。

ある映画の実例をあげて、西亀は説明する。

「朝鮮に、中川紫朗というえらい監督と、椿三四郎以下三、四人の男女優を引っ張って来て、『防共の誓ひ』という劇映画を作った」。中川はサイレント時代、帝国キネマの監督である。四年間で二〇〇本近くの映画を撮ったといわれる。椿三四郎は東亜キネマ時代から、主に時代劇で活躍した俳優だ。映画『防共の誓ひ』（フィルム紛失）は、京城発声映画製作所が一九四〇年に中川の監督、田中十三の撮影で作った。

西亀によると、この映画は「朝鮮の共産主義者が、シベリアにおける同胞の虐待やら、今次の事変勃発の結果、覚醒して帝国臣民になるという結構な筋書き」だったが、俳優たちは映画のセリフを「むろん日本語でしゃべった」。映画は朝鮮の地方でも上映された。西亀は「あとで聞くと、観客は内地の共産党のことだと思って見た」という。彼は「笑えないナンセンス」と嘲笑した。

西亀は朝鮮映画における「国語」使用問題に関して、「国語を部分的に例用した」（日朝言語を混在させた）映画として、『授業料』（一九四〇、崔寅奎監督）『志願兵』（一九四一、安夕影監督）『家なき天使』（一九四一、崔寅奎監督）などの例をあげる一方、「朝鮮志願兵訓練所に取材した『勝利の庭』のごときは、全部が国語（日本語）である」と解説した。『勝利の庭』は、高麗映画協会が一九四〇年一一月一五日に公開した方漢駿《バンハンジュン》監督の作品である。脚本が西亀元貞。崔雲峰、独銀麒、田澤二、金漢らが出演した。

植民地の二重構造

日本語と朝鮮語の混用は、一九四〇年代になっても朝鮮社会では一般的だった。しかし、とりわけ都市部や知識層における現象だったことに注意する必要がある。なぜなら当時の朝鮮社会には、日本語も朝鮮語も読み書きできない多くの非識字者層がいたからだ。

一九三〇年の朝鮮国勢調査の数値だが、朝鮮人のうち日本語も朝鮮語も読み書きできる者は、わずか六・八％である。朝鮮語しか読み書きできない朝鮮人は一五・四％。日本語しか読み書きできない朝鮮人が〇・〇三％である。残りは日本語も朝鮮語も読み書きできない「非識字者」であり、七七・七％を占めていた。

都市と地方別に見ると、都市部の非識字者は五六・七％（男性四一・七％、女性七二・五％）である。地方での非識字者は七八・七％（男性六四・九％、女性九二・九％）である。その二重構造ぶりと男女格差が際立っていると言うしかない。

現実の言語状況と映画表現とでは、当然ながら、位相が異なる。

映画関係者の間には、映画制作上のリアリティを重視する西亀元貞への異論もあった。朝鮮映画の市場を内地や満州などに拡大するためには、国語《にほんご》のセリフを用いるべきだという論者もいたのである。戦争の敗色が強くなるにつれ、検閲当局者はむしろ「国語常用」を振りかざした。

辛島驍（京城帝大教授、朝鮮文報国会理事長）は、『映画旬報』（一九四三年七月一一日号）の座談会で、「半

島の同胞を日本精神によって錬成しあげる大きな任務が映画にかかっている」として、映画における『国語常用』の強化論を唱えた。池田国雄（朝鮮総督府映画検閲室）も「全体としては国語一本で行くべきです」と述べている。

映画研究者三〇人が分担執筆した『韓国映画史—開化期から開花期まで』（日本語訳二〇一〇）は尹逢春《ユンボンチュン》監督『新開地』（一九四二）をもって朝鮮語の映画は禁止された、と記述している。しかし、一九四三年公開の日朝合作映画『望楼の決死隊』にも、朝鮮語のセリフや歌が存在したのは、すでに見た通りだ。一九四五年公開の『愛と誓ひ』でも、崔寅奎は朝鮮名の主人公を登場させ、出征兵士を朝鮮民謡で送る夜景を演出した。

つまり現実の社会相を描く映画の現場にあっては、西亀が指摘するように、題材に応じたリアルな言語表現で対応する方法論が模索されたのである。しかし、そこにも限界が訪れた。一九四四、四五年になると、セリフはオール日本語の映画になった。映画の題材自体が戦争の最終局面を反映し、「大東亜戦争」の戦意高揚映画に突進したからだ。

尹健次《ユンコンチャ》（神奈川大名誉教授）が博士論文をもとに書いた『朝鮮近代教育の思想と運動』（一九八二）は、「天皇への忠誠と日本語の習得が強制される一方、朝鮮語および朝鮮歴史の抹殺がはかられた」（終章）と一般的に押しなべて大ざっぱに記述している。これは四〇年以上昔の文章が、「朝鮮語抹殺」という表現は誤解を招く。植民地朝鮮における日本語強要問題に関する現時点での学術的知見は、以下のようなものだ。

「一九三〇年代末から学校や公的時空間では日本語を使用することが義務づけられ、朝鮮語が禁止された。これを解放後の北朝鮮でも韓国でもふつう『朝鮮語ないし韓国語が抹殺された』と表現するが、誤解を招く言葉である。公的時空間での使用を禁じられただけなので、もちろん朝鮮語が『抹殺』されたわけではない。ただ、朝鮮語の霊性を私的時空間に封じ込め、日本語のヘゲモニーを圧倒的な優位に導いた政策を、総督府が展開したことはたしかである」

これは京都大学大学院教授・小倉紀蔵の『朝鮮思想全史』（二〇一七）の記述である。

念のために付言すると、「国語常用」（朝鮮語を使わない）運動は社会的な誘導と嫌がらせ（配給に差をつける、罰札着用、国語常用家庭の門札、国語常用バッジなど）を伴っていた。「国語常用」が、急激な日本語普及（朝鮮語抑圧）を図る政策だったのは事実である。

しかし公的空間と私的空間には差異がある。映画はいうまでもなく、私的な娯楽である。映画館という公的な施設で上映されても、映画観覧による共同幻想を伴う私的性格（映画と観客の私的コミュニケション）が減少することはない。教条的な「国語常用」論を持ち込むことの限界は、徴兵制導入を控えた当時にあっても認知されていた。

例えば、朝鮮放送協会の第二ラジオ放送は、朝鮮語のまま敗戦まで続いていた。一九四〇年に朝鮮語新聞の『東亜日報』『朝鮮日報』が廃刊される一方で、総督府の御用紙『毎日新報』に最後まで朝鮮語表記があったのも、その文脈で理解できる。

「朝鮮語が抹殺されたか」あるいは「朝鮮語も許容されていたか」は、植民地当局者の意図だけでなく、当時の実態に即して理解されるべきだ。

よく引用されるデータだが、一九四三年末の段階でも朝鮮における「国語」普及率は二二・一五％に過ぎなかった（朝鮮総督府・第八六回帝国議会説明資料）。実は、この数字は台湾での先例に比べて、さして悪い数値ではない。台湾の場合、一九一八年時点（領有後二三年）で日本語教育を受けた児童の比率は、一六％弱でしかなかった。母語を異にする朝鮮人や台湾人への日本語教育が、そんなに簡単に急速に進むはずがないのだ。既に述べたように、都会と地方、男女間の教育環境にも大きな落差があったことも抑えておくべきである。

その一方で、朝鮮語のできる日本人公務員も、実は少なくなかった。

朝鮮国勢調査報告によると、一九三〇年現在の在朝日本人五二万七〇一六人のうち、日本語と朝鮮語の双方の読み書きができる日本人は三万二七一四人（六・二％）存在した。これを居住地別に見ると、郡部の日本人男性の一一・〇％は日朝両方の言葉の読み書きが出来た（山田寛人『植民地朝鮮における朝鮮語奨励政策—朝鮮語を学んだ日本人』二〇〇四）という。『望楼の決死隊』の日本人警官が、その職務上、達者な朝鮮語を話せるのは例外的なことではなかったのである。

「トラジの謎」解き

もう一つの「謎」に関しても、解明を図りたい。『望楼の決死隊』ではなぜ、朝鮮民謡『トラジ』を朝鮮語で朗々と歌うシーンが描かれたのか、という問題だ。

当時の映画雑誌を調べていると、意外な文章に遭遇した。検閲当局者の朝鮮軍報道部長・倉茂周蔵（陸軍少将）が、この謎を解くカギを提供していたのだ。『映画旬報』（一九四三年七月一一日号）に載っている倉茂の小論「朝鮮映画への希望」である。彼の論理は、あっけないほど、明快である。「吾々は朝鮮人に向かって、皇国臣民たるにはすべからく『沢庵』に親しめなどという野暮なことは申さない」と、倉茂は書いているのだ。彼の定義によれば、「変な言い方ではあるが、『キムチ』の匂いと味わいを持ったのが、即ち『朝鮮映画』である」。

こういう立場に立つのなら、朝鮮民謡が画面に登場することに、検閲当局者が異議を唱えるはずがない。「まず『キムチ』で結構である。『キムチ』に馴染んだ舌でも、敢えて国語を常用するに何らの差し支えもなく、皇国臣民としての精神に徹し得ない道理はないはずである」と、倉茂は書いているのだ。

「帝国内の地方色」として朝鮮の民俗や風物詩を描くことは、なんら忌避されることではなかった。これは日本統治時代の朝鮮映画を見る際のポイントの一つだ。

倉茂周蔵は一九四〇年三月から四三年八月まで、朝鮮軍の広報や言論統制を担当する報道部長の職にあった。朝鮮軍報道部は盧溝橋事件の翌年の一九三八年一〇月に創設された。敗戦まで四人の部長がいたが、倉茂の在職期間三年五カ月が最も長い。朝鮮人志願兵募集映画『君と僕』（一九四一、日夏英太郎監督）を朝鮮軍報道部の企画指導で作るなど、彼は積極的な言論統制を展開した。

「言うまでもなく、映画は大衆のものであって、製作者や一部インテリのものではない。大衆の嗜好に投じ、しかも大衆を指導しうるものでなければならない」。そして「朝鮮映画が朝鮮大衆をもって第一の対象とする以上、先決条件として、朝鮮大衆の嗜好に投じなければ（中略）所期の目的を達することは出来ない」と主張するのだ。

こういう観点からすれば『望楼の決死隊』で、朝鮮民謡が歌い踊られたのは、なんら不思議ではない。帝国内の朝鮮にあって「内鮮一体」の鼓舞という「所期の目的」を達成するために、有効な映像表現であるからだ。

倉茂は以下のような主張を行う。「キムチを与えよというところに、総督政治の親心があるのであり、この親心があってこそ、政治の円滑な操作運用が期待できるのである」。彼によれば、『望楼の決死隊』における『トラジ』歌唱は、「総督政治の親心」ということになる。

『素晴らしき金鉱』

日本映画の朝鮮ロケに朝鮮民謡が登場したのは、実は『望楼の決死隊』以前にもあった。東宝が吉本興業と共同製作した斎藤寅次郎監督『素晴らしい金鉱』（一九四一）である。『望楼の決死隊』の二年前の映画だ。「最悪の朝鮮総督」と言われた南次郎（在任期間一九三六年〜四二年）による「皇国臣民化」運動が進んだ一九四一年前半に、朝鮮現地まで出かけて撮影された。

『素晴らしき金鉱』の映像には、冒頭から朝鮮の田園風景が続出する。

主演は落語家の柳家金語楼である。朝鮮人の「柳金語」というのんきな男の役柄だ。出演者全員が日本人、セリフが全部日本語である。朝鮮民衆が砂金採取で大金持ちを夢見るという破天荒なコロニアル映画である。

主人公が金語楼（吉本興行所属）と三原純子（同）の朝鮮人夫婦だ。川で洗濯するシーンがやたらに多い。三原が突然、湖畔で歌い出すのもおかしい。彼女が死ぬ時、子どもたちに「立派な日本人になれよ」と言う建前のセリフがあるが、残りは金語楼タッチのドタバタ喜劇だ。最後は、村の全員が日の丸を掲げて「バンザーイ」となる。なんとも荒削りの喜劇映画なのだが、フィルムが長い間にわたって所在不明だったため、この映画は日韓映画史研究で見落とされて来た。

『素晴らしき金鉱』を現在の視点で見ると、内鮮一体を笑い飛ばすパワーがある。なにせ、吉本興行の男女人気スターが美しい山野を背景に、朝鮮民謡『アリラン』『トラジ』を日本語で歌い踊り、ドタバタ喜劇を演じるのだ。『望楼の決死隊』で二分間ほど演出された日鮮融和の夜景が、この映画では日本人の俳優、国語のセリフによって、うんざりするほど長々と続く。皇国臣民化を皮肉る喜劇の毒が感じられる、と言って良いほどだ（斎藤監督にそんな意図があったとは思えないが……）。

斎藤寅次郎監督「素晴らしき金鉱」（1939）。柳家金語楼（左）と三原純子（右）

「朝鮮産のタクアン映画」。前述の文章で倉茂周蔵は『素晴らしき金鉱』をこう罵倒した。「キムチとはほど遠い代物だ」と憤激した。彼にしてみれば当然の怒りであろう。

斎藤寅次郎監督（一九〇五〜八二）は、松竹時代から喜劇映画の名手だった。山田洋次監督『男はつらいよ』シリーズの主人公・車寅次郎の名前は、斎藤にちなんだという。「朝鮮にロケに行きましたが、内地ではもうなかったビールや羊羹がたくさんあった、という印象しか残っていません」。

そういう斎藤の回想には、笑ってしまうしかない。（『日本の喜劇王・斎藤寅次郎自伝』）

吉本興業は、朝鮮出身の芸能人にいち早く注目した。この会社は昔から先見の明があった。大阪新世界・芦邊劇場の広告記事（大阪朝日新聞、一九三七年二月二八日）が面白い。『東京ラプソディー』の藤山一郎、『ダイナ』のディック・ミネら日本人歌手とともに、吉本興行所属の裵亀子《ベキジャ》朝鮮楽劇団の名前と顔写真が掲載されているのだ。朝鮮舞踊出身の裵亀子は一九三三年、吉本の専属タレントとして活躍を始めた。「より朝鮮の民族色を出すように」という吉本側の要請を受けて、公演内容にも朝鮮の歌や踊りをふんだんに取り入れた。

吉本興行は一九三〇年に京城劇場を買収して朝鮮初進出を果たし、さらに東宝と連携して黄金座を経営していた（高祐二『吉本興行と韓流エンターテインメント』）。東宝と吉本興業の合作映画『素晴らしき金鉱』には、こういう歴史も反映しているのだ。

韓流ポップスの源流

東宝と吉本興業のタイアップ映画は、ほかにも斎藤寅次郎監督の東宝映画『思ひつき夫人』（一九三九）がある。これは『素晴らしい金鉱』より二年早い。竹下千恵子主演の喜劇映画だが、朝鮮楽劇団（李哲《イチヨル》団長）の公演模様を五分ほど織り込んで喜劇に仕立てた。韓国のネットで、その一部分が二分程度見られる。検索サイトで『思ひつき夫人』と入力して動画検索すると、韓国語の説明付きの映像が出てくる。

バンド演奏は孫牧人《ソンモギン》（一九一三～九九）指揮のCMC楽団（朝鮮ミュージカルクラブバンド）。当時、絶大なる人気を誇った軽音楽バンドだ。一〇人ほどの編成である。

孫牧人は『他郷暮らし』（一九三四）や『木浦の涙』（一九三五）で有名な作曲家だ。解放後、久我山明の名前で日本で活躍した。『カスバの女』（一九五五）が一九六七年、緑川アコの歌で大ヒットした。『他郷暮らし』は二〇〇一年、第一回南北首脳会談後に訪朝した金蓮子《キムヨンジャ》が、金正日の前で歌った。

韓服姿で歌っているのは、若き日の人気歌手・金貞九《キムジョング》（一九一六～九八）である。新民謡『カネ打令』を彼は歌っている。軽快なテンポで『金の風が吹くーっ♪』と歌う。金貞九は『涙に濡れた豆満江』（一九三八）が有名だ。彼は朝鮮戦争後、全玉《チョンオク》（『望楼の決死隊』で朱仁奎の妻役）の白鳥歌劇団で活躍した。『涙に濡れた豆満江』は一九六〇年代に反共ラジオドラマの主題歌になり、ヒットした。一九八〇年には大衆歌謡歌手として初めて文化勲章宝冠章を受賞し、闘病中の米ロサンゼルスで亡くなった。

朝鮮楽劇団は、京城のオーケーレコード（テイチクの朝鮮版）所属だった。日本公演にあたりオーケー・グランドショーを朝鮮楽劇団と改称し、東京や大阪での公演が大評判になった。彼らは満州公演まで行った。

朝鮮楽劇団が一九四三年に東京公演をした時には、評判を聞きつけた大韓帝国の末裔である李垠《イウン》が李王家公邸（現在の赤坂プリンスクラシックハウスホテル）に彼らを招いた。李蘭影《イナヨン》が『木浦の涙』を歌い、金貞九は『落花三千』（一九四一）を披露した。『落花三千』は百済滅亡の時、宮女三〇〇〇人が落花巌の断崖から白馬江に身を投げたという悲話を伝える歌である。「落花三千いずこへ消えた♪」。自分の境遇と重ね合わせた李垠は感情を高ぶらせ頬には涙が伝わったという。『落花三千』の歌唱シーンは、日夏英太郎（許泳《ホヨン》）監督『君と僕』（一九四一）の名場面でもある。映画が音楽と交錯するシーンに、そういう歴史が織り込まれているのだ。

今井正と朝鮮

今井正の映画は二種類に大別される。

戦時下の軍国主義的「国策映画」と、戦後の反軍国主義的「民主映画」だ。今井正は戦争責任を回避したのか否か。この問題では相反する議論がある。

今井批判の代表的著作は、ピーター・B・ハーイ『帝国の銀幕～十五年戦争と日本映画』（一九九五）である。名古屋大学言語文化部教授だったハーイによれば、今井は「いったん戦争が終わると、真摯な左翼思想家、全身全霊を捧げた平和主義者であったと自称した」のであり、彼は「戦争遂行への参加ではなく、戦後、彼が表明した欺瞞によって、批判されるべき」映画監督であると痛罵した。

しかし、これは少数派である。戦後の「民主的映画」をもって今井を称賛して来たのが、日本社会の一般的な評価だった。

韓国人の映画研究者である崔盛旭《チェソンウク》（早稲田大学客員研究員）は、『今井正――戦時と戦後のあいだ』

（二〇一三）で、戦前の作品と戦後の作品を分離する見方に異議を唱えた。

韓国で『望楼の決死隊』を知った崔は、今井の遺作『戦争と青春』（一九九一）を東京で見て驚いたという。「軍国主義者の映画監督」と思っていた人物が、この映画では「朝鮮人に拾われたチマチョゴリを着ている日本人女性」を登場させていたからだ。「今井の戦時下の記憶がこのショットになかに刻み込まれている」と思った崔は、今井映画のフィルムを丁寧に見直し、彼の「心のなか」を探ろうとした。

今井は戦後、共産党員だった。

映画評論家の山田和夫が「今井正の映画人生」の中で、次のように書いている。

「（今井は）戦争中、国策映画に似たようなものを作った。それから戦前、非合法活動をやったけれども挫折したということで反省されて、なかなか共産党への入党にウンと言われなかった。半年くらい考え抜いた末で入られた」。これは共産党員同士の記憶として貴重な証言だ。

私自身は、崔盛旭らとは別の経緯で、今井正に関心を持った。

李承晩ラインをめぐる在日コリアンの葛藤を描いた今井の映画『あれが港の灯だ』（一九六一）をDVDで見たからだ。正確に言えば、脚本を書いた水木洋子に、強い関心を抱いた。彼女の熱心な取材によって、この作品は映画化されたからだ。水木は成瀬巳喜男監督の秀作『浮雲』（一九五五）の脚本家である。樋口一葉原作の今井監督作品『にごりえ』（一九五三）も、水木洋子と井手俊郎の脚本だ。水木洋子とアジアに関しては、別稿で研究する必要がある。

そして今井正と朝鮮に関する最大の謎がある。戦争末期に作られた朝鮮人特攻隊募集映画『愛と誓ひ』（崔寅奎監督、一九四五）に今井が、どの程度関与していたかという問題である。

今井本人は、この映画について全く言及して来なかった。それはなぜなのか。『望楼の決死隊』（一九四三）『愛と誓ひ』（一九四五）『あれが港の灯だ』（一九六一）。この三作品に共通するテーマは朝鮮である。今井正にとって、朝鮮とは何だったのか。私の感想を言う前に、崔盛旭の見解を聞こう。

崔盛旭は前掲の著作で、今井のデビュー作『沼津兵学校』（一九三九）から『あれが港の灯だ』（一九六一）まで、戦時期の映画九本と戦後の映画三本を中心に、丹念な分析を加えた。崔の結論は、その「おわりに」で明記されている。

「今井の出発点になった『反戦』は、戦時下の反軍国的心情（＝心のなか）との連続性を持っており、それはやがて様々なジャンルを通しての社会批判へと転移していくことになる」

つまり、崔盛旭の今井正論は「社会派リアリズム監督」という通説に、根本的な修正を加えるものではない。

崔の手法は映画をテクストとして解釈し、演出された映像を分析することで、監督の「心のなか」（反軍国的心情）を見ようというものだ。分かりやすい例で言えば、『望楼の決死隊』に続く今井作品『怒りの海』（一九四四）で、主人公の平賀穣（「軍艦の父」と呼ばれた造船学の権威）が、帝国海軍の戦果を伝えるラジオニュースを、聞きたくもないものであるかのように「背を向けて」聞いているシーンを、「心のなか」（抵抗性）を反映させた演出として着目するような手法である。

しかし本書では、このような方法は取らない。

私の映画へのアプローチは伝統的手法であり、いわば新聞記者的である。映画の製作経緯を中心に分析することで、「今井正と朝鮮」について考えてみたい。

藤本真澄の回顧

藤本真澄（一九一〇〜七九）は、東宝の著名なプロデューサーである。

彼は『望楼の決死隊』の製作課程について、もっとも詳細な証言を残している。満州の旅順生まれ。戦後になっても活躍し、今井の代表作『青い山脈』（一九四九）などを製作した。東宝の専務、さらに副社長に登り詰めた。藤本は、尾崎秀樹編著『プロデューサー人生──藤本真澄映画に賭ける』（一九八一）で、『望楼の決死隊』について次のように語っている。

「東宝撮影所へもどって間もなく、今井正と何かアクション物をやろうということになり、アメリカ映画の『ボー・ジェスト』あたりを下敷きにして、満州と北朝鮮の国境付近を舞台に、匪賊（ゲリラ）の来襲を防衛するのに日夜活躍している国境警察隊を描こうと、脚本の山形雄策、八木隆一郎、監督の今井正と四人で、朝鮮へロケハンに出かけた。太平洋戦争の始まる少し前の一一月の初旬だったと思う」

映画『望楼の決死隊』のコンセプトは、当初から明確だった。「国境付近の匪賊の来襲と戦う国境警備隊のアクション映画」である。今井の日記（一九四〇年五月一三日、『日本映画』同年七月号掲載）によると、今井は藤本から米国映画『駅馬車』（一九三九、ジョン・フォード監督）の試写招待状をもらって、満員の有楽町・邦楽座に出かけている。

今井の別の回想談によると、島津保次郎監督（松竹蒲田時代に庶民生活を活写した映画を多作した監督）にも、国境警官モノの映画の企画があったといい、東宝関係者の活劇志向は、その当時からあったことが分かる。

藤本は回想録で「崔寅奎の示唆によって、この企画は出来た」と述べている。崔や今井がなぜ、この映画を着想したのか。そのヒントはすでに記した。彼の父親が警察官だったことや、映画評論家・双葉十三郎の助言があったことと関係がある。

藤本ら五人は、零下二〇度の中を、鴨緑江に沿ってロケハンした。

「不便を承知で上流にロケ地を選んだ」「満浦鎮という町の郊外にオープンセットを作ることにした。土地の千坪くらいは借りるより買う方が安いというので、買うことにした」

「美術監督の松山崇の指示で石を積み上げ、望楼、砦をつくり宿舎をつくった」「その間に太平洋戦争が勃発したが、仕事は続けることになった」

一九四二年三月、撮影開始のため高田稔、原節子らの俳優を含む数十名の撮影隊が釜山、京城、平壌を経て、満浦鎮に着いた。ところが、いよいよ撮影開始という直前、春の訪れとともに凍結していた地盤がゆるみ、積み上げた石の望楼が無惨にも崩れ落ちた。

藤本は平壌のホテルに戻って、東宝東京本社の森岩雄（常務取締役）に電話した。「やむを得ない。全員引揚げろ」との指示を受けた。

「日朝合わせて七、八〇名のスタッフを中心にして撮影を開始した。ライトに使う電力は、町からコードをのばして引いた。厳冬の零下二〇度、時に三〇度の中の撮影で予期せぬトラブルが続出し、スケジュール通りになかなか進まない。年内にロケを終える予定だったが、ロケ隊はついに極寒の満浦鎮で越年しなければならなくなった」

映画はこのような悪戦苦闘の末に完成し、一九四三年四月に封切られた。

藤本は嘆く。「厳冬の中の撮影のため、動きが全体に鈍く、活劇の効果が今ひとつ上がらず、作品の出来も興行成績も苦労に報いるだけの成果は上がらなかった」。意気込んで極寒のロケをしたのに、映画の出来も営業的にもイマイチだったというのだ。しかし、公開年の『映画評論』（映画評論家たちによる総合評価）では、ベスト五の評価である。そう悪い評価ではない。

一九四三年度の映画興行収入記録によると、劇映画六八本のうち封切り興行でトップを占めたのは、長谷川一夫主演の股旅物『伊那の勘太郎』（滝沢英輔監督、九九万八二六四円）だった。『望楼の決死隊』は約半分の五二万四八七六円で、第二九位だった。開戦二周年記念として大々的に公開された『海軍』（田坂具隆監督）が、第二位で九五万九四三〇円である。

国策映画が総じて不人気だったのは、古川隆久『戦時下の日本映画――人々は国策映画を観たか』（二〇〇三）などが詳細に分析している。台湾を舞台に李香蘭が主演した『サヨンの鐘』（清水宏監督）は、第四八位（四一万五三一二円）だった。朝鮮・満州国境を舞台にした『望楼の決死隊』といい、総じて外地モノは内地では不興だったようである。

辛基秀《シンギス》の批判

映画製作の経過については、「今井正監督・年譜」（千葉伸夫編集）にも、詳しい記述がある。

それによると、今井は『結婚の生態』（一九四二）の製作を通じて、藤本真澄と親しくなった。『望楼の決死隊』ロケハンのため、藤本や今井らが朝鮮に出発したのは、一九四二年一月だ。雪解けによるオープンセット倒壊のため、三月には製作を一時中止し、帰京した。八月に現地のオープンセットの再建に着手し、一〇月に秋季シーンの撮影をして、再び帰京。一一月には、朝鮮の俳優が東京に来て、セット撮影した。「クライマックスの駐在所襲撃シーンをセット撮影」と年譜には記録されている。原節子ら日本人俳優たちが北朝鮮国境まで行って撮影したのと反対に、朝鮮人俳優らも東京に来てセット撮影したということだ。

一九四二年一二月下旬、三度目の北朝鮮ロケに出発した。佐伯彰一（のちに東京大教授）が列車内で原節子を見かけたのは、この時だ。彼らは零下三〇度近い鴨緑江岸で撮影を続けて、越年した。四三年元旦には、満浦鎮警察署に年始のあいさつに行った。一月八日、今井正は三一歳の誕生日を迎えた。同月内に満浦鎮から帰京。二月二六日から東京でセット撮影を行い、三月二六日までに全撮影を完了した。

「今井正と朝鮮」を考察するにあたって残念なことは、日朝映画人の交流に関して、今井が具体的な証言を一切残していないことだ。

今井正を声高に批判し辛基秀《シンギス》（一九三一～二〇〇二）は、朝鮮通信使研究で知られる在日コリアンの歴史家である。

辛は戦争末期の夏の夜、京都市左京区・車折神社近くの空き地で開かれた移動映写班による映画会で、『望楼の決死隊』を見たという。彼はまだ一四歳の少年だった。

「映画を観終わって祖母と夜道を急いだ足取りの軽さは、朝鮮人と日本人の警官が『内鮮一体』となって、民族差別もなく国境警備に励んでいるすがすがしさによるものだった。それほどできばえのよい映画であった」（辛『アリラン峠を越えて「在日」から国際化を問う』一九九二）。

辛少年のこのような感激は戦後、「日鮮一体」の幻影が消え去ると、今度は今井正への批判に変化した。辛基秀の今井批判は映画関係者の中では、かなり有名なエピソードである。

辛は論評やインタビューで、「映画人の戦争責任はどこにあるのか」と批判を続けた。「フィルムを所蔵する国立近代美術館附属フィルムセンターに、フィルム上映の交渉に再三行ったが、今井正監督の強い意志で貸出し上映できないと断られた」（同）と、辛は憤懣を書き連ねている。

今井正ファンの会報紙『今井正通信』でも、この件に関する言及が見られる。

それによると、辛基秀が今井批判を発表するようになったのは、一九八三年にフィルムセンターで今井正監督特集が行われた際、今井が『望楼の決死隊』を上映リストからはずさせたことへの義憤があるからだという。『今井正通信』の関係者は、当時の上映パンフ編集者に確認したところ、今井からそのような要請があったのは事実であるが、戦前の未熟な作品全体に対する要請であったようにも受け取られる、との趣旨を記述している。

『望楼の決死隊』を監督した今井に対する批判が顕在化するのは、戦後かなり時間が経った一九八〇年代だ。米国に押収されていた戦時中の国策映画が一九六七年以降、日本側に返還されてからも、かなり時間が経っている。逆に言えば、それまで今井正の国策映画が注目されることはなかったのである。

返還映画の上映会パンフ（一九六八年一一月）を見ると、『望楼の決死隊』は「国策を反映した愛国映画」と記されており、まことに微温的な評価である。今井の作品は一九六三年『武士道残酷物語』でベルリン国際映画祭金熊賞を受賞し、一九六九年には『橋のない川第一部』でモスクワ国際映画祭ソ連映画人同盟賞を受賞していた。彼は「民主主義の映画作家」としての評価を得ていた。一九八〇年代になってから提起され始めた戦時中の今井作品への批判は、彼にとって苦痛の種だったと推測される。逆に言えば、今井の戦後期における長い沈黙が、辛基秀らの批判を惹起したとも言える。

この点で、今井と同世代である撮影監督の宮島義勇《よしお》（一九〇九〜九八）は、明快である。彼は戦時中の国策映画『あの旗を撃て』（一九四四、阿部豊監督）のネガフィルムを芦ノ湖畔で焼き捨て、焼けカスは湖岸の砂に埋めたと率直に回顧している。捕虜の米兵を多数出演させたことが国際法の捕虜虐待に当たるという東宝側の懸念があったからだという。宮島『「天皇」と呼ばれた男』にある証言だ。

そういった宮島の正直な告白に比べると、今井の沈黙はあまりにも不透明である。映画界ではよく知られていることだが、今井も宮島も戦後の共産党文化部員であるものの、この点では対照的だ。

藤本真澄が一九四二年秋、京城で『望楼の決死隊』の製作発表をした時、撮影担当は宮島義勇になっていた。当時の朝鮮紙によると、「原作・八木隆一郎、シナリオ山形雄策」であり、音楽は服部良一（実際には鈴木静一）、男優は大日方伝（実際には高田稔）であった。撮影は実際には鈴木博が担当したが、宮島が『望楼の決死隊』を撮影する可能性もあったのだ。もしそうなっていた場合、宮島の口から「真相の一端」が語られていたかも知れない。

今井はなぜ沈黙したのか。

次章で紹介する朱仁奎らの行動とも関係がありそうだが、今井自身が証言を回避してきたため、その真意は依然として「闇」の中にある、と言うしかない。

映画監督・熊井啓の回想「今井正監督を悼む」に、興味深い一節を見つけた。

今井ツヤ『夫今井正』（二〇〇一）の末尾に、解説風に載っている。それによると、今井正は死去する約半年前の一九九一年春、電話をかけてきた熊井に「自叙伝を書いたのだが、残念なことに、ある事情で出版できない」と打ち明けたという。

「ある事情」とは何だったのか。その自叙伝の原稿はその後、どうなったのか。謎の解明はまだ中途半端な状態にある。

「朝鮮映画」とは何か

すでに触れたように、喜劇映画『素晴らしき金鉱』（一九四一）の斎藤寅次郎監督の朝鮮回顧は、明瞭である。斎藤は『素晴らしき黄金』をめぐって起きた朝鮮総督府官僚との紛糾について、興味深い逸話も語っている（『日本の芸談（六）映画』一九七九）。

それによると、斎藤は朝鮮各所を撮影するにあたって、総督府の役人を料亭で接待したのだそうだ。その際「相手方になにか誤解があり、金語楼が朝鮮服を着て人を笑わせ、われわれ朝鮮人民を馬鹿にするような仕草をするのは困る、と強硬な申し入れがあった」のだという。接待相手の総督府役人は図書課長あたりかとも想像されるが、「われわれ朝鮮人民」と自称しているのが不思議だ。それは誰だったのか。

斎藤は立ち上がって「朝鮮にはあなたのような堅苦しい人ばかり住んでいるのか」と熱弁を振るった。「お国には笑いはないのか。笑いは平和な国同士が握手する時の顔ではありませんか」と畳み掛けた。

官僚たちに、よほどの不興を買ったのだろう。

『素晴らしき金鉱』は公開時に、文部省によって非一般用映画（一四歳未満の観覧制限）に指定されてしまった。軽佻浮薄で青少年に悪影響を及ぼすというわけだ。「喜劇映画なのに……」。そう語る斎藤のグチには苦笑せざるを得ない。この映画を「タクアン映画」と罵倒した朝鮮軍報道部長・倉茂周蔵も、「朝鮮服を着てアリランを歌うのが朝鮮映画ではない」と言っていた。「キムチとは似て非なる模造品だ」と手厳しかった。

斎藤に文句を言った「朝鮮人民」とは、誰だったのか。

李創用《イチャンヨン》（高麗映画協会社長）が、日本から来る映画人への不満をぶつけている記事に出くわした。

『映画旬報』（一九四一年一一月一日）の座談会である。李創用は映画評論家の飯島正や筈見恒夫を相手に「何にも準備せずに来て、汽車を降りて、すぐクランクインして帰ったり、そういうことが今までも度々あったんです」と不満を鳴らしていた。

「私も朝鮮に住んでいる一人として、こういうことは非常に不満なんです。風俗や人情を間違えて伝えられたりするんです」。李創用はすでに設定創氏していて「廣川創用」の名前で座談会に出席しているのだが、それでも「朝鮮住民」として、こういう連中には不満なわけだ。

李は『素晴らしき金鉱』を名指しして、批判しているわけではない。しかし座談会では李の発言に続いて筈見が「例えば金語楼の『素晴らしき金鉱』。あんな映画を作っちゃいけない」と言っている。ひょっとしたら、「われわれ朝鮮人民」と言って斎藤に抗議したのは、李創用あたりだったのかもしれない。

『望楼の決死隊』の前史には、こういう事柄があったのである。

二年前の『素晴らしい金鉱』の失敗も踏まえて、東宝が藤本真澄（企画）今井正（監督）山形雄策（演出）らに仕込ませた国境活劇が、『望楼の決死隊』だったことを押えておきたい。

朝鮮軍報道部長・倉茂周蔵は「朝鮮映画への希望」で、以下のように書いている。

「朝鮮映画は建前として、朝鮮大衆を対象にして企画され、朝鮮事情に精通した作家（朝鮮人作家は言うまでもない）の脚本、朝鮮人の心理に通暁した演出家の演出によって、製作されなければならない。（中略）総督政治翼賛の文化材であるとともに、朝鮮の民衆生活の文化的培養源たるべきである」

こういった朝鮮映画論を崔寅奎らは、どう受け止めたのだろうか。朝鮮人による、朝鮮人のための、朝鮮映画。こう言って朝鮮映画人の奮起を督励した日本軍少将の映画論が、蠱惑に満ちた諸刃の剣であったのは想像にかたくない。

「官製臭濃厚な映画の成績が芳しくないのは定評である」と、倉茂は苛立ちを隠さなかった。一九四三年四月に公開された榎本健一・高峰秀子主演『兵六夢物語』（青柳信雄監督）は、六六万円の封切興行収益をあげた。しかし上原謙・田中絹代主演のオムニバス国策映画『敵機空襲』（野村浩将・渋谷実・吉村公三郎監督）は四二万円に留まった。

「朝鮮ではこうした轍を踏んではならない。朝鮮では企画に光彩が放ち、脚本に魅力が増して来るようにあって欲しい」。こういった軍部の叱咤激励と圧力のもとで、演出の今井正や脚本の山形雄策らは、日鮮一体となった「皇国臣民の活劇映画」を演出した。『望楼の決死隊』で演出された帝国のヒエラルキー構造は、今井ら元左翼活動家らの屈服の記録でもある。

第三章　戦争と解放、その後

「ウェノム（倭奴）めが」

京城の朝鮮人街・鍾路《チョンノ》の飲み屋で、映画監督の崔寅奎《チェインギュ》はかなり悪酔いしていた。さんざん日本人の悪口を言った。そばにいた友人の脚本家・西亀元貞《にしきもとさだ》が困惑するほどだった。

ある作家が、この夜の様子を書きとめた。在日朝鮮人の金達寿《キムダルス》（一九二〇〜九七）である。一九六一年八月の月刊誌『文学』に掲載された「太平洋戦争下の朝鮮文学　金鍾漢《キムジョンハン》の思い出を中心に」で、この夜の話を書いている。

金達寿《キムダルス》の目撃談

一〇歳で父親と渡日した金達寿は、一九四三年五月に帰国して、京城日報の出版局校閲部員になった。京城日報（現在の韓国プレスセンターの場所）から鍾路の居酒屋街は、歩いて一〇分ほどの距離だ。崔寅奎監督『家なき天使』（一九四一）の冒頭場面が、このあたりである。

「和信《ファシン》百貨店の裏手の迷路に入りこんでゆく。路は蜘蛛手のように四通達。居酒屋があるかと思えば、屋台のおでん屋、焼鳥屋もあるし、日本風のカフェがある隣に、純朝鮮式のカルピ屋、ソロンタン屋がある」

田中英光は戦後の小説『酔いどれ船』で、鍾路の光景をこう書き留めた。

金達寿はこの夜、同じ下宿に住む金鍾漢（詩人）と一緒だった。「その日は彼が月給日であったか、私のそれであったか忘れたが、ともかく二人で飲み歩いた」という。飲み屋は下宿があった鍾路区司諫町（洞）から遠くもない。崔寅奎、西亀元貞の二人は、金鍾漢の知り合いだったという。「崔寅奎と西亀とには『家なき天使』とか『授業料』といった優れた作品があって、私もその名は知っていた」と、金達寿は書いている。

崔寅奎はひどく酔っていたという。大声でこんなことを言った。

「『俺は創氏なんかしねえ、断じて創氏なんかしないぞ！』。そこで私もつい彼に釣り込まれて『それはいい、それはすごい』なぞと言ったまではよかったが、しまいには（崔寅奎は）『ウェノム（倭奴）』などと言って、さんざん日本人の悪口を言い始めた」

金達寿は崔寅奎とは初対面なのに、崔の怒りを煽り立てるようなことを言ったのである。その悪口を見かねた西亀は「そういうことを言うものではない」と崔寅奎を諭した上で、金達寿に向かっても説教を始めた。西亀は金より一〇歳歳上だ。金達寿は当初、西亀を創氏改名した朝鮮人だと思っていた。それが日本人だと気づいて、「引っ込みがつかなくなって、早々と、その場から逃げ出し」たというから、さすがにバツが悪かったのだろう。

崔寅奎の悪酔いぶりがよく分かる描写なのだが、私がこの記述を奇異に感じるのは、当時、崔寅奎は創氏改名をとっくに済ませていたという事実があるからだ。創氏改名は、一九四〇年二月から八月までの期間限定だった。一九四三年に帰国した金達寿は四四年二月には、再び東京に舞い戻っている。だから四人の遭遇は、四三年末前後の出来事だと思われる。崔寅奎の本名が「星寅奎」に変わっていたのに、「俺は創氏なんかしねえ」と崔が言っているのは、どういうことなのか。

崔はストレスがかなりたまっていたに違いない。解放後に「親日派映画人」の代表格として非難された崔寅奎が、戦時中もおかまいなしに、日本人の悪口を言い募っていた事実が面白い。一九四三年ごろになって、創氏改名で思い悩むとはどういうことか。

しかし、この疑問は発想を変えることで、謎解きの突破口ができるのではないか。崔寅奎は当時、構想中だった新作映画の主人公の名前を朝鮮名にするか日本名にするか、で思い悩んでいたのではないか、と思われる。その映画が何だったのかを断定するには、丁寧な検証作業が必要だが、ここでは一応、一九四三年ごろに崔寅奎が創氏改名をめぐって憤懣の声を上げていたという事実だけを確認しておきたい。

崔寅奎は一九四五年公開の映画『愛と誓ひ』でも、朝鮮人主人公の少年の名前を「金英龍《きんえいりゅう》」にした監督なのだ。自分自身が創氏改名した後も、映画の主人公の名前をどうするかでは、苦悶していたのではないか、と私には思われる。

『太陽の子供たち』

崔寅奎には『太陽の子供たち』（一九四四）という国策映画がある。フィルムは残っていないが、この映画に関しては信頼できる証言がある。生徒役で出演した元小学校長の金昌國《キムチャングク》が書いた『ボクらの京城師範附属第二国民学校』（二〇〇八）である。この中に映画出演時の回顧談があるのだ。従来の朝鮮映画史研究では引用されたことがない文献だ。

著者は国民学校五年の時、同級生一〇人と一緒に、この映画に出演した。

田凡成編『韓国映画叢書』（一九七二）によると、映画には『望楼の決死隊』に巡査役で出演した田澤二《チョンテギ》のほか、文藝峰《ムンイェボン》、徐月影《ソウォルヨン》、崔雲峰《チェウンボン》ら著名な俳優が出演した。担任役の女性教師は、崔監督夫人の金信哉《キムシンジェ》である。金昌國によると、日本人俳優は校長役の水島道太郎だけだった。国策会社『朝鮮映画製作株式会社』（田中三郎社長）の製作で、脚本は崔寅奎の飲み仲間の西亀元貞であったという点も興味深い。

雑誌『朝光』一九四四年九月号によると、映画のストーリーは、以下の通りだ。

ある南太平洋の孤島。そこには校長一人、女性教諭一人、生徒三、四〇人の小さな学校があった。月岡《つきおか》という少年は、父親に従ってサイパンに行き、続いて校長も召集された。月岡少年と校長は、サイパンで巡り合った。しかしサイパン島は陥落の日を迎える。島に残された女性教諭（金信哉）は、全員戦死の報道を生徒たちに読み上げる。生徒たちは海に向かって小さな拳を振り上げて復讐を誓う、といったものであった。

校長役が水島道太郎であろう。文藝峰は月岡少年の母親役だったと見られる。この記事によると、少年の名前は日本名である。彼の前作『授業料』（一九四〇）『家なき天使』（一九四一）で、主人公の少年の名前は朝鮮名であった。朝鮮人少年の自立と成長を描くのが、彼の児童映画の本来の姿だ。崔寅奎はこの映画で、主人公の名前を朝鮮式にするか日本式にするか、悩んでいたのであろうか。それとも他に、映画化作品の構想があったのだろうか。ここでは、まだ断定的な言い方は避けておきたい。

金昌國によると、映画の後半部分の撮影は、京城からバスで一時間ほど北へ行った京畿道楊州《ヤンジュ》郡の国民学校で行われた。他の生徒四人が海岸のキャンプ場で遊ぶシーンは、平壌近くの鎮南浦《チンナムポ》から小さな船で数時間かかる小島で撮影されたという。

教室の撮影では、地元の生徒一〇人が外されて、金昌國ら京城師範附属第二国民学校の生徒一〇人が席に座った。撮影は「先生役の女優と約二〇日間、まぶしいライトの中で二時間も三時間も繰り返された」という。『太陽の子供たち』のフィルムが現存していないだけに、金の証言は貴重である。

「満映・甘粕」と熊谷久虎

『太陽の子供たち』をめぐっては、もう一つの重要な事実がある。

原節子の義兄（二姉の夫）である映画監督・熊谷久虎《くまがいひさとら》の姿が、崔寅奎の周囲に見え隠れするのだ。熊谷は『森山幸晴対談集・勲章のいらない巨人たち』（一九八一）で、「満映の甘粕に頼まれて、朝鮮の映画作りを手伝った」と、にわかに信じがたい話をしているのだ。「満映の甘粕」とは、もちろん、満州映画協会（満映）の理事長・甘粕正彦《あまかす》のことだ。

当時の朝鮮映画界の動向を詳述した高島金次『朝鮮映画統制史』（一九四三）に、熊谷久虎の名前はない。韓国の過去の新聞を検索しても、熊谷の京城来訪を伝える記事はなかった。熊谷には虚言癖があったのか。いや、彼の言っていることは事実なのである。

熊谷は一九四四年七月頃から、国策映画会社「朝鮮映画社」（朝鮮映画製作株式会社を改編）の嘱託（理事待遇）として、京城・東京を往復しながら事実上、この会社の映画製作を仕切る地位にいたのだ。『日本映画』（一九四四年八月号）の「映画界時事」に、その人事記事を見つけた。簡単に言うと、一九四四年に「朝鮮映画製作」は「朝鮮映画社」に改変改称され、常務理事の中田康晴が辞任した後釜に、熊谷が座ったのだ。この人事は今まで重視されなかった朝鮮映画史研究の盲点である。傍若無人な男を上司に持って、崔寅奎も苛立ちが募ったに違いない。

熊谷の京城での行状は、「映画界の異端児の告白的放談」と題して、森山幸晴とのこの対談で彼自身が明らかにしている。聞き手の森山は、須川栄三監督『百万人の大合唱』（一九七二）など四本の映画を企画した人物である。

熊谷「儂《わし》は朝鮮に行ったんだよ」

森山「ああ、朝鮮に行かれたんですか」

熊谷「その時分、朝鮮にユニチカのプロダクションがあったんだよ」

森山「はあ、朝鮮にですか」

熊谷「うん。総督府がそれをひとつにまとめてね、活動するというので、甘粕が儂に専務で来てくれ、と言うんできたんだ」
森山「はあ、それは昭和一九年ごろですかね」
熊谷「うん。そうそう。その会社の社長というのが金持ちで、時計屋をやってる奴でなあ。こっちから行った日本人の中では名士になってたんだよ。そいつを名目的な社長にしたから、儂に応援してくれということになったわけだ。それで朝鮮に行ったんだよ」
森山「はあ、そうですか」
熊谷「朝鮮ホテルでは、二間続きの素晴らしい部屋をとってくれてね。非常に厚遇された」なんとも横柄な口の聞き方である。「時計屋の社長」というのは、「朝鮮映画製作」に引き続いて「朝鮮映画社」でも社長だった田中三郎（京城商工会議所副会頭）のことだ。田中は京城・本町の時計商だった。熊谷の口から、崔寅奎のことが出てくるのは、次のくだりだ。熊谷の放談録は「崔殷丁」と誤記している。
熊谷「映画を作らなきゃどうにもならんというわけで、崔殷丁という当時では最も才能のある奴を抜擢して、一本撮ったんだ。ちょうどサイパン島が落ちる前でね」（サイパン陥落は一九四四年七月）
森山「ああ、そうですか」
熊谷「サイパンを中心にして日本人がみんな死んでいく。その姿を撮ったわけだ」
熊谷「まあ、たった四、五日で撮らしたよ」
森山「それはプログラム・ピクチャーですか」

熊谷「そう、そう。日本でも上映されたよ」（下川注・この点は疑問だ）
森山「（前略）何という題ですか、それは」
森山「何といったかな、忘れてしまったよ」
森山「はあ」
熊谷はなんとも乱暴な言い方をしているが、この映画は『太陽の子供たち』に間違いない。「たった四、五日で撮らしたよ」という熊谷の自慢話は、金昌國の証言と見較べると信憑性に欠ける。『太陽の子供たち』は一九四四年一一月一六日、明治座（現在の明洞芸術劇場）で公開された。出演者一同はその直前、朝鮮総督・阿部信行を表敬訪問したという。場所は、京城の朝鮮ホテルのレセプションホールである。金昌國ら生徒も校長に引率されて出かけた。

総督の前でひとりひとりが挨拶した。総督は主役の生徒に声をかけた。「君は内地のどこから来たのか」。すると、担任が飛び出して来て言った。「この生徒は日本の子ではありません。半島人です」。総督は「ああ、そう」と首をかしげ、「日本語が上手だねえ」と話したという。「国語常用」で教育された朝鮮人生徒の日本語力に驚く朝鮮総督、という図柄は滑稽である。

朝鮮映画人の創氏改名

創氏改名。他の朝鮮映画人は、どうだったのか。
主な朝鮮映画人の創氏改名後の名前を、記載しておく。雑誌『三千里』の後身である『大東亜』

一九四二年七月号に一覧表が載っている。以下の表記は、芸名（雅号ないしペンネーム）―創氏改名後の氏名―本名の順番である。

〈女優〉

▽文藝峰―林丁元―林丁元

▽金信哉―星信哉―金信哉

▽金素英―金惠徳―金惠徳

▽卜恵淑―富川馬利―卜馬利亜

▽全玉―松原禮子―全徳禮

〈男優〉

▽金一海―金用正錫―金正錫

▽田澤二―宮田泰彰―田泰彰

▽朱仁奎―安川文治―朱仁奎

〈監督〉

▽崔寅奎―星寅奎―崔寅奎

▽安鍾和―安田辰雄―安龍煕

▽安夕影―安田榮―安碩柱

〈撮影／録音〉

▽李弼雨―瀬戸武雄―李弼雨

▽李明雨―瀬戸明―李明雨

創氏改名は、朝鮮の男系血縁社会（姓名社会）に、日本式のイエ制度に基づく氏名を導入して、摩擦と混乱を巻き起こした。法制化によるものだから強制である。

日本人風の氏（設定創氏）にしない場合、金や朴などの朝鮮式の姓が氏になった。これを法定創氏という。一九四〇年二月から六カ月間の登録の最終結果は前者が八割、後者が二割である。法制化に伴い本名（法律名）は、姓名から氏名に変更された。ただし姓が戸籍から消えるわけではない。氏は日本風にすることが推奨、強要されたが、改名は任意である。改名には手数料五〇銭が必要だった。一割近くの朝鮮人が改名した。

なんともややこしい新制度だが、第一章で述べたように、朝鮮総督府内でも穂積真六郎（殖産局長）のほか、「誰が誰だか分からなくなる」とした三橋孝一郎（警務局長）のような反対論もあったのだが、塩原時三郎（学務局長）らの推進論に押し切られた。

朝鮮映画人の創氏改名状況を見ると、崔寅奎・金信哉夫妻が、ともに「星」の氏になっている。朝鮮社会は男系血族社会だから夫婦別姓なのだが、創氏の導入によって夫婦同氏になったのである。文藝峰や金素英は法定創氏であり、改名もしていない。設定創氏にしなかったのは、個人の意思というよりも、彼女らが属した宗族の意思によるものだろう。

牧師の娘に生まれた卜恵淑は、本名（卜馬利亜）と組み合わせて「富川馬利」にした。朝鮮映画界の重鎮だった安鍾和は、「安田辰雄」と日本人風の氏名になった。安夕影の創氏名は「安田榮」である。李弼雨と李明雨の兄弟は、そろって「瀬戸」と設定創氏した。

当時の朝鮮映画人は深く思い悩んだだろう。創氏改名リストを見る日本人の一人として、ざらざらした気持ちを抑えきれない。ところが意外に思われるかもしれないが、私がソウル特派員になった一九八九年ごろ、創氏改名の本格的研究書は日本にも韓国にもなかった。このため日韓双方ともに恣意的な解釈が先行し、混乱を招いたことを注意喚起しておきたい。

創氏改名を背景に、朝鮮総督府に勤める日本人職員の苦悩を描いた梶山季之の小説『族譜』（初出は一九五二年）や、これを原作とした林権澤監督の同名映画（一九七九）はいずれも力作だが、誤解に基づく記述と演出がある。

先駆的研究書である金英達『創氏改名の研究』（一九九七）が、「梶山季之は創氏と改名の区別も知らず（中略）小説での記述がまったく実態に即していない」と記述した通りなのである。彼は「歴史的事実に照らしてみるときは、きわめて滑稽なフィクションでしかない」と断定した。

水野直樹（京大名誉教授）『創氏改名——日本の朝鮮支配の中で』（二〇〇八）も、『族譜』には同様な誤解があると指摘した。岩波新書で出ているので、読んでほしい。

族譜は男系血縁関係の推移を示した私的文書である。しかし創氏は公文書表記（法律名）の問題である。この点を理解しない誤解が依然として多い。金英達が記述したように、創氏改名は朝鮮伝統の姓や本貫を廃止したものでもなく、変更させたものでもなかったのである。

特攻隊映画と今井正

東宝プロデューサー藤本真澄の回顧談に戻る。

戦争末期に作られた崔寅奎・今井正監督『愛と誓ひ』（一九四五）に関する重要な証言があるからだ。この映画のフィルムは現存するものの、最近まで日本映画史研究からほぼ無視されて来た映画だ。海軍による朝鮮人特攻隊員の募集映画、という特異な作品である。今井正も途中から参加を要請された作品である。その製作経緯の点検は公正な映画史叙述にとって不可欠だと思われる。

藤本の回想によると、次のような製作経緯である。一九四四年、今井正監督『勝利の日まで』の完成後、藤本は「朝鮮の海兵募集映画を作れ」と海軍から要請を受け、朝鮮へ渡った。彼は朝鮮人募集映画なら朝鮮人の監督を起用すべきだと思い、『望楼の決死隊』で旧知の崔寅奎を起用した。シナリオは『望楼の決死隊』の脚本家の一人である八木隆一郎が書いた。朝鮮人孤児が最期には海軍特攻隊員を志願するというストーリーの国策映画である。

ここで重要なのは、藤本が「今井正が召集解除になり除隊してきたので、今井にも（『愛と誓ひ』を）手伝ってもらうことにした」と証言している点だ。しかし、それ以上の詳しい言及がないのが惜しまれる。

今井正は『愛と誓ひ』について、いっさい言及して来なかった。

『今井正全読本』（二〇一二）によると、今井は一九四三年秋から召集を受け、京城近郊にある龍《ヨン》山《サン》の陸軍部隊に三カ月間いた。今井にとっては唯一の軍隊体験である。今井は戦後、鉄拳制裁など内務班の過酷さを軍隊体験として語った。しかし、なぜ三ヵ月間だけの教育召集で済んだのかなど、詳しい経緯は一切明らかにしていない。『望楼の決死隊』以来、二度目になる朝鮮体験なのに、その詳細については彼の証言もなく、他に記録もされていないのである。

東宝の映画データベースは『愛と誓ひ』を、「製作・社団法人朝鮮映画社、東宝（応援）」とした上で、「演出・今井正、崔寅奎」と記載している。文化庁の日本映画情報システムも、「監督・今井正、崔寅奎」である。韓国映像資料院のデータベースも同様である。

今井正が、朝鮮人特攻隊員の募集映画『愛と誓ひ』に関して何も語っていないのは、その映画製作において重要な役割を果たさなかったからだ、との見方も可能である。しかし、そう判断できる本人の証言も、他者による傍証もなにもない。『愛と誓ひ』の製作期間中に今井が東京にいたのか、京城にいたのかも明らかでない。

この件に関して参照すべきは、作家・松本清張と東大教授・丸山真男の朝鮮体験であると思われる。二人は、一九四四年七月という同じ時期に朝鮮の陸軍部隊にいた。ともに二等兵として召集され、松本清張は龍山《ヨンサン》に、丸山真男は平壌《ピョンヤン》に配属された。当時、朝鮮の陸軍部隊が続々とニューギニアなど南方に派遣され、戦死者が相次いでいた時代だ。

松本清張は敗戦まで朝鮮にいた。丸山真男は平壌着任の三ヶ月後には、東京の参謀本部情報班に転属になった。丸山真男の場合、従軍中に脚気と診断された以外、その軍歴の詳細が十分に把握されていない（南富鎮『松本清張の葉脈』二〇一七）。

松本は自伝『半生の記』などで朝鮮体験を記述しているが、丸山の場合、過酷な内務班体験以外に多くを語っていないのは、今井正と同様である。丸山の転属は、東大の恩師である南原繁が召集解除を軍当局に要請していたことと関連がある（政治学者・石田雄《たけし》『平壌での丸山真男』二〇一〇）と見られている。

日朝共同製作の映画『愛と誓ひ』には、今井正監督『望楼の決死隊』に続いて、高田稔（京城日報の編集局長役）が主演した。独銀麟《ドクウンリン》（特攻死した朝鮮人・村井信一郎少尉役）、竹久千恵子（局長夫人役）のほか、戦後の黒沢映画の常連である志村喬（村井の父・国民学校の校長役）も出演した。金信哉《キムシンジェ》（村井の妻役）、金祐虎《キムユホ》（特攻志願する少年・金英龍役）らも出演した。

藤本は「戦争が緊迫し、フィルムを内地へ送って現像することが不可能になったので、京城で現像することにし」たという。関釜連絡船の運行が、米軍が大量に敷設した機雷によって次第に困難になってきた事情を反映している。

「愛と誓ひ」の志村喬（左）と高田稔（右）

藤本の回想は細部に及んでいる。

「覚悟はして朝鮮へ来たものの、内地への帰還を危ぶむ者も出てくるので、最低人員だけ残して大部分の東宝スタッフを帰国させ、とにもかくにも朝鮮での撮影を終えた。撮影の進行のことで崔寅奎とやり合ったりもした。こうした状態にあっても、崔寅奎は監督として主張すべきことは主張し、その態度は実に立派だったが、こちらも半ばヒステリー状態だったので、ずいぶん無理も言った。戦局が日一日と緊迫化する中で、スタッフを引き連れて来ている責任上、一日も早く撮影を終えたかったのである」

「時代が時代とはいえ、まれに見る優れた映画監督だった崔寅奎に、もう少しましな条件で『愛と誓ひ』を撮らせてやりたかった。その時の私のやり方を思い出すと、崔寅奎にすまなかったと思うこと切である」

東京空襲を逃げ惑う

藤本の回想を続ける。

「朝鮮の撮影を終え、日本側スタッフと、崔寅奎や秦薫《シンフン》、朱仁奎《チュインギュ》などの朝鮮側俳優を数名つれて帰国した。すでに下関付近の海には機雷が投下され、危険なので関釜連絡船は博多に着いた。博多から爆撃下の山陽線、東海道線をたどって、東京へ帰り着くや、彼らを渋谷の旅館に泊めた。その夜、五月二二日の渋谷区への大空襲があり、一行は焼き出され、命からがら逃げた彼らを東宝撮影所裏の寮へ入れた。すぐにセット撮影に入った」

私は、この記述を読んで驚いた。

想像さえ出来なかった事実だからだ。藤本は『愛と誓ひ』の監督・崔寅奎のほかにも、『望楼の決死隊』の出演俳優二人（秦薫、朱仁奎）を、連日の空襲に呻吟する東京に来させた、というのである。崔寅奎の来日は『愛と誓ひ』のセット撮影と編集作業のためと見られる。だが、この映画に出ていない朱仁奎や姜弘植（泰薫）まで東京にやって来たのは、どういう事情があったのか。

朱仁奎は後述する理由から、偽装転向者だったと思われるだけに、彼の動向には関心が募る。『愛と誓ひ』の撮影を、除隊後に「手伝ってやれ」と藤本から指示された今井正の姿は、どこに消えたのだろうか。五月空襲の際には、今井は恵比寿の自宅に居たという証言もある。「数名」というからには、ほかにも朝鮮人俳優らがいたことになるが、それは誰だったのか。

関釜連絡船・崑崙《こんろん》丸は一九四三年一〇月、米潜水艦の魚雷攻撃で沈没し、死者行方不明五八三人を出した。四五年六月以降、同連絡船は、閉鎖状態に陥った（関門海峡を見下ろす下関市内の高台に、崑崙丸慰霊碑がある）。

藤本の証言は重要だ。藤本が「五月二二日渋谷区の大空襲」と書いているのは、五月二四、二五日の「山手空襲」の間違いである。一九四五年の東京大空襲は、三月一〇日の下町空襲（警視庁調査で死者八万三七九三人）が有名だが、五月の山手空襲（同・四四一五人）も官庁街のほか赤坂、青山、中野などの一般住宅を狙った焼夷弾による絨毯爆撃である。

記録によると、渋谷区では二四日「濃密な焼夷弾投下によって広範囲に多数の火災が発生、疾風が起こって火災は合流し、大被害が生じた。渋谷区でも消防庁調査によれば、全焼家屋八八五五戸、死者二〇名、重傷者二四〇名、罹災者三万一五五七名に達した」。さらに二五日には「折からの強風によって一大火流を巻き起こし、残存東京市街の大部分を焼き尽くした。渋谷区の被害は、全焼家屋二万八六一五五戸、死者九〇〇名、重軽傷者三八六〇名、罹災者一一万六三七七名という莫大な被害を受け、（中略）渋谷区の約七七％が焼き尽くされ瓦礫の街と化した」（いずれも総務省『渋谷区における戦災の状況』）。

この業火の中を、崔寅奎ら朝鮮映画人は「命からがら逃げた」のである。

藤本によれば、彼らを「東宝撮影所裏の寮に入れた」とあるから、崔寅奎らは渋谷の旅館から世田谷の撮影所寮に転居したことになる。このころ『愛と誓ひ』のセット撮影が行われていたことになる。映画の日本公開は七月二六日であった。

山手空襲の惨状は、証言集『表参道が燃えた日』（二〇〇八）に詳しい。

表参道交差点にある安田銀行（現みずほ銀行）支店の扉の前に、黒こげの遺体が積み重ねられたのを、多くの人が目撃した。下目黒に住んでいた医学生・山田風太郎は『戦中派不戦日記』（一九七一）で、空襲下の青年の怒りと絶望を記録した。山田は八月一六日の日記に「日本はふたたび富国強兵の国家にならなければならない」「にがい過去の追及の中に路が開ける」と書き記した。

南青山四丁目の青南国民学校（現在の青南小）の生徒も、空襲の犠牲になった。同校生徒だった俳優・仲代達矢は、その体験をしばしば自叙伝などで語った。仲代は小林正樹監督『人間の条件』（一九五九～六二）では、満州・シベリアの苦闘の末に死んだ男を演じた。

崔寅奎や朱仁奎らは、燃えあがる「帝都・東京」を逃げながら、何を考えていたのか。彼らが情熱を注いで来た朝鮮映画と、朝鮮民族の未来をどう展望していたのか。

藤本によると、崔寅奎や朱仁奎らは義理堅い男たちだった。

セット撮影の合間に、世田谷の藤本の家に来て、防空壕を掘ってくれたという。「夜はどこから密造の朝鮮ドブロクを持って来て、キャベツにソースの肴で飲んで、朝鮮の歌『アリラン』や『ポンタラガゼ』（正確には『ポンタロガセ』）を歌った」

「巨大漢の俳優・朱仁奎は、私の母に酔ってではあるが、戦争が終わったら朝鮮の金剛山《クムガンサン》に行きましょう、歩けなければ背負って行きますと親切に言ってくれた。戦後、朝鮮（韓国）へ行った時とき、朱仁奎はどうしているかと聞くと、彼はもともと左翼なので北朝鮮へ行き、現在は咸鏡の警察署長をしているとのことだった」

藤本は、戦争が破局を迎えた時期にあっても、朝鮮の映画人と腹蔵なく交流したことがわかる。朝鮮民謡『ポンタロガセ』は、映画『愛と誓ひ』（一九四五）でも、朝鮮人兵士の壮行会シーンで歌われた。

「巨大漢の俳優」と藤本が形容した朱仁奎は、慈愛に満ちた男だったようだ。解放後の朱仁奎が「咸鏡の警察署長」という部分は、彼が咸鏡南道検察部長だった事実の反映である。朱仁奎が「もともと左翼」というのは、彼が下獄経験のある労組活動家だった経歴と符合している。

藤本には一九四五年七月上旬、召集令状が来た。

今井正と山形雄策（『望楼の決死隊』の脚本家）が、「配給の五合ばかりの酒で壮行会をやってくれた」「東京駅から出征する時も、二人が見送ってくれた」という。この二人が、藤本家での朝鮮映画人との飲み会などに加わっていたのかどうかは、証言がない。『愛と誓ひ』のセット撮影を終えた崔寅奎ら朝鮮映画人がいつ、玄界灘を越えて帰国したかも明らかでない。このあたりの経緯に関して、今井正は全く証言を残していない。

崔寅奎は解放後の「弁明」の中で、短波放送を聞いて警察から取り調べられたと記述している（『三千里』一九四八年九月号）。他の検挙された朝鮮人と同様に、短波ラジオで中国からの朝鮮語放送を聞いていたのだろうか。朱仁奎のような確信的な共産主義者は、さらに綿密な情報網を持っていたに違いない。
朱仁奎らが渋谷で経験した米軍空襲による被害は、「断末魔の帝都」をリアルに感知させるものだ。その体験が彼らに「解放後の転身」を周到に準備させた、と言っても言い過ぎではない。

朱仁奎《チュインギュ》・もう一つの顔

朱仁奎は革命志向の「赤色労働組合」（プロフィンテルン系）運動の活動家だった。左傾演劇と映画出演を並行した人物は、日本でも少なくないが、左翼工場労働者と俳優歴を兼ね備えた人物は、特異な存在である。

朱仁奎は羅雲奎《ナウンギュ》監督の伝説的映画『アリラン』（一九二六）で注目された俳優だ。『望楼の決死隊』では国境警備隊に不満顔の村民役だった。「自分の家の石垣を作るのに、ただで他人をこき使う手はない」と批判したあの男だ。咸鏡南道出身の朱仁奎は、野口遵《したがう》の朝鮮窒素肥料を中核とする興南工業地帯で、人望のある労組活動家だった。『アリラン』（一九二六）出演後、朱仁奎は忽然として、赤色労組活動家に変貌したのである。

金沢の貧しい士族の家に生まれた企業家・野口遵（一八七三～一九四四）は、日本窒素肥料（現在のチッソ）を母体に一九二七年、朝鮮窒素肥料を設立した。ここでの企業活動が、戦後水俣でのチッソ水銀公害の淵源にある、と前もって指摘しておく。

朱仁奎は、その興南工場の労働運動で逮捕され、三年間投獄された。そして出獄後に今井正監

「アリラン」出演者の記念写真。中央の帽子姿が朱仁奎。その左隣が羅雲奎。

督『望楼の決死隊』（一九四三）に出演するという複雑な軌跡を歩んだ人物である。解放後は、平壌の朝鮮国立映画撮影所（現在の朝鮮芸術映画撮影所）の初代所長になった。『望楼の決死隊』で朝鮮民謡を歌った姜弘植（秦薫）が副所長であり、姜弘植は文藝峰らが主演した北朝鮮初の劇映画『我が故郷』（一九四九）を監督した。『望楼の決死隊』に出演した俳優たちの「その後」の軌跡には、このような事実が埋め込まれていたのだ。

　私の映画研究の眼目は、「映画を契機にして過去の時代を知る」ことにある。

　だから映画の内容だけでなく、映画の出演者やスタッフの生涯に強い関心がある。その調査を進める中で、映画『望楼の決死隊』が持つ歴史的意味が見え始めたのである。

　朱仁奎に関しては、さらに重要な事実がある。

　朱仁奎は敗戦後、北朝鮮からの日本人引揚げを支援した恩人だったのだ。磯谷季次《いそがやすえじ》が書き遺した著書『朝鮮終戦記』（一九八〇）『わが青春の朝鮮』（一九八四）に、その記録がある。

磯谷は、朱仁奎、朱善奎《チュソンギュ》兄弟らとともに興南コンビナートで労働運動に参加し、逮捕・投獄された日本人活動家である。磯谷は敗戦後、興南に殺到した日本人難民の救援を担った。咸鏡南道検察部長になっていた朱仁奎は磯谷らの活動を支援し、ソ連占領下の北朝鮮にあって日本人難民を救った。森田芳夫・長田かな子編『朝鮮終戦の記録／資料編第三巻・北朝鮮地域日本人の引揚』（一九八〇）に、北朝鮮引揚者の苦闘が詳しく刻まれている。

しかし、その後、朱仁奎ら朝鮮映画人を待ち受けていた運命は、さらに過酷だった。

スターリン批判（一九五六）を契機に、北朝鮮でも金日成批判が起きた。ソ連に担がれた金日成に対して、朝鮮国内派（南朝鮮労働党）や中国派などから強い反発があった。朱仁奎らは国内派と見なされ、反撃した金日成派によって厳しい取り調べを受けた。朱仁奎は自殺した。姜弘植は政治犯収容所で病死した。いずれも彼らの動静を知る北朝鮮関係者の証言で、三〇年ほど後になってから明らかになった。

『望楼の決死隊』に関与した朝鮮映画人の生涯は、時期ごとに「植民地時代の映画人活動」「朱仁奎の労働運動」「崔寅奎の解放期映画と拉致」「姜弘植・朱仁奎の北朝鮮映画」、そして「粛清」と、個別の図書にばらばらに記録されていた。したがって、彼らの全体像は明らかでなかった。朱仁奎が俳優―左翼活動―俳優を往復する波乱の活動を重ね、また俳優・秦薫が姜弘植と同一人物であることなどが、正確に認知されていなかったのである。

崔寅奎は、朝鮮戦争で北朝鮮軍に拉致された。男優三人（朱仁奎、姜弘植、沈薫）は解放後の北朝鮮映画界で活躍したが、やがて党内抗争の中で粛清された。

金信哉は、夫・崔寅奎が「拉北」された後も韓国映画に出演していたが、米国に行った子女を頼って移民し、そこで亡くなった。今井正や藤本真澄も亡くなり、原節子は終戦七〇年目の初秋、九五歳の生涯を閉じた。『望楼の決死隊』の製作に参加した人々と戦争の現代史に秘められた個人の歴史は、これほど凄まじいものであったかと思わざるを得ない。

以下、崔寅奎と朱仁奎を中心に、朝鮮映画人の「解放前後」を記述したい。

拉致された崔寅奎《チェインギュ》

韓国映像資料院研究員ら四人の労作である『植民地時代の大衆芸術家事典』(二〇〇六)によると、崔寅奎は一九一一年、平安北道寧辺《ヨンビョン》(現在は北朝鮮核施設の集積地)の生まれである。

崔寅奎

平壌商業学校を二年で中退して故郷に戻り、自動車運転を学んだ。その後、日本へ渡り運転助手をしながら、京都の映画撮影所に入社しようとしたが、うまく行かなかった。一九二九年ごろに故郷に帰り、新義州の鉄工会社で働いたという。崔寅奎は新義州の新映《シンヨン》劇場で映写技師として働いた。一九三五年前後の時期だ。この映画館は洋画を主に上映していた。崔は映写技師をしながら映画に関する基本的な勉強をしたと見られる。「韓国戦争拉北事件資料院」の記録によると、朝鮮戦争の勃発後、北朝鮮によってソウルが占領されると、崔寅奎は北朝鮮軍によって拉致された。その後の消息は不明である。

藤本真澄の回想によれば、藤本は戦後、アジア映画祭でソウルに行った際、崔夫人の金信哉に再会した。「昭和二五年六月、北朝鮮軍が南下し京城を占領した際、彼はアメリカ軍に協力したかどで捕まえられたという。生死は不明である。生死が不明なので、いまだに墓はない。金信哉はまだ女優を続け、息子はアメリカの大学で働いているとのことだった」

朴南玉《パクナムオク》（一九二三〜二〇一七）は、韓国最初の女性監督である。

彼女が生前に書きとめた自叙伝『朴南玉・韓国初の女性監督』（二〇一七）が重要である。それによれば、彼女は少女時代から金信哉の熱烈なファンだった。毎日のようにファンレターを書いた。彼女自身も映画人になる夢を捨てられず一九四三年、京城の撮影所に入社した。解放、そして朝鮮戦争。米韓連合軍によってソウルが奪還された後の一九五〇年一〇月二日、従軍撮影班にいた朴は金信哉の自宅を訪ねた。やつれた顔の金信哉が現れた。びっくりした表情で金は「これは誰かと思えば。どうしてソウルに出て来られたのか」と言った。戦争を生き延びた二人は長い間、お互いの顔を見つめ合った。

「崔監督が拉致されたんですね」

朴の問いかけに、金信哉はため息をつきながら言った。「仕方ないでしょう、もう」。金信哉には当時、さらに悲痛な出来事があった。娘と年子の息子が栄養失調と肺病でいっぺんに死んだのだ。

戦争中、彼女の家には姑（崔寅奎の母）の友だち何人かが転がり込んで来た。彼女らはひどいぜんそくを患っていた。その咳が子どもたちに伝染したのだという。

「華麗に見えるスター金信哉は、人生を放棄した人間のように、呆然と座り込んでいた」

朴は金信哉をこのように描写した。彼女が『望楼の決死隊』に出演して七年後、二九歳ごろの姿である。

朴南玉の遺した唯一の映画が、『未亡人』（一九五五、一六ミリ作品）である。空き地に自宅兼映画セットを建てて、生まれたての赤ん坊を背負いながら、映画を撮った。

この映画は二〇一五年一二月、京橋の東京国立近代美術館フィルムセンター（現在の国立映画アーカイブ）で上映された。「社会的抑圧の中で幼い娘を抱えた朝鮮戦争の未亡人を主人公に、女性の性的欲望と母性との葛藤をリアルにとらえた」（解説パンフ）と評価された。現存するプリントは七五分間の不完全版である。私も見た。最終巻が失われておりラスト一〇分間は音声がなかった。朴南玉は二〇一七年四月、ロサンゼルスで九四歳の生涯を閉じた。金信哉も朴南玉も米国に移民し、そこで死んだ。

『植民地時代大衆芸術家事典』（李順真執筆の項）によれば、一九一一年生まれの金信哉は、新義州の鴨緑江《アムノッカン》対岸にある安東《アンドン》の出身だ（新義州出身だという記録もある）。安東高女を中退し、新義州の新映劇場で事務員として勤めていた一七歳の時、映写技師だった崔寅奎と結婚した。上記事典で李順真は次のように書く。

《金信哉が映画女優になったのは一九三七年、崔寅奎がソウルに上京し映画界に入門したことが契機になった。『沈清《シムチョン》』（安夕影《アンソギョン》監督）でデビュー後、愛らしい顔のため「永遠の少女」という愛称で呼ばれ、脚光を浴びた。彼女は文芸峰や金素英と肩を並べる位置に登った。植民地時代の金信哉の姿は、『家なき天使』で確認できる。弟を連れて花を売りながら歩く少女の役は、「永遠の少女」という彼女のイメージを推測させる。彼女は強い成人男性が保護してあげねばならない、か弱い孤児の少女である。彼女が表象するものは、純潔で脆弱な植民地朝鮮の庶民である》

《解放後には、夫・崔寅奎監督の映画である『独立前夜』（一九四八）『希望の村』（一九四八）に出演した。朝鮮戦争が勃発し、崔寅奎が北朝鮮に拉致されると、釜山に避難し『水仙花』という喫茶店を開いた。休戦会談が始まると、ソウルに上京して映画活動を再開し、『従軍手帳』（一九八一）に至るまで、多くの映画に出演した。この映画を最後に米国に移民し、そこで死亡した》

《一九六〇年代以後の彼女は「慈愛に満ちた美しい」母親であり、「肉体を連想させない精神的な美しさ」が依然として、「彼女のイメージの骨格」を形成した。末期の力作として評価される『長雨《チャンマ》』（一九七九、兪賢穆《ユヒョンモク》監督）の粘着的な演技は、彼女の生涯を構成するイメージとは背反するものだということになる》

朴南玉は雑誌『新映画』などで金信哉の写真や記事を見つけるたびに、スクラップブックに貼付けた。朴は一九六〇年に雑誌『シネマファン』を創刊した。映画人としての彼女の功績は、韓国の女性映画人に贈られる「朴南玉賞」として記憶されている。朴南玉は自伝で「崔寅奎監督は天才的な映画人であり、その活躍は金信哉の内助の功なしにはあり得なかった」と書いている。

「わが友・朱仁奎《チュインギュ》」

磯谷季次《いそがやすえじ》は一九〇七年、静岡市の貧しい家庭に生まれた。

父親は安倍川の橋番（通行料の徴集係）だった。一九二八年召集され、朝鮮咸鏡北道羅南《ラナム》にあった陸軍歩兵七六連隊で従軍した。二年後に除隊になり、咸鏡南道興南《フンナム》にあった朝鮮窒素肥料に労働者として入社した。職場は刺激的なガスの臭いが立ち籠める第三硫酸係だった。日給は一円四〇銭。月額一五円の独身寮を出て、月額一〇円の朝鮮人下宿に転居した。

ある夜、若い家主が「面白い連中が来るから顔を出せ」と誘った。

「俳優も来る」という言葉に好奇心を抱いた。四畳半ほどの狭い部屋に、七、八人の青年がいた。真っ黒い洋服を着た男が、俳優の朱仁奎だった。「工場で中国人と一緒に人夫として働いている」と、大家が彼を紹介した。「大柄で色が浅黒く、口を横に結んでおり、鼻翼が左右すこしいびつに見えたが、それでもなお『端正』という印象があり、不思議な魅力を感じさせる青年だった」

以上は、磯谷の著作『朝鮮終戦記』（一九八〇）からの引用である。

「その外貌全体、その語る態度・動作・声音などのすべてから溌剌たる生気を放射しているようで、彼は最初から私の注意を強くひきつけた」。この本の執筆当時、磯谷は朱仁奎が一九五〇年代の北朝鮮で粛清された事実は知らない。金日成への賛辞も散りばめられている。

磯谷『わが青春の朝鮮』（一九八四）は、前著の増補改訂版である。

朱仁奎に関する記述は、さらに緻密だ。「おお、よくきたな、キコク（磯谷の朝鮮語読み）。僕だ、朱仁奎だ」と彼はあいさつした。三〇歳ぐらい。（右手の）親指の第一関節から先が、切断されたようになかった。「赤銅色をした顔は文化人というより、大地に根づいた人という感じだった。しかし彼はどこかおどけたところがあり、飄々として捉えどころのない人間のようにも見えた。自由奔放さと滑稽さと豪気が奇妙に同居している」と磯谷は書き記した。朱仁奎の弟の善奎《ソンギュ》は、バイオリンの上手な音楽青年だったという。

映画俳優・朱仁奎に対する研究が始まったのは、韓国でもつい最近になってからだ。共産主義者の映画人だったからだ。『植民地時代大衆芸術家事典』に朱仁奎の項目はない。朱に関しては、韓相言《ハンサンオン》（漢陽大学講師、韓国映画史）などの研究が、先駆的な業績だ。

それによると、朱仁奎は一九〇二年、咸鏡南道咸興郡で生まれた。父親は豊かな地方地主であった。一九二二年、咸鏡南道で日本留学から帰国した青年たちが設立した劇団・藝林会《イエリムフェ》に入り、文芸部長の安鍾和《アンジョンファ》と知り合った。安は戦前戦後の朝鮮映画界の重鎮になった。のちに伝説的な映画『アリラン』（一九二六）を監督する羅雲奎《ナウンギュ》も藝林会に加入した。藝林会が経営難から解散すると、ソウル出身の安鍾和は咸興を去り、釜山へ向かった。安は釜山で演劇活動をする一方、日本人商工関係者らが設立した朝鮮キネマ株式会社に入社した。

朝鮮キネマ株式会社は一九二四年七月、釜山府本町五丁目（現在の中区東光洞五街）に設立された。西町二丁目（同・中区新昌洞二街）にあった日蓮宗・妙覚寺の婿養子・高佐貫長（一八九六〜六七）が中心になり、釜山財界の協力を得て設立された。このあたりの経緯は、安鍾和『韓国映画を作った男たち一九〇五～四五』（安鍾和『韓国映画側面秘史』の長沢雅春訳）に詳しい。

安鍾和から釜山に呼ばれた朱仁奎は一九二四年末、朝鮮キネマ株式会社に月給一一円の研究生として入社した。羅雲奎も釜山に来た。朱は王必烈（高佐貫長の別名）監督『海の秘曲』（一九二四）と、王朝ロマンス映画『雲英伝《ウンヨンジョン》』（尹白南《ユンベクナム》監督、一九二五）の端役で出演した。『雲英伝』は出来が悪く営業的にも失敗した。

尹白南は自分の家に下宿していた朱仁奎や羅雲奎ら研究生らを連れて上京し、白南プロダクションを作った。朱は母親に金策を頼み一〇〇〇円を出資した。尹白南は、盲目の父と孝行娘の伝統劇『沈清伝』（一九二五）を映画化したが、これも失敗した。

朝鮮映画の草創期は、このような挫折の連続だ。尹白南は次の作品に、李光洙《イグァンス》原作『開拓者』（一九二五、李慶孫《イギョンソン》監督）を選んだ。李光洙は韓国近代小説の先駆者とされる作家だ。この映画で朱仁奎は若い科学者役を演じた。集客はまたも大不振だった。一年間のブランクを経て、朱が出演したのが羅雲奎監督の神話的映画『アリラン』（一九二六）である。この映画で、朱仁奎はヒロインを強姦しようとする悪役を演じた。映画は大ヒットした。朱は羅雲奎監督『風雲児《プンウンア》』（一九二七）にも出演し好演した（これらのフィルムは現存していない）。

鶏林映画協会が製作した『夜明け（原題・闇から闇へ）』（一九二七、沈薫監督）は沈薫、朱仁奎、姜弘植（秦薫）の三人がそろって出演した映画だ。三人は解放後ともに越北し、激動の時代をともに歩んだ。一九二七年に朱仁奎は、黄雲・柳鳳烈監督『楽園を求める群れ』（全玉の主演）に出演し、金兌鎮監督『角のとれた黄牛』では主演した。

「映画俳優の朱仁奎、離婚訴訟を提起」

毎日申報（一九二七年一一月一七日付）に、こんな記事が掲載された。名前が売れ始めた朱にとって、これは打撃になった。朱は一八歳だった一九一九年、一歳年上の女性と結婚させられていた。当時の朝鮮社会でよく見られた早婚だが、妻は婚家に戻らず自殺を図ったりして、夫婦の折り合いはよくなかった。この醜聞報道を機に朱仁奎は映画界を去った。

ウラジオストクへの密使

磯谷季次は、朱仁奎のこういった映画人生や個人事情は知らなかったようだ。

「あとで知ったのだが、彼は朝鮮では有名な俳優であり映画や演劇の指導者でもあった」と書いている。磯谷が働いた朝鮮窒素肥料の創業は一九二七年だ。朱仁奎が映画界を去ったのも同じ一九二七年である。磯谷は一九三〇年六月に除隊になり、朝鮮窒素肥料の労働者になった。二人が会うまでに、朱仁奎は何をしていたのか。

朝鮮共産党が結成されたのは一九二五年四月一七日である。京城の中華料理店に一八人が集まり、責任秘書に金在鳳《キムジェボン》を選出した。翌年四月には朴憲永《パクホヨン》、曺奉岩《チョボンアム》らによって青年組織・高麗共産青年会が出来た。モスクワのコミンテルン（共産主義インターナショナル）から承認を受け、正式な共産党（コミンテルン支部）になった。ところが一九二五年一一月、上海経由でモスクワに送ろうとした「共青」の事業報告書が新義州で押収され、金在鳳ら主要党員らが一斉に摘発された。この後、三回にわたる再建、弾圧を繰り返し、一九二八年七月、党は壊滅した。

朝鮮共産党日本部が出来たのは一九二七年五月だ。一年後に「日本総局」と改称し、責任秘書に金天海《キムチョンヘ》が就いた。朝鮮共産党満州総局（責任秘書・曺奉岩）が設立されたのは一九二六年五月である。朝鮮人が多数住む間島（豆満江の満州側地域）の日本領事館は、共産党員の動きを取り締まった。一九三〇年には間島共産党暴動（中国共産党・李立三指導部の支援を受けた朝鮮人独立運動）が起きた。

韓相言（漢陽大学講師）によると、朱仁奎は一九三〇年、大東映画社（大邱）が製作した『盗賊野郎』（尹逢春《ユンボンチュン》監督）の脚本を持って映画界に戻った。階級問題がテーマであり、朱仁奎は労働者役だった。当時の朱の問題意識が伺われる。この後、朱仁奎は故郷を去り、モスクワに向かった。しかし国境を越えられず興南に舞い戻り、朝鮮窒素肥料に偽装入社し、労組活動を本格化させたという（韓相言『オーマイニュース』二〇〇七年一月一九日）。

磯谷自身は、「除隊後は朝鮮に残って農業でもやりたいと考えていた」という。果樹園を購入したりしたが、朝鮮窒素肥料に入社し、朱仁奎や弟の朱善奎などと付き合っているうちに「新しい認識を持つようになった」。

一九三〇年当時、上海には太平洋労働組合（赤色労働組合インターナショナルアジア太平洋支部）秘書部があり、ウラジオストクに同書記局があった。興南は朝鮮における共産主義労働運動の牙城だった。

「興南事件首脳・朱仁奎らを検挙」

一九三二年六月二二日付東亜日報は、「興南赤色労働組合第二次事件」の一斉検挙を伝えた。当

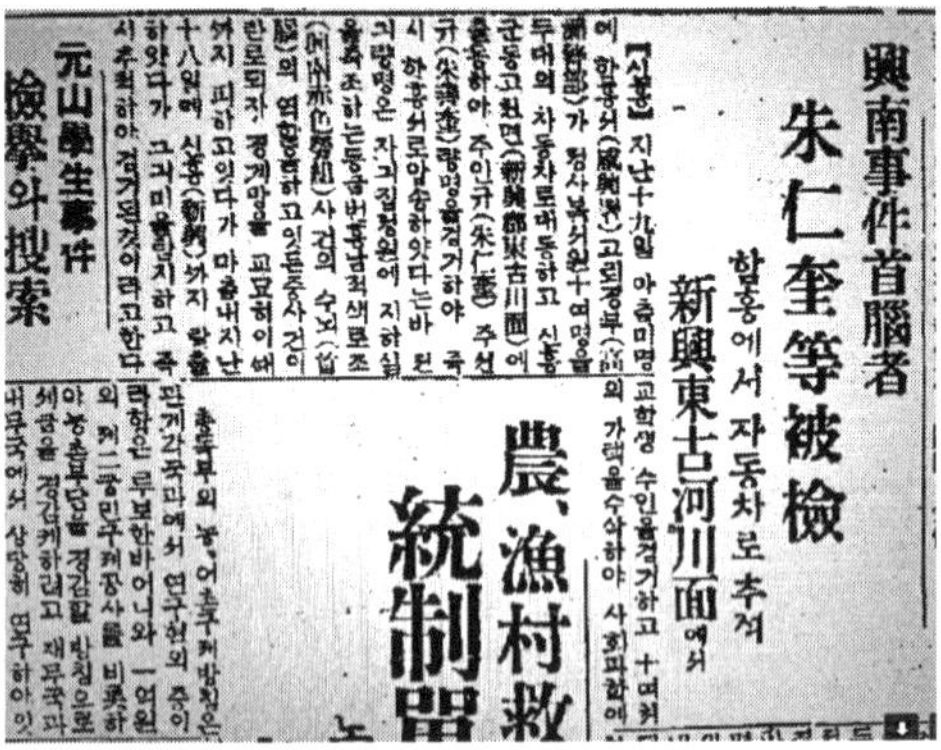
興南事件首腦者
朱仁奎等被檢
함흥에서 자동차로 추적
新興東古河川面에서
元山學生事件
檢擧와 搜索
農、漁村救
統制

朱仁奎らの検挙を報道する「東亜日報」1932.6.

時の紙面を見ると、二面の三段記事だ。朱仁奎、朱善奎兄弟が自宅の庭に地下室を築造していた事実などが書いてある。興南第二次事件というのは、三〇年一二月に第一次事件の検挙があったからだ。この事件は四次検挙まであった。他の事件の検挙者が一五人、三〇人、二〇人だったのと比べると、第二次検挙者数は五〇〇人余りで最大規模である。一般的には「太平洋労組事件」と呼ばれる。赤色労働組合インターナショナル（プロフィンテルン）の直接指示があったのが特徴だ（『韓国近現代史辞典』二〇〇五）。

　東亜日報には、続報がある。「咸南一帯を赤化計画。六〇余名取調べ。秘密書籍と機関紙も発行」（一二月一八日）「各地で五〇〇名検挙。咸興に根拠を置き平壌に別動団。共青を連結」（一九三三年七月八日）など計五本。うち三回の紙面に、朱仁奎の顔写真が掲載されている。なぜか背広姿で照れ笑いする、読者に好感を持たれそうな写真である。

朱仁奎は、労働運動では「高基洙」や「朱光海」などの偽名を使っていた。

　磯谷もこの時、検挙された。

　彼の『朝鮮終戦記』（一九八〇）の第二章は、一九三〇年代初期の北朝鮮における左翼運動を克明に描いている。興南の「太平洋労働組合」再建に乗り出した朱仁奎や磯谷らの前に現れたのは、ソ連から来た朝鮮人オルグの金元黙《キムウォンモク》（モスクワの東方勤労者共産大学卒）だ。覆面姿のまま秘密会合に出て、指示を与えた。金は咸興の場末に住みつき、飴の行商を装って活動しているうちに逮捕された。警察の拷問によって瀕死の状態になり、病院に移された時に救出されたが、逃亡の途中で死んだ。当時の朝鮮の左翼労働運動は、火曜派共産党、ＭＬ共産党、朝鮮共産党工作委員会に分派していたという。

磯谷が検挙されたのは、一九三二年四月二七日だ。メーデー（五月一日）を前にした一斉検挙だった。三六人が治安維持法違反で起訴され、判決（一九三四年一〇月二日）は全員有罪。最高刑一〇年で、磯谷（二八歳）は懲役六年、朱仁奎（三二歳）が同三年、弟の善奎（二六歳）が同五年だった。磯谷の量刑は在朝日本人の公安事件では最長である。

磯谷によれば、一九三〇年の「太平洋労働組合一〇月テーゼ」は、ウラジオストクに赴いた朱仁奎が「農夫に化けて、背負った薪木の束に潜ませて持ち込んだ」ものである。この事実は一九三四年九月七日付け朝鮮中央日報に、「映画俳優朱仁奎の潜行事実陳述・第二太平洋労組事件傍聴記」としても報道されている。当時の人々に「朱仁奎＝映画俳優＝左翼活動家」の構図が認識されていたのは明らかだ。

磯谷季次《いそがやすえじ》『朝鮮終戦記』

磯谷季次『朝鮮終戦記』は、日朝関係史の貴重な史料だ。

第三章は、麻縄とゴム靴を使いヤカンの水を鼻孔から注ぎ込む拷問を、リアルに描写する。第六章以下は、京城の西大門刑務所の獄中生活を記録している。間島共産党暴動（一九三〇）の朝鮮人死刑囚や、朴憲永《パクホヨン》（解放後の南朝鮮労働党指導者、のち金日成によって粛清）、三宅鹿之助（朝鮮共産再建の地下活動中に警察から逃亡した活動家を自宅地下に匿った京城帝大教授）に加えて、スリや窃盗など一般刑法犯の描写もあり、とても興味深い。

懲役三年の朱仁奎は、一九三七年末には出獄したと見られる。

その二年後。朱仁奎は一九三九年三月にソウルで設立された演劇集団「高協」の創設メンバーとして、沈影らと名前を連ねた。この劇団は植民地末期の朝鮮演劇界で活躍した四大劇団のひとつである。ソウル北郊の高陽《コヤン》郡に牧場を経営し、牛乳を売って運営資金に充てた。

思想犯として下獄歴のある朱仁奎が、いかにして、朝鮮映画界にカムバックできたのか。

彼は一九四二年に設立された国策会社・朝鮮映画製作株式会社（田中三郎社長）には入社できなかった。しかし『望楼の決死隊』（一九四三、今井正監督）『巨鯨伝』（一九四四、方漢駿監督）『太陽の子供たち』（一九四四、崔寅奎監督）という映画三本に出演した。

一九四〇年八月に公布された朝鮮映画令によって、朝鮮映画に従事する映画人は事前登録が義務づけられた。六カ月間の猶予期間を経て公開された五八人の名簿に「朱仁奎（三九歳）」の名前がある。彼らは官民一二人で構成された技能審査委員会での審査を受け、警察で身元調査を行った上で登録されたのだ。五八人の名簿は雑誌『三千里』（一九四一年六月号）で確認できる。

朱仁奎の前歴は新聞報道されたこともあるし、警察当局が把握していた事柄だが、どういうわけか俳優登録が承認されたのだ。朱の見事な『偽装転向』ぶりが警察を欺いた、と言うしかない。それとも他の要因でもあったのだろうか。

思想犯として検挙され、獄中生活三年を送った後、朱仁奎は映画・舞台に復帰し、国策映画に出演した。朱仁奎の植民地末期の一〇年間は、綱渡り人生である。いや一度は塀の中に落ちて、復帰し、日鮮一体映画に連続出演し、ついには東京大空襲まで体験した激変の人生だ。共産主義者、偽装転向者、あるいは巧妙なスパイだったのか。傍目から見れば「朱仁奎の真実」が何なのか、見分けがつかない。

興南《フンナム》と水俣病の起源

咸鏡南道・興南《フンナム》は、近現代史の矛盾が集積し、爆発した場所である。

海に面した古くからの農村地帯だったが、一九二〇年代以降、鴨緑江や蓋馬《ケマ》高原の電源開発が進むと、咸興《ハムン》の南一〇キロに化学工業都市・興南（現在は咸興市の一部）が造成され、急速に膨張した。その推進役が、野口遵の日窒コンツェルンだ。従業員四万五〇〇〇人、家族を含めた総人口は最高時、約一八万人に達した。

敗戦によって工場は、ソ連軍によって略奪された。咸興には、朝鮮最奥部の咸鏡北道や両江《リャンガン》道から、日本人避難民が押し寄せた。三八度線を越える南下が、ソ連軍によって阻止された。朝鮮戦争では「興南撤収」（中国人民軍の南下に伴う米軍・民衆の合同撤退）の現場になった。熊本県水俣に撤収した日本窒素肥料（現チッソ）は、水銀公害の発生源になった。

朝鮮窒素肥料興南工場

優れたルポルタージュ作家である児玉隆也の「チッソだけが、なぜ」（文藝春秋一九七三年一〇月号）は、興南―水俣の軌跡を追った知られざる作品だ。

「チッソがかつて繁栄を誇った朝鮮に、公害はなかったか」

児玉はこの疑問を関係者にぶつけた。興南の公害に関する彼の記述は短いが、内容は衝撃的だ。

《元工場長の大石は苦渋を浮かべていった。「いっちゃ悪いけど、朝鮮の方が公害が相当でた。だが、時代が違った……」。看護婦の三谷は「実はあまりいいたくないいけれど、興南にわけのわからない奇妙な病気がありました。そのために社員のなかには家族を興南から離れた緑地帯に住まわせていた人もいます」。三谷は更に口澱み言った。「その奇妙な病気は〝興南病〟という名で片づけられました」。〝興南病〟は、ところを変えて〝水俣病〟となった。》

以上である。これは「興南病」という名前が、メディアに初めて登場した文章である。

児玉の有名な作品『哀しき越山会の女王』（一九七四）などとともに、新潮文庫『この三十年の日本人』（一九八三）に載っている。興南病とは何だったのか。

「肺結核の原因は工場煤煙関係？／興南地方に多数」（毎日新報一九三九年四月一三日付）という記事が見つかった。興南の同年一月から三月末の死者一一七人中、呼吸器病による死者が三八人もおり、死亡年齢は二二、三歳から三〇歳未満だという記事だ。

海洋汚染の記事もいくつかある。これらの記事は、注目されて来なかった。「魚類の変色死滅で漁民生活の脅威／朝窒工場の劇薬放射関係？褐色毒波の西湖津海」（東亜日報一九三三年九月一三日付）。この記事には翌日付け北鮮時事新報に「フラクトン油が朝窒工場から流出／当局万全を期す」という続報がある。東亜日報一九三九年二月四日付は「工場排水に毒素が含有」と報じており、興南の海に異様な事態が起きていたことを強く想像させる。

「〝興南病〟は、ところを変えて、〝水俣病〟となった」と、児玉隆也は断定的に書いているが、その歴史的な解明は進んでおらず、今日になっても、その実態は明らかではない。

岡本達明・松崎次夫『聞書水俣民衆史／第五巻』（一九九〇）は、水俣と興南に焦点を当てた膨大な聞書きの記録である。七八人から聴取した植民地朝鮮と帝国日本の記憶である。多義性のある証言集であり、児玉の渾身のレポートを凌ぐ厚みがある。日本人にとって植民地朝鮮とは何だったのか。最終節「日本への逃亡」に記載された証言だけでも、従来の引揚げ体験録にないほどの多様な重層性がある。七八人の証言を、ここで恣意的に引用する愚は避けたい。

興南の日本人難民

磯谷季次《いそがやすえじ》は一九四五年八月一五日の玉音放送を、咸興《ハムン》西方八〇キロ《キロ》の高原で聞いた。

「そのとき想像もできなかった民族の悲劇が、北朝鮮在住日本人全部の前に、その貌を現わしはじめた」「曠野に捨てられた羊の大群のような避難民が右往左往し、やがて潮のように咸興に流れ込んで来たのである」

「至急下山せよ」。咸鏡南道検察部長になっていた朱仁奎から、磯谷に緊急の連絡が入った。咸興に来て日本人難民の救援に当たれ、という指示だった。

「咸興に出たその日、私はさっそく異様な菰《こも》包みの荷物が荷車に山と積まれて、市外の方に運ばれて行くのを見た。それは餓死し病死した日本人の屍だった。咸興は日本人にとって飢餓と窮乏と死の巷に変わっていたのだ」

咸興日本人世話会が組織されたが、餓死・病死者数は増え続けた。八月三二八人、九月七七七人、一〇月一一〇九人、一一月一一七〇人、一二月一一四九人。

一一月下旬、日本人世話会から磯谷にSOSが入った。「日本人難民三〇〇〇人を近郊の富坪《プピョン》に至急移動させよ」と咸興市人民委員会から指令が来たという。状況がさらに悪化するのを、当局者も恐れていた。日本人世話会は、避難民を移動させると、さらに多くの死者が出ると判断し「なんとか中止するよう交渉してほしい」と、磯谷に依頼した。

磯谷は朱仁奎に掛け合った。朱は磯谷と一緒に、市人民委員会委員長に会った。朱と委員長は、三〇分以上も激論した。埒が明かない。朱は咸鏡南道人民委員長に会った。委員長は朱の妹の夫だ。それでもダメだった。

一二月二日、強制移住が断行された。磯谷らが案じた通り、翌年一月一〇日、富坪では死者五七五人が確認された。朱仁奎の部下の情報課長・李相北《イサンブク》が現地調査して分かった。

咸興に殺到した日本人避難民は九月下旬には、旧在住者八〇〇〇人の三倍近い二万五二一四人を数えた。最終的には約八万人の避難民が押し寄せたという。北朝鮮在留日本人の死者は結局、厚生省引揚援護局「北鮮一般邦人の資料概況」によると、一九四六年春までに約二万五〇〇〇人に達した。

これらの経緯から明らかなのは、朱仁奎や磯谷季次ら末端の共産党員の努力では、如何ともしがたい状況が生まれていたということだ。ソ連軍はモスクワの指令に基づき八月二五日以降、三八度線を封鎖し日本人難民が南下するのを禁止していた。しかし、ひたすら救援のために力を尽くした朱仁奎や磯谷のような人たちもいた。

朱仁奎《チュインギュ》の献身

当時の咸興の状況を、日本側でもっとも客観的に記録した歴史的文書は、咸興日本人委員会・北鮮戦災者委員会による「北鮮戦災現地報告」である。

森田芳夫・長田かな子編『朝鮮終戦の記録――米ソ両軍の進駐と日本人引揚』（一九六四）と、その基礎資料編『第三巻・北朝鮮地域日本人の引揚記録』（一九八〇）に記載されている。同報告は、「道検察部の実験を握る朱仁奎、李相北諸氏の行動は、在留同胞に対する温かい救援の手となって伸び、俄然、眼前の開ける思いを抱かせた」と、朱仁奎らの実名を挙げて感謝している。

敗戦前、北朝鮮地域に住んでいた日本人は二七〜二八万人ほどだった。うち五万人ほどが三八度線の封鎖以前に、南朝鮮側に南下したとされる。残りの二二〜二三万人のほとんどは、北朝鮮に閉じ込められた。日本人の家屋は接収され、咸興の場合、敗戦前に二二六〇戸あった日本人住宅は、一九四五年末には一〇二八戸と半分以下に減った。朝鮮奥地や満州からの避難民は、学校や物置、倉庫、元遊郭、神社など、劣悪な住環境の中で過ごし、南下を禁じられたまま咸興に滞留した。

「戦端は全く無準備のうちに突如眼前に開かれ、頭上に一大鉄槌を食って愕然とした在住同胞が、周章狼狽、混乱の極に陥ったのは無理もないことであった」（北鮮戦災現地報告）「病弱の愛児を心を鬼にして生きながら路傍に捨てた母親もあれば、知らぬ間に息を引き取った愛し児の遺骸を背負ったまま、十里二十里の道を遠しとしなかった若いお母さんもあった」（同）

保安隊（朝鮮人自警団）を中心とする勢力が次第に強大化した。咸鏡南道北青郡の駐在所長は一家心中を企て、夫婦が目的を達したものの、子女五人は蘇生して孤児になった。一一月一三日未明、官公吏や学校教職員など四八〇人が大量検挙された。

避難者の間には病人が続出し、発疹チフスなどの悪性伝染病が蔓延した。旧道立病院には「日本人入るべからず」の張り紙があり、日本人患者を拒絶した。

ソ連軍の不良軍人による不法侵入、略奪、性的暴行は、進駐軍部隊の交代を前にした九月中下旬がピークだった。強制的な勤労動員の報酬は一人平均六〇銭であり、物価は敗戦前の一五倍から二〇倍に急騰した。世話会の活動が混迷を深める中で、磯谷季次と同僚の松村義士男の奮闘は、咸鏡南道・咸興市の朝鮮共産党を動かした。朱仁奎（検察部長）やその部下の李相北（同部情報課長）の行動で、難民救援が具体化したのである。

磯谷季次「未公開手記」（前記資料編第三巻に収録）によると、朱仁奎らの献身は目覚ましいものがある。

「咸鏡南道検察部は日本人問題の重大性を指摘し、まずソ連軍を動かして、従来は朝鮮人だけが利用していたカナダ人モーリー夫人経営の済恵病院を日本人のために解放せしめ、ソ連軍医師の全面的援助の下に、日本人病者の積極的支援に乗り出した」

さらに「道立病院の半分および回春病院が日本人病者のために解放され、第一次伝染病患者が四九四人入院した」という。

戦災現地報告によると、朱仁奎らの検察部は関係当局を動かして、救済用医療の斡旋、範囲を限った在住日本人の企業許可、避難者への糧穀配給、栄養不良者に対する米穀増配、労賃のアップなどを実現した。検察部がこのような仕事を行えたのは、朱仁奎らが検察部は人民保護局に属しており、検察部は日本人難民に対しても救いの手を差し伸べなければならない、という解釈を強行したからだ。磯谷によると、朱仁奎や李相北らは「道市内部に巣食った一部ファッショ分子により、親日家と呼ばれ、また、親ソ派とも呼ばれた」という。しかし、彼らは咸興在住日本人と日本人避難民のための救援を最後まで続けた。磯谷は「私一人だけでも自分の生涯の記憶の中に、彼らの日本人に対する友情と献身をとどめておきたい」と記した。

映画『望楼の決死隊』の出演者・朱仁奎の「その後」をたどって行くうちに、私は磯谷の文章にたどり着いた。磯谷が残した敗戦後の興南の記録は、それなりに知られてきた。しかし、そこに登場する朱仁奎という人物の全体像は明らかでなかったのである。

歴史の真実は埋もれているが、今なお発掘できる、と私は実感する。

興南コンビナートの最後は、鎌田正二『北鮮の日本人苦難記 日窒興南工場の最後』（一九七〇）に詳しい。だが、これは都立中央図書館など一部にしか蔵書がない。過去の記録はもっと大事にされ、もっと国民に広く共有されるべきである。

この項目の冒頭に書いたように、「咸興（興南）は近現代史の矛盾が集積した場所」である。

朝鮮戦争における米軍の「興南撤収」は、韓国で同名の小説（金東里《キムドンリ》作）になり、韓国映画『国際市場で逢いましょう』（二〇一四）の冒頭シーンで映像化された。韓国大統領・文在寅《ムンジェイン》の父親（一九二〇年生まれ）は興南の農業課長だった。興南埠頭から米艦メレディス・ヴィクトリー号に乗って韓国に避難した。興南では当時、米軍の原爆が投下されるという噂が蔓延していた。文在寅は三年後に避難先の巨済島で生まれた。日本人にとっての興南は、磯谷季次『朝鮮終戦記』（一九八〇）で記憶されるべきだ。

朱仁奎の自死

朱仁奎の死は、ソ連に亡命した人物の著作に、記録されている。
北朝鮮の元文化宣伝部第一部長・鄭尚進《チョンサンジン》（北朝鮮での活動名は鄭律《チョンユル》）がソウルで出版した『アムール川で歌う白鳥の歌』（二〇〇五）だ。北朝鮮時代の文化芸術人を回想した書籍であり、その中に朱仁奎に関する記述がある。朱は一九五六年八月の朝鮮労働党「宗派（分派）事件」の弾圧に耐えきれず自殺した、と短く記述されている。

鄭尚進は咸興で初めて会った朱仁奎について、「羅雲奎監督の映画『アリラン』の悪漢役、北朝鮮の映画発展に大きな功をなした初代撮影所長」と説明している。朱仁奎への心酔ぶりがよく分かる記述だ。鄭尚進はソ連軍とともに北朝鮮に進駐してきた「ソ連の高麗人」だ。一九一八年にウラジオストクで生まれたが、家族ともどもカザフスタンに強制移住させられた。地元の師範大学を卒業後、ソ連軍とともに北朝鮮に進駐した。

朱仁奎の自死を証言した元北朝鮮文化宣伝省次官・鄭尚進。

鄭尚進は、金日成《キムイルソン》が一九四五年九月一九日にソ連軍艦に乗って元山港に上陸した時、秘密裏に埠頭で出迎えた一人だ。彼はこの回想記で、北朝鮮による歴史の偽造（朝鮮人民革命軍の参戦というウソ）を告発し、金日成が握手しながら「キム・ソンジュ（金成柱＝金日成の本名）です」とあいさつしたと記述している。鄭尚進は一九四〇年代以降、北朝鮮の文化宣伝部を担い、同部第一部長などを歴任したが、一九五〇年代にソ連派や中国派の粛清が相次ぐと、ソ連に帰還した。

磯谷季次『わが青春の朝鮮』（一九八四）には、朱仁奎が書いた論文を収めた冊子が、付録として同封されている。北朝鮮の文学芸術総同盟機関誌『文化戦線』（一九四七年四月）に掲載された「北朝鮮における朝鮮映画の使命と展望」（水野直樹訳）である。

朱仁奎は一九四七年、北朝鮮の国立映画撮影所所長に任命された。この論文は、その決意表明の内容である。「朝鮮においては、過去日帝の悪毒な映画がいかにわれわれの映画事業を阻害したか」と糾弾し、「南朝鮮で（中略）映画事業は政治的に保障されず、経済的に土台が立ちえず、むしろ日帝以上の強圧の下に苦しんでいる」と批判した。この論文と前後して朝鮮新聞（一九四七年三月二三日号）には、ソ連映画を賛美する朱の論評が掲載された。「我々はソ連映画から多くの新しいことを学ぶことで、光り輝く成果を達成できると確信する」。と書いている。

この頃が北朝鮮映画人に転じた朱仁奎の絶頂期である。映画人としての経歴と、咸興の混乱期に見せた実務能力は、鄭尚進らソ連から来た文化官僚にも評価されたに違いない。朱は一九四六年一〇月には、北朝鮮文化芸術総同盟（文芸総）傘下の映画同盟委員長に抜擢された。国立映画撮影所は総面積五万坪（予算二五〇〇万円）と広大なものだった。副所長には『望楼の決死隊』で朝鮮民謡を歌った姜弘植（秦薫）が就任した。

姜弘植監督『我が故郷』（一九四九）は、北朝鮮初の劇映画である。兪源準《ユウォンジュン》や文藝峰が主役を演じた。文は解放後、夫の劇作家・林仙圭《イムソンギュ》とともに越北して来ていた。朱仁奎も一九五〇年『哨所を守る人々』（脚本・姜弘植）を監督したが、この映画は朝鮮戦争により公開の時期を逸した。

朝鮮戦争は冷戦崩壊後、ソ連の秘密文書が明らかにしたように、金日成がスターリンと毛沢東を説得して開戦した南侵戦争である。鄭尚進はこの戦争を「不義の戦争」と記述している。開戦三日で北朝鮮軍はソウルを占領した。朱仁奎と姜弘植もソウルに進駐し、戦闘の模様を映画として記録した。彼らには崔寅奎監督らを北朝鮮に「拉致」した疑いが持たれている。朱仁奎研究が韓国でタブー視されてきた原因だ。

朝鮮戦争開戦後の一九五一年に行われた映画同盟の改編で、朱仁奎には何の職責も与えられなかった。なぜだかわからない。

朝鮮労働党内部には五つの派閥があった。中国（延安）派、ソ連派、朴憲永《パクホヨン》の南労党系、金日成《キムイルソン》らの満州パルチザン派、朴金喆《パククムチョル》の国内パルチザン派である。このうち国際的な支援がなかった朴憲永（一九〇〇～五六）らの南労党系が最も早く粛清された。一九五二年一二月の中央委員会五回全員会議で、彼らは「宗派（分派）主義者」として断罪された。朱仁奎は興南の赤色労働組合出身の共産主義者である。彼が映画同盟から追放されたのは、南労党系粛清の影響が考えられる。文化宣伝部第一副部長の趙一鳴（南労党系）は、一九五三年に死刑になった。

朱仁奎の自死は、一九五六年九月である。

この時期は、いわゆる「八月宗派事件」と重なる。一九五六年二月、第二〇回ソ連共産党大会でのフルシチョフによるスターリン批判は、金日成の国家にも大きな影響を与えた。一九五六年四月の第三回朝鮮労働党大会を乗り切った金日成は、同年六～七月、モスクワなどを訪問した。この留守中に中国派やソ連派が金日成の個人崇拝体制を修正しようとしたのが、「クーデター計画」として金日成側から断罪された。これが八月宗派事件である。金日成に圧力をかけた平壌駐在のソ連大使・李相朝《イサンジョ》は亡命した。

朱仁奎は、咸興に進駐してきた鄭尚進らソ連出身者と親交が深かったのも、あだになったと見られる。鄭尚進はソ連亡命後は故郷カザフスタンに住み、二〇一三年に亡くなった。

越北映画人のその後

姜弘植《カンホンジク》（俳優名・秦薫）の生涯も、幾多の起伏に飛んでいる。彼は一九七一年一〇月九日、北朝鮮の耀徳《ヨドク》強制収容所（咸鏡南道）で死亡したと一部で伝えられる。

姜弘植は一九三〇年代、朝鮮歌謡界のトップスターだった。妻の全玉《チョンオク》（『望楼の決死隊』では朱仁奎の妻役）も、「涙の女王」と呼ばれた人気歌手だった。デュエット曲もある。姜のヒット曲『処女総角』（一九三〇）は、ネット上でも聴取できる。「春がきたよ♪」と歌う軽快な曲だ。一九三四年の『朝鮮打鈴』に続いて、一九三五年には『夜が明けるぞ』の大ヒットを放った。「夜が明けるぞ帆を巻け船頭よ♪」と漁村の光景を民謡風に歌い上げた（朴燦鎬《パクチャンホ》『韓国歌謡史』一九八七）。

一九〇二年、平壌生まれ。高等普通学校の在学中に、家出して渡日した。日活の男優・山本嘉一の弟子として「石井輝男」の芸名で、俳優活動をしたという。一九二六年ごろ帰国し、李慶孫《イギョンソン》監督『長恨夢』（一九二六）などに出演した。その後は主に演劇活動を展開し、歌手としての活動も併行した。一九四〇年代に映画に復帰し、崔寅奎監督『家なき天使』（一九四一）、全昌根監督『福地萬里』

（同）、今井正監督『望楼の決死隊』（一九四三）、方漢駿監督『巨鯨伝』（一九四四）、崔寅奎監督『太陽の子供たち』（一九四四）といった国策映画に連続出演した。

解放後、北朝鮮演劇同盟中央委員（一九四六）、国立映画撮影所副所長（一九四七）、朝鮮映画同盟委員（一九五一）を歴任した。先述した通り、北朝鮮初の劇映画『我が故郷』（一九四九）を演出したのが姜弘植である。その後も俳優や監督として活躍した。

姜弘植が死亡したという耀徳収容所は、北朝鮮の強制収容所の中でもっとも規模が大きい。祖父母や父が在日朝鮮人だった姜哲煥《カンチョルファン》（朝鮮日報記者）の『北朝鮮脱出』（一九九七）など、脱北者による多くの収容所証言がある。

『望楼の決死隊』で書堂の先生（柳東純）役を演じた沈影《シムヨン》（一九一〇？～七一？）にも、一部で粛清説がある。

沈影は京城第二高等普通学校（現在の京福高校）在学中に演劇活動をして退学処分を受けた。演劇団体・土月会の研究生になり、沈薫監督の遺作『常緑樹』（一九三六）、李明雨監督『愛に騙され金に泣いて』（一九三九）などに出演した。一九三九年に朱仁奎らと結成した劇団・高協の代表として活動。全昌根監督『福地萬里』（一九四一）、日夏英太郎監督『君と僕』（同）の国策映画にも出演。戦後は左翼演劇団体の革命劇場で活動し、右翼の金斗漢（林権澤監督『将軍の息子』のモデル）の手下から襲撃された。秘かに越北し、朝鮮演劇人同盟中央委員（一九五二）、同副委員長（一九五九）、朝鮮映画同盟委員長（一九六一）になった。一九六四年には「人民俳優」の称号を受けた。

越北映画人の朱仁奎らとは対照的に、解放後も韓国で映画人としての活動を続けたのが、『望楼の決死隊』で林巡査を演じた田澤二《チョンテギ》である。

安鍾和『韓国映画側面秘史』（一九六二）によると、京城郊外の往十里《ワンシンリ》のクリスチャンの家庭に生まれた田は、幼い頃から正義感の強いガキ大将だったという。家出して大阪の劇団にいたが、連れ戻された後も演劇に関心を持ち、活動した。女性関係が派手で放蕩生活の末に満州まで逃げたが、そこでも日本人ダンサーと深い仲になったという。

『植民地時代大衆芸術家事典』によると、全澤二は一九一二年生まれである。羅雲奎監督『河向こうの村』（一九三五）で映画デビューし、崔寅奎監督『国境』（一九三九）『授業料』（一九四〇）など多数の映画に出演した。解放後も同監督『自由万歳』（一九四六）『国民投票』（一九四八）などで俳優活動を続けた。

朝鮮戦争時は空軍撮影隊に所属し『出撃命令』（一九五四）に出演し、『愛情無限』（一九五八）で初監督した。初代の大韓映画俳優協会会長（一九五五）になり、社会的な名声も得た。一九九五年には青竜映画賞特別功労賞を受賞した。一九九八年に八五歳で亡くなった。「女好きの遊び人」だった田澤二の方が、不運の少ない人生だったと言うべきか。

『良き日よ、来たれ』

門間貴志『朝鮮民主主義人民共和国映画史』は、北朝鮮映画史を網羅した労作だ。

同書によると、金日成は朝鮮戦争以前から、韓国人を五〇万人拉致するという計画を立てており（北朝鮮軍事委員会第一八号決定）、開戦後の三ヶ月で人民軍偵察局は約九万人を拉致したとされる。自ら越北したり、意に反して拉致されたとされる代表的な韓国映画人は、以下の通りだ。

▽拉致＝崔寅奎、方漢駿、朴基采、金永華（以上監督）梁世雄、李明雨（以上撮影）金正革（評論）。

▽越北＝朱仁奎、姜弘植、沈影、文藝峰、独銀麒、崔雲峰、金漢、朴学、黄澈、羅雄、金蓮実（以上俳優）徐光済、金兌鎮、姜湖（以上監督）。

本章で詳説した朱仁圭、姜弘植、沈影のほか、独銀麒《ドクウンギ》（『授業料』『朝鮮海峡』）、崔雲峰《チェウンボン》（『君と僕』『加藤隼戦闘隊』）も存在感のある俳優だった。『迷夢』（一九三六）『軍用列車』（一九三八）『半島の春』（一九四一）に出演した個性派俳優の金漢も、朝鮮戦争の前に越北したが、その後の経歴は不明である。

豊田四郎監督『若き姿』（一九四三）で丸山定夫や文藝峰らと共演した黄澈《ファンチョル》は一九四八年、平壌で開かれた南北連席会議で南側の文化人代表として参加した際、金日成に平壌で俳優活動をしたいと伝えて、越北した。一九五八年から教育文化省次官を務めた。

一九六七年、金日成と提携していた国内パルチザン派（甲山派）が粛清されると、金正日は北朝鮮映画界の「反党分子」清算に乗り出した。在日朝鮮総連の資金と中国・西欧の設備を導入して、『血の海』（一九六九）『花を売る娘』（一九七二）などを作った。金正日は韓国の女優・崔銀姫《チェウニ》、申相《シンサン》玉《オク》監督夫妻を香港から拉致（一九七八）して、北朝鮮映画の「近代化」を図った。

朱仁奎ら越北映画人の万骨枯れ果てた荒野に、金王朝三代政権が存続していると言うしかない。

磯谷季次『良き日よ、来たれ――北朝鮮民主化への私の遺書』（一九九一）は、金王朝の圧政下で行われている人権侵害への告発の書である。それは、金日成を信じたヒューマニストの悔恨の書でもある。

磯谷は第二章「わが友・朱仁奎」の中で、「朱仁奎がその後、どうなったか憂慮されるが、その消息は全く不明である」と書いている。彼は朱仁奎が『玄界灘』という映画を作った、と聞いたことがあるという。これが何の作品を意味するのか、定かでない。朱仁奎にとって、玄界灘とは何だったのか。

朱仁奎の一人息子（朱鐘淳《チュジョンスン》）は一九四六年六月六日夜、咸興市内の劇場で開かれた日本人避難民を慰安する音楽会で、『春香伝』の主役・李竜夢《イヨンモン》を演じて、聴衆を喜ばせた。鐘淳は当時、モスクワの音楽大学に入学することになっていた。「颯爽とした青年に成長していて、叔父の朱善奎の音楽的天分と父の演劇的素質を受け継いでいた」と磯谷は記録する。朱鐘淳は、その後、どうなったのか。その音楽会からも、すでに七〇年以上が経った。

磯谷季次は一九九八年、九一歳で亡くなった。彼は一九九〇年八月号の雑誌『世界』で、「日韓併合八〇年と日本」と題して、次のような文章を書いた。

「見方によっては、分断後の南北両朝鮮民族は、日本統治下にあった朝鮮とあまりことならない不幸な国家になったのではないか、とすら思う。私はもちろん、日帝治下にあった朝鮮民族が幸福だった、というつもりはない。にもかかわらず、分断後、今日に至るまでの南北朝鮮民族の運命は、あまりにも悲惨にすぎはしなかったかを思わない訳にはゆかない」

あまりに痛切な悲嘆である。

第二部

朝鮮シネマの光芒

第一章　ベストシネマ『授業料』

《この映画は小学校に通うスヨンの貧しい生活と、美しい心を描いている。スヨン少年にとって最も辛い日は、学校で授業料を集める日である。担任の先生が「授業料を持て来なかった者は立て」と言うと、肩をすくめて毎度のように立たなければならない。家は食べることすら難しいほどの貧困にあえいでいる。父と母は真鍮《しんちゅう》の箸《はし》と匙《さじ》を作って売る商売をしているが、いつも遠い地方へ行商に旅立ち、何カ月も家に戻ってこない。少年は七〇歳を過ぎた祖母と暮らしている。授業料を払えず、食べ物にもありつけない時は、大声で叫びたいほど両親が懐かしい。身体の悪い祖母を思って、寂しさに耐える少年の姿が実に哀れだ》（韓国の映画評論家・李英一）

七五年ぶりの上映

朝鮮で製作された初の児童映画が、七五年後になって東京で上映された。崔寅奎《チェインギュ》監督『授業料』（一九四〇）である。上映が禁止されていたわけではない。フィルムが紛失していたのだ。それが北京の倉庫で見つかり、ソウルでの上映を経て、東京でも初上映されたので

「授業料」（1940）の少年主人公

ある。

二〇一五年一一月二九日。東京都中央区京橋の東京国立近代美術館フィルムセンター（現在・国立映画アーカイブ）が主催した「戦後七〇年企画」の目玉上映だった。七五年ぶりに開封された映像は、長い空白の時期を経ても、多くのことを観客の目と耳に訴えかけてきた。

前年の九月に韓国映像資料院は「フィルムが六月、北京の中国電影資料館の倉庫で見つかった」と発表していた。解放前に朝鮮で製作された劇映画一五七本のうち、フィルムが見つかったのは一五本しかない。『授業料』はそのうち五番目に古い映画だ。北京の倉庫からは二〇〇五年以来、日本統治時代の朝鮮映画のフィルムが次々に見つかっている。『授業料』は一九四〇年四月三〇日、京城（現在のソウル）の明治座と大陸劇場で公開された。当時、東京での上映計画が推進されたが、一般劇場での公開は実現していなかった。

七五年ぶりの上映会場には、映画評論家の佐藤忠男も来ていた。観客席の後ろで目立たぬように座っていた。佐藤には韓国の映画評論家・李英一《イヨンイル》（故人）との共著『韓国映画史入門』（一九九〇）がある。韓国映画を通史的に紹介した先駆的な本だ。この本で李は、中国・天津で見た『授業料』の感想を書いている。

「私は小学校三年生の時に、中国の天津でこの映画を見た。幼かった私は『授業料』を見て、主人公の少年が悲惨なまでに貧しい暮らしを営む姿に涙を流した。そして涙を流す一方で、憤りがこみ上げてくるのを抑えることができなかった。このころから私は映画が大好きだった。天津にある色々な劇場に行っては、中国映画、日本映画、西洋映画をよく見た。少年時代に私が好んで見たものが活劇調の娯楽映画だったせいか、『授業料』を見て私が抱いた憤りは、朝鮮映画はなぜこんなに悲惨なんだろう。なぜこんなに泣かせるのか、という思いから来るものだった。しかし半世紀が過ぎたいま、『授業料』が鮮明に残してくれた映像の記憶は、限りなく美しいものである」

李英一は一九三二年、朝鮮北部・平安北道の亀城《キソン》で生まれた。七歳の時に天津に移住し、小学校を卒業した。解放後に帰国した。彼の証言は、『授業料』の主人公と同世代の朝鮮人少年の目に、映画がどう映っていたかを知る上で重要である。

「生活は悲惨なのに、映像は限りなく美しい」

李英一の記憶は、『授業料』という映画が時代を超えて訴えてくる本質を、端的に表現している。それは映画の製作以来七五年ぶりに、初めて映像を見た現代人の感想と酷似しているからだ。『授業料』は、朝鮮映画で初めて少年を主人公にした映画だ。少年の生活を通して、その時代の社会相を描き出した作品である。

朝鮮人小学生の衝撃作

『授業料』は一九四〇年代、朝鮮文壇人による映画ランキングで、『アリラン』（羅雲奎《ナウンギュ》監督、一九二六）や『無情』（朴基采《パクキチェ》監督、一九三九）に次いで、第三位に評価された。上位二作品のフィルムは未発見だから、現時点では『授業料』がベストワンと言ってよい。太平洋戦争に突入する以前の映画であり、前述の『望楼の決死隊』（一九四三）と違い、時局映画色はかなり希薄だ。

原作が朝鮮人小学生の作文であるのが何よりインパクトがある。京日小学生新聞が募集した第一回綴方競作（一九三八年度）の応募作品の一つだ。全羅南道光州北町《プクチョン》公立尋常小学校の四年生・禹寿栄《ウスヨン》の同名作品である。授業料を払えない朝鮮人小学生の物語は、朝鮮総督府学務局長賞を受賞した。京日小学生新聞は、朝鮮総督府の御用紙・京城日報の小学生版である。

注目すべきは、映画化されたのは二等賞にあたる学務局長賞だったことだ。一等賞にあたる総督賞を受賞した日本人小学生の作品ではない。総督賞は京城師範付属第一小学校三年生の『ラッパの兵隊さん』だ。この作文には、戦地から知り合いの兵隊の死亡通知を受けた小学生の悲痛な心境が描かれている。しかし、映画化の原作として採用されなかった。

映画化の中心を担ったのは製作会社・高麗映画協会の李創用《イチャンヨン》や、崔寅奎《チュインギュ》監督、企画者の西亀元貞《にしきもとさだ》（京城日報学芸部記者）ら若き映画人である。当時李は三三歳、崔は二八歳、西亀二九歳だった。彼らの意図は何だったのか。

この映画が二〇一五年に東京で初上映された時、多くの観客は「植民地時代の朝鮮では小学校でも授業料を徴集していたのか」と驚いた。この点を知るだけでも、この映画を見る現代的な意義がある。原作の作文には「植民地の暗部」が描かれていたのに、総督府幹部や京城帝大教授らを含む審査委員会は、その作文を総督府学務局長として顕彰した。なぜなのか。

韓国映像資料院から『発掘された過去（五）授業料』（二〇一五）として、DVDが刊行された。

主人公の禹栄達役の鄭燦朝《チョンチャンジョ》は、演劇女優・金福鎮《キムボクジン》の息子である。当時、京城の清渓川尋常小五年生。背は小さいが、優しくて負けん気の強い少年役を好演した。同級生の少女・安貞姫《アンジョンヒ》役は京城女子師範付属小六年の金鍾一《キムジョンイル》だ。数百人の中からオーディションで選ばれた。唯一の日本人俳優として、新築地劇団の薄田《すすきだ》研二が田代先生役で出演している。

祖母・卜恵淑《ボクヘスク》、父・金漢《キムハン》、母・文藝峰《ムンイェボン》、貴蘭（友達の姉）が金信哉《キムシンジェ》。

卜恵淑は京城モダンガールの代表みたいな女優だったが、この映画出演の頃から老け役が増えた。文藝峰は植民地朝鮮の代表的な美人女優だ。金信哉は崔寅奎監督夫人で、愛らしい女性役で人気があった。金漢は左翼志向が強かった逸材だ。

家主・独銀麒《ドクウンキ》、郵便配達・金一海《キムイルヘ》、金魚売り・田澤二《チョンテギ》、牛車夫・崔雲峰《チェウンボン》。

いずれも崔寅奎映画の常連である。田澤二は今井正監督『望楼の決死隊』（一九四三）にも出演した。独銀麒と崔雲峰は解放後、越北する男優だ。独は崔寅奎監督の特攻隊募集映画『愛と誓ひ』（一九四五）に、崔雲峰は山本嘉次郎監督『加藤隼戦闘隊』（一九四四）にも出演した。金一海は『家なき天使』（一九四一）『半島の春』（同）『兵隊さん』『巨鯨伝』（一九四四）『愛と誓ひ』（一九四五）にも出演した。田澤二が演じる金魚売りの場面は、のどかな地方の光景を描写して、成瀬巳喜男監督の映画で頻出する物売りのシーンを思わせる。

演出・崔寅奎、方漢駿《パンハンジュン》。

方漢駿の名前があるのは、崔寅奎が撮影終盤になって病気で倒れたからだ。最後に「高映」の丸いマーク。製作会社・高麗映画協会のことである。

朝鮮初の児童映画

李創用ら京城の若き映画人たちは、なぜ、小学生の作文に注目したのか。この疑問に回答するのは簡単だ。当時の日本映画界で児童映画がブームだったからだ。李創用らは「朝鮮初の児童映画」の製作を試行したのだ。

当時の児童映画は、山本嘉次郎監督『綴方教室』（一九三八）が代表例である。東京・下町の小学五年生だった豊田正子が書いた作文は、『綴方教室』（一九三七）として出版され、映画になってヒットした。映画は朝鮮でも上映され、新聞の映画評で激賞されていた。清水宏監督『風の中の子供』（一九三七）や田坂具隆《ともたか》監督『路傍の石』（一九三八）など、他にも児童映画の秀作が相次いでいた。

西亀元貞（一九一〇〜七八）の存在が重要だ。彼は京城日報学芸部の映画記者だった。綴方を募集した京日小学生新聞の母体紙の社員である。東京帝大法学部を中退して、両親が住む京城に戻って来た映画青年だ。邦画界における児童映画の流行と『京日小学生新聞』による綴方募集を、西亀は同時に知りうる立場にあった。

一九三九、四〇年当時、彼は総督府図書課嘱託だった。総督府職員録で、彼の在籍を確認できる。西亀は映画『授業料』製作に当たって、絶好の位置にいた。禹寿栄《ウスヨン》の作文『授業料』が一九三九年三月に総督府学務局長賞に選定されると、西亀の知己である高麗映画協会の李創用によって、映画化作業が着手されたのである。

高麗映画協会には同年五月ごろ、監督デビュー作『国境』（一九三九）を公開したばかりの崔寅奎が入社した。さらに梁柱南《ヤンジュナム》（録音）が南大門撮影所の技術責任者として、李明雨《イミョンウ》も撮影技師として入社した。映画は同年六月末にはクランクインした。

「企画・西亀元貞」が果たした役割は、そういう連携プレーの機転と早業を意味する。総督賞『ラッパの兵隊さん』の映画化を選考しなかったのは、李創用らが志向する映画に不向きだと考えたからだろう。この作文は、戦死した兵隊の思い出を綴ったものだが、映画の原作としてはドラマ性や意外性に乏しい。

朝鮮初の児童映画を構想した三人は、東京の八木保太郎《やすたろう》（一九〇三〜八七）に脚本を依頼した。ライバルの「朝鮮映画」（崔南周《チェナムジュ》社長）が新劇界の村山知義《ともよし》を監督・脚本に起用して、『春香伝』を製作することに刺激を受けたとみられる。八木は内田吐夢《とむ》監督『人生劇場・青春編』（一九三六）、同監督『裸の町』『限りなき前進』（一九三七）などで、実力派の脚本家として朝鮮でも名を知られていた。通常の三、四倍程度のギャラが支払われたという。

八木は朝鮮映画界との交流を深めた。のちに満州映画協会製作部長、戦後は産別組織・日本映画演劇労働組合委員長、日本シナリオ作家協会長という大物脚本家になった。

薄田《すすきだ》研二（一八九八〜七二）の出演は、八木の推挙と見られる。新築地劇団は当時、豊田正子『綴方教室』を舞台化していた。音楽は、小津安二郎や清水宏作品で知られる伊藤宣二だ。伊藤は方漢駿監督『城隍堂《ソナンダン》』（一九三九）に続き、朝鮮映画には二度目の参加だった。

崔寅奎は当時、「原作の綴り方を初めて読んだ時、私に十分な情熱を与えるのに十分だった」と、雑誌『朝光』で述懐している。朝鮮映画として初の同時録音を導入したという新聞記事も散見される。映画が一九四〇年春に完成すると、試写会を経て、四月三〇日から日本人街の劇場・明治座（現在の明洞芸術劇場）と朝鮮人街・鍾路《チョンノ》の大陸劇場（団成社を改称）で公開された。その一週間前には、ロードショー（単館先行）公開するという記事もある。朝鮮映画のロードショーは初めてだった。映画『授業料』は、李創用が率いる高麗映画協会が挑戦した意欲的な作品だったのである。

その結末はどうだったのか。

先走って言うと、朝鮮では評価されたが、内地では非一般用映画（一四歳未満は観覧禁止）に指定されたため、劇場公開されなかった。外地（朝鮮）と内地（日本）の間で、受け止め方の落差があったのだ。なぜなのか。その背景には、意外な歴史的事件が潜んでいた。後述する。

「授業料が払えない」

まず映画『授業料』のストーリーを紹介しよう。

朝鮮西部にある田園地帯・水原《スウォン》の物語である。小学校の四年生男子・栄達（鄭燦朝）の両親は六か月前に行商に行ったままだ。何の便りも、仕送りもなく、授業料を提出することができない。祖母（卜恵淑）がゴミ回収して生活しているが、彼女の体調が悪くなると、食糧も尽きる。しかし家主（独銀麒）は滞納した家賃を督促する。

栄達は祖母の心配を減らそうと思うが、授業料の納付日が近づくと、学校に行けない。栄達の同級生の姉（金信哉）は事情を知り、弟の勉強を見てもらう代わりにコメをあげることにした。担任の田代先生（薄田研二）も祖母を訪ねて来て、栄達が学校に出て来られるようにと、お金を渡した。翌日、授業料を用意して登校する栄達は、運悪く家主に出くわした。授業料のお金を家賃として払ってしまう。祖母は平沢《ピョンテク》の叔母さんから授業料をもらっておいで、と栄達に話す。水原から平沢まで六〇里（約二四キロ）もある。栄達は遠い道を一人で歩き通した。叔母さんから授業料と米をもらいバスで帰る。栄達は家に到着するやいなや、授業料を払いに学校に走って行く。田代先生は、同級生たちがお金を集めた「友情箱」を見せて、授業料の心配はせず熱心に勉強するように話す。

栄達は父の手紙とともに、お金と服やはき物が入った小包を受け取った。村の農楽隊が踊る秋夕の頃、栄達は郵便配達人（金一海）から、両親が近くまで帰って来ていると聞いた。栄達は村の入り口まで走って行き、父（金漢）と母（文藝峰）を出迎える。――以上である。貧しい朝鮮の少年の物語なのである。

朽ち果てた城門がある地方都市・水原を舞台にした映画であり、ロードムービーでもある。原作は全羅南道・光州で書かれたが、映画の舞台は京城南郊の水原である。水原・華城《ファソン》にある梅香里《メヒャンリ》尋常小学校を中心に撮影された。世界文化遺産に指定された華城・華虹門の往時の姿が、貴重な映像記録として映画の背景に登場する。華城はのちにポン・ジュノ監督『殺人の追憶』（二〇〇三）の舞台になる田園地帯だ。

日本統治下の朝鮮では、日本人生徒は尋常小学校、朝鮮人生徒は普通学校に通っていたが、一九三八年の第三次朝鮮教育令で「尋常小学校」に統一された。一九四一年からは内地と同様に「国民学校」に改称された。

冒頭シーン。背の高い樹木が空に映える田園風景から、映画は始まる。柔らかな風が吹いている。小学校の校舎。始業の鐘が鳴る。背景に「敬愛」の文字。画面は校庭でボール遊びをする禹栄達ら男の子たちを映し出す。空高く舞い上がるボール。女の子たちのいる方向へボールが転がる。同級生の安貞姫がボールを蹴り返す。「なぜ蹴り返すんだ」と詰問する栄達。「脚があるからヨ」。言い返す貞姫。口論する二人を級友が取り囲む。セリフは、全部日本語である。

意外に思われるかも知れないが、『授業料』（一九四〇）は日本語が初めて本格的に登場した朝鮮映画である。逆に言うと、文藝峰主演『春香伝』（一九三五、李明雨監督）で朝鮮に初めてトーキー映画が登場して以来、日本統治下であっても、朝鮮映画のセリフは朝鮮語だったということだ。

教室風景。田代先生（薄田研二）が『我が国』と書かれた黒板に、日本地図を描く。朝鮮半島の中心に小さな円を描いて「この街は何と言いますか」と生徒たちに聞く。指名された制服姿の栄達《ヨンダル》が直立して「京城《けいじょう》です」と答える。田代先生「水原《すいげん》は京城《けいじょう》のどの方角にありますか」。栄達「南側です」。

夏のセーラー服を着たおかっぱの安貞姫《アンジョンヒ》が挙手する。指名され、黒板に水原の位置を書き込む。「こっちに仁川《じんせん》があります。小さい時、お父さんと汽車に乗って行きました」。田代先生「ほう、よく描けました」。ざわつく男の子たちが「汽車に乗ったことなんかないくせに。生意気だね」と言う。この悪口を含めて、教室内のセリフは全部日本語である。テンポよく画面は展開する。男女生徒間のギクシャクした関係もよく分かる。田代先生は「ウくん」「アンテイキさん」と丁寧に呼ぶ。

放課後、川沿いの道を下校する子どもたち。一転して、朝鮮語のセリフになる。安貞姫に「汽車に乗ったことあんのか」と、ちょっかいを出す男の子たち。「お前、先生にウソついたろ」。無視して帰る貞姫。日本語字幕が画面の右側に縦書きで表示される。朝鮮語を知らない当時の観客も、会話の内容が理解できる。朝鮮映画では、ありふれた言語処理だった。鄭琮樺《チョンジョンファ》（韓国映像資料院研究員）によれば、朝鮮語のセリフに日本語字幕がついているのは、製作者の李創用が「内地」の日本人を映画のマーケットとして意識していたからでもある。

学内では教室、運動場、農園を含めて、セリフは全部日本語である。しかし朝鮮語の字幕は一切ない。若い韓国人が見ると、ショックを受けるシーンである（韓国映像資料院が製作したＤＶＤ『授業料』には、同院製作の韓国語字幕が付いている）。

家庭訪問した田代先生（薄田研二）は、祖母（卜恵淑）の朝鮮語がわからず苦労する。偶然に立ち寄った級友の姉（金信哉）が流暢な日本語で通訳する場面が演出される。男女生徒の服装が制服なのは、地方の小学校としては不自然な感じだが、京城師範付属小、同女子師範付属小の生徒が「賛助出演」したという新聞記事から、その理由は類推がつく。

校庭での集団体操シーンや、朽ち果てた城門前にある農地での収穫風景は、当時の学校教育で強調されていた科目を象徴している。

黒板の左側には、朝鮮半島の大きな地図がある。「大日本帝国全図」ではない。田代先生が白墨で黒板に描いた「我が国」の地図に千島・南樺太はあるのに、台湾や沖縄がない。これは崔寅奎監督のミステークと思われる。

ロードムービーの秀作

映画のハイライトは、主人公の少年の一人旅のシーンである。

水原の自宅から平沢の叔母さんの家まで、たった一人で、一日かけて歩いて行く。徒歩約二四キロは、品川駅から横浜駅付近までの距離だ。ロードムービーの醍醐味（映画的旅情）が、満載の場面である。

朝もやの立ち籠める自宅を出発する。手づくり弁当の入ったカバンを斜めに掛けて、平沢に向かう。小学校の校庭で同級生が体操する様子を眺める。少年の後ろ姿は寂しげだ。気を取り直して、どんどん歩く。途中で牛車と出会う。「どこへ行くんだ?」「平沢《ピョンテク》までだよ」「乗って行け」。牛車に乗せてもらう。平沢はいま、在韓米軍基地のある街として有名だが、昔からの田園地帯である。分かれ道。牛車から降りる。橋を越える。小さな村落。女性二人が休んでいる。

「どこ行くの」「平沢」。水を飲む。「しっかりしてるね」と見送る二人。再び歩き出す。路端に座り込んで弁当を食べる。太陽は天空にある。歩く。ほこりっぽい道。乗合バスが近づく。生意気そうな子供が、窓からキャラメルの箱を捨てる。少年が拾う。中身はカラッポだった。バスの後部ボ

「授業料」(1940) の一場面。「軍馬進軍歌」を歌いながら歩く。

ディに『趙《チョウ》軟膏』の広告ボード。呆然と、少年はバスを見送る。
田園地帯、小さな橋。背の高い木々。少年が歌を歌い出す。『愛馬進軍歌』（作詞・久保井信夫）である。「くにを出てから幾月ぞ　ともに死ぬ気でこの馬と」。歌が木立に吸い込まれる。「攻めて進んだ山や河」。声が小さくなる。「とった手綱に血が通う」。少年の泣き顔のクローズアップ。このシーンが白眉である。心細さを振り払い、勇気を出して、少年は歩き続ける。歌声に涙が滲む。日本語の軍歌を歌う朝鮮人少年。撮影前年にヒットした軽快な軍歌が、逆に、少年の寂しさを引き立たせるのだ。

さらに歩き続ける。とぼとぼ歩く。ヤギを連れた村人に会う。「平沢《ピョンテク》は？」「もうすぐだよ」。もう夕暮れだ。平沢の村落が見えて来た。叔母さんの家に着いた時は、すっかり暗くなっていた。「よく来たね」。たくさんのおかず、山盛りのご飯。「遠い道を難儀だったね。明日はバスに乗せてあげるよ。ぐっすりお休み」。

翌朝。授業料とコメを、叔母さんからもらった少年は、バスに乗って帰る。車内でお菓子の箱を開ける。森永ミルクキャラメルの黄色い箱だ。「モリナガ」。少年がつぶやく。やがてバスは水原に着いた――。植民地朝鮮の貧しい少年にとって、この徒歩旅行は消費社会と軍国日本を同伴する苦い旅でもある。彼は日本の軍歌で寂しさを紛らわせ、ミルクキャラメルで癒される。

一連の徒歩シーンは、どの時代にも普遍的な『少年の旅立ち』を象徴するものだが、崔寅奎が演出した叙情的な映像は、植民地朝鮮に数多くあったに違いない「幼い日々」を表象して、とりわけ深い感銘を与える。

『授業料』には、清水宏監督の映像に似た印象もある。

「児童映画の監督」「ロードムービーの名手」と言われた清水は、名作『有りがたうさん』(一九三六)で伊豆半島の山道を歩く朝鮮人労働者の群れをカメラに収めた。清水は一九四〇年一月に朝鮮総督府鉄道局の招聘で京城を訪れて、文化映画『京城《けいじょう》』(一九四〇)を撮った。京城の朝から夜までの表情を風物の連鎖として記録した映画である。当時の新聞には、清水と高麗映画協会の提携話も載っている。清水は同年三月、京城を再訪し、短篇の劇映画『ともだち』(一九四〇)を撮った。朝鮮人と日本人の少年がお互いの服を交換するシーンが微笑ましい。

清水が朝鮮に向ける視線は、柔らかく自然である。崔寅奎の作風は、韓国では「リアリズムに立脚した監督」と評価されるが、彼の映像は清水のような詩的叙情性も兼備している。

『授業料』をめぐる謎

映画『授業料』を見ながら、いくつかの疑問が浮かぶ。

①原作と映画の脚本、実際の映画には、どの程度の差異があるのか?

②なぜ、小学校なのに、授業料を取られるのか?
③なぜ、こんな可哀想な朝鮮人少年の映画を、総督府は検閲でパスさせたのか?。そもそも、この原作はなぜ、総督府学務局長賞に選定されたのか?
解答を探していくために、原作と脚本、映画という三つのテキストを比較し、当時の教育環境を調べたい。原作は雑誌『文藝』(一九三九年六月号)に、脚本は全日本映画人連盟の機関誌『映画人』(一九四〇年四月号)に載っている。

京日小学生新聞による綴方募集は、朝鮮教育令第三次改正(一九三八年四月一日施行)と関連がある。この改正では、皇民化のための国語《にほんご》教育の強化が目指された。「皇民化」とは、日本人以外の諸民族に対して日本への同化や皇室への忠誠を指導する政策だ。国語教育の浸透を図る京日小学生新聞の綴方募集を、朝鮮総督府は総督賞や学務局長賞を設けてバックアップした。募集は一九三八、三九年度に行われ、それぞれ五万編、七万編の作文の応募があった。

『全鮮選抜小學綴方総督賞模範文集』(京日小学生新聞発行)全二巻は、朝鮮総督府図書館から韓国国立中央図書館に引き継がれ、いまも蔵書としてあるのが分かった。デジタル文書として公開され、日本からもアクセスできる。この文集(一九三八年度版)の冒頭に、京城日報側の「序」が載っている。そこでは朝鮮教育令第三次改正は皇民化のための国語教育強化に目的があり、『京日小学生新聞』の創刊や綴方募集も、その趣旨に沿っていると明記している。

教室での授業料徴収シーンは、現代日本人の目から見ると、もっとも奇異に映る部分だ。植民地朝鮮で初等教育は義務教育でなかったのだ。韓国では朝鮮戦争後の一九五三年になって初めて、国民学校が義務教育化されたのである。日本の場合、一九〇〇年に尋常小学校（四年間）の授業料が無償になった。

植民地期の授業料問題については、カン・ミョンスク（培材《ベージェ》大学教授）の論文「映画『授業料』を通じて見る戦時体制期の教育」（二〇一五）などが参考になる。

当時の普通学校（朝鮮人子弟向けの初等教育機関）は、府や郡が設置主体であり、その財源は行政からの補助金、財産家への付加金、授業料、使用料、寄付金などであり、授業料は第二次朝鮮教育令（一九二二）以来「月額一円以内」と規定されていた。これは学校費用の約二〇％を占める。

授業料は白墨や紙筆、燃料に充当される経費で、子供の授業に直接必要な費用として徴集されていた。映画の中で栄達少年の祖母が「月謝金」という言葉を使っているのは、授業料の使途を反映している。一九三四年当時、京城府や京畿道地域の授業料は、八〇銭程度だった。家庭ごとの経済事情や生徒数によって制限的に免除、減免措置はあったが、禹寿栄《ウスヨン》少年の場合、行商をする父母の収入が不安定なために、減免対象にもなっていなかったと見られる。

当時の『東亜日報』には、欠席や授業料滞納によって普通学校を中退する生徒の問題が、頻繁に報道されている。朝鮮総督府統計年報によると、映画『授業料』が製作された一九三九年度、全朝鮮の公立小学校で中途退学した生徒は約八万人いた。これは生徒総数の約七％に当たる。その大半は貧困が原因だったと見られる。普通学校への就学率は、一九三九年が三五・二％、四三年は四九・〇％だった。

朝鮮総督府学務局長の塩原時三郎は一九三六年六月、将来の義務教育構想を次のように語っていた。「義務教育の前提たる全部の人が学校に入れるのは、何時頃かというと、これはあまり向こうの話になって変かもしれませんが、この調子で進んでいけば、昭和二四、五年（一九四九、五〇年）ごろには、大抵そうなるということを、私は商売柄言い得るのであります」。なんと脳天気な展望だろうか。塩原が設置した義務教育制度審議委員会が一九四六年からの義務教育実施を決定したのは、日本が真珠湾攻撃に突入した一九四一年一二月のことだった。

「鮮語」の時間割

実は、紹介を後回しにした映像がある。

休み時間の校庭から教室に画面が切り替わる時、ある映像が登場していたのだ。教室の壁に貼られた授業時間割が三秒間ほど映る。そのなかに「鮮語」の字が見えるのだ。火曜日の三時間目。朝鮮語の勉強が正規の授業時間割に組み込まれているのだ。木曜日以降の時間割は画面が暗くて正確に確認できない。

小学校レベルでの朝鮮語授業は、いつまで行われていたのか。

映画『授業料』の撮影が行われたのは、一九三九年六月二六日から同年一二月五日までの間だ。これは当時の新聞記事などから推定できる。したがって映画の学校時間割は、一九三九年夏から秋の状況を反映していると言える。朝鮮人子弟向けの初級学校（普通学校）での朝鮮語、国語教育時間数が全教科に占める割合は、以下の通りだった（鄭在哲《チョンジェチョル》『日帝時代の韓国教育史』二〇一四）。

「授業料」（1940）の時間割。

▽第一次朝鮮教育令期（一九一一～二二）朝鮮語二〇・七五%、日本語三七・七四%
▽第二次朝鮮教育令期（一九二二～三八）朝鮮語一二・二四%、日本語三九・一五%
▽第三次朝鮮教育令期（一九三八～四二）朝鮮語八・七五%、日本語三四・九七%
▽第四次朝鮮教育令期（一九四一～四五）朝鮮語〇%、日本語二八・五七%。

一九三九年撮影の映画『授業料』は、朝鮮語八・七五%の時期だ。したがって学校の時間割に「鮮語」の授業があるのだ。当時の小学校規定（四年）では、朝鮮語の授業は「二時間」となっていた。学校内では完全に日本語授業に近いが、学外で子供たちは朝鮮語を使った。そういう日本語と朝鮮語の二重言語状況が映画に映し取られ、総督府の検閲もパスした。

一九三八年度に「随意科目」になった朝鮮語の授業は、一九四〇年度には教科書指定もなくなった。随意科目の設置は学校長の判断によっていた。日本人校長よりも朝鮮人校長の方が、朝鮮語廃止に傾いたという証言もある。こういった微妙な端境期の状況が、映画『授業料』に反映されているのだ。

朝鮮人の日本語理解率は一九四三年時点で、大きな地域差や男女差、年齢差があったものの、平均すると二二・一六％だった。したがって戦時中になっても、朝鮮社会では日本語と朝鮮語の二重言語状態だった、という言い方が正確だ。

ちなみに明治座での封切り時（一九四〇年）の併映は、高田浩吉主演『弥次喜多六十四州唄栗毛』である。京城では始政三〇周年記念・朝鮮大博覧会（九～一〇月）が開かれた。朝鮮日報《チョソンイルボ》、東亜日報《トンアイルボ》が強制廃刊（八月）され、創氏改名が断行（二～八月）された。日本の植民統治がピークに達し、敗戦へ向かって走り始めていた時期だったのである。

幼少期の記憶

柳宗鎬《ユジョンホ》『僕の解放前後』（二〇〇四）は、延世《ヨンセ》大学特任教授（韓国詩論）による回想記だ。一九三五年、忠清北道忠州《チュンチョンブクドチュンジュ》の生まれ。映画『授業料』に似た田園地帯で過ごした幼少期が記録されている。柳の文章には参照すべき観点が少なくない。

同書の冒頭で、柳は次のように書く。「（創氏改名をめぐって）本来の名字の痕跡を残そうと悩んだことを愛国心の発露だと主張するのは正しいことではない。本来、名字に対する特別な執着は、あくまで家門への執着だろうと思う」。この時代を生きた人らしい率直な感想に驚かされる。

彼の回想記の中に、映画『授業料』でバスの車体に広告があった『趙《チョ》膏薬』も出て来る。「栄養不足で誰でも腫れ物ができ、趙膏薬と李明来《イミョンレ》膏薬が全国で売られた」と書いてあるのだ。調べてみると、天一《チョニル》薬房の趙膏薬は朝鮮だけでなく、海外にも広く薬効が知られていた。朝鮮だけでも毎月数万包が販売された人気商品だったという。

映画『授業料』に登場する森永ミルクキャラメルは、映画タイアップの広告だ。

JR田町駅前にある森永製菓本社の史料室に問い合わせると、同社京城支店の営業記録に「映画『授業料』にミルクキャラメルの画像を挿入」という記録が残っていた。森永製菓は一九四〇年に京城郊外の永登浦《ヨンドゥンポ》に新工場を建て、増産体制に入っていた。ライバルの明治製菓は、女優の文藝峰《ムンイェボン》をキャンペーンガールに起用して、鍾路・和信《ファシン》百貨店で特別セールをした。

映画『授業料』には、栄達少年や柳宗鎬らが体験した近代消費社会の記憶が、塗りこまれているのだ。タイトルバックに「衣装・京城三越」との表示があるが、具体的にはどの衣装なのか、よくわからない。金信哉が着ていたチマチョゴリかもしれない。

柳宗鎬が小学校に入学したのは、一九四一年である。「当時は初等教育も義務教育ではなかった」「その前年までは、小学校でもいわゆる朝鮮語の時間が週に二時間くらいはあったが、一九四一年からは全廃されてしまった」。彼はこのように映画『授業料』が描いた学校生活を、裏付ける証言をしている。「当時は創氏改名が完了した時期だったので、学校ではみんな日本式名前で呼んでおり、例外は一人もいなかった」。

「学校の廊下には『国語常用』という標語が貼ってあって、朝鮮語の使用は禁止されていた」。二年生になると、日本人の女教師が赴任して来た。彼女は生徒をいつも「さん」づけで呼んだ。日本の軍歌も学校で習った。「彼女はわたしの母親の日本語の腕前を、言葉を尽くして、ほめてくれた」。

小学四年だった一九四四年の夏、柳は転校した。今度は朝鮮人校長だった。日本人の教頭からは、芥川龍之介の『杜子春』を習った。「僕が聞いた話の中で、一番興味深くて感動的な話だった」という。柳の著作は、植民地時代を実体験として知らない現代人にとって、信頼できる歴史参考書である。

宮本和吉の慧眼

作文の審査委員会メンバー（一三人）に注目したい。

皇民化を推進した朝鮮総督府学務局長・塩原時三郎が最も格上の審査員だが、その他も多士済々である。学務課長の八木信雄はその後、黄海道《ファンヘド》知事や全羅南道《チョルラナムド》知事を歴任し、戦後は日韓文化協会理事長などを務めた。編集課長・岩下雄三（東京高等師範卒）は在職中に『国語教本』を編集した。一九四〇年に京城師範学校校長になると「国語全解運動」に邁進した。視学官・安岡源太郎（広島高等師範卒）は、のちの京城女子師範学校長である。

京城帝大の初代国文科教授である高木市之助（一八八八〜一九七四）は、上代文学の高名な研究者だ。京城帝大に着任前の文部省図書監修官時代に、京城の光景を描写した文章を教材用に書いた。総督府発行の資料や写真を見て書いた机上の作文である。だから実際の京城に赴任して「想像とは違った景色だったので驚い」たという。後年になって「植民地政策の片われとしての責任を免れることができない」（『尋常小学国語読本』）と書いた。正直な学者である。

高木は別の回想録『国文学五十年』では、京城帝大英文科卒で同大講師になっていた文学者の崔載瑞《チェジェソ》（『国民文学』主幹、一九〇八～六四）が正月に、高木の自宅を酔って訪ねて来て「先生たちはどんなにいばったって、僕たち朝鮮人の魂を奪うことはできないよ」と、すごんで帰ったと書き留めている。崔載瑞の酒癖の悪さは、一九三五年から五年間ほど京城に住んでいた小説家・田中英光の小説『酔いどれ船』（一九四九）でも描写されている。「親日派」と糾弾される崔載瑞の憤懣は、日本そのものに向けられていたことが理解できる。

京城日報編集局長の新妻莞《にいづまかん》は、大阪毎日新聞学芸部長などを務めたジャーナリストであり、妻は職業婦人運動の新妻伊都子（戦後の社会党代議士）である。西亀元貞の上司である寺田暎（京城日報学芸部長、本名・寿夫）は朝鮮文人協會幹事でもあり、『街の不連続線』（一九三九）などの著作がある。寺田は東京で開かれた第一回大東亜文学者大会（一九四二年一一月）に、香山光郎（李光洙の創氏名）ら四人とともに朝鮮代表として参加した。田中英光が小説『酔いどれ船』で「酒好きの苦労人」「古風な人情家」と描写した男だ。寺田は舞踊家・石井漠あてに、のちの「半島の舞姫」崔承喜（当時一六歳）の紹介状を書いた人物でもある。

このようなメンバーの中で、実質的な審査委員長は京城帝大法文学部長の宮本和吉だったと見られる。宮本が模範文集で審査評を書いているからだ。宮本はカント哲学の紹介者として知られる。戦後は武蔵大学長、成城大学長を務めた。彼の審査評はなかなか含蓄に富む。彼は審査の眼目が「感銘」にあることを明確にしている。

「審査員の一人として非常に考えなければならなかったのは（中略）強い感銘を与えたものが良いのではないかと思った。巧まない子供らしい文章を目安においた」

選考に当たっての基準は「感銘」「巧まず」「子供らしい」の三つであったというのだ。

宮本は総督賞の『ラッパの兵隊さん』は、「題材も時局柄に出来ているし、文章も簡潔で申し分なく、子供らしく素直に畳みかけて行った所など、まったく感服に値する」と評価した。一方、禹壽榮《ウスヨン》『授業料』（学務局長賞第一席）については「これは非常に私の感銘を引いた。文章としても立派だ。文学的なセンス、天分を持っている」とほめた。彼が「感銘」というキイワードを使っているのは、『授業料』の方だ。総督賞『ラッパの兵隊さん』より高く評価したことが伺える。

しかし首席の「総督賞」は審査会の合議の結果、日本人生徒の作品に落ち着いた。日本人が首席になり、より優れた結果を出した異民族が次席になるのは、植民地教育でよく見られた現象である。支配・被支配の構造（帝国のヒエラルキー）は容易に逆転されないのだ。

こういった構造は、もう一つの植民地・台湾でも同様だった。台湾の独立運動家・王育徳『「昭和」を生きた台湾青年』（二〇一一）など多くの台湾人の回想記には、卒業式総代の選考にあたって日本人生徒が優先された事実への告発が少なくない。植民地支配の本質は、帝国国家による異民族支配である。

宮本和吉の「眼」は確かだった。彼が審査評で言及した他の作文を読むと、それがよく分かる。京城師範付属小一年の久保玲子が書いた『リハツヤ』（学務局長賞）は、京城三越でおやつを食べた後、初めて理髪店に行った時のドキドキ感を書いた作文だ。宮本が指摘したように「一年生には珍しいほど描写表現が優れている」作品である。彼女の応募作文は三本も入選した。

審査委員会は、なぜ朝鮮人小学生の『授業料』を推挙したのか。

その理由はすでに明らかだろう。審査員たちの胸に「感銘」を与える作品だったからである。『授業料』を原作に映画化を目指した李創用《イチャンヨン》ら三人にとっても、同様であったに違いない。総督府学務局長の塩原時三郎が名を連ねた（実際に審査会に出席していたかは不明だが）審査会で、学務局長賞に選定された朝鮮人小学生の作文に、難癖をつける議論は朝鮮内では皆無に近かっただろう。授業料の未納問題は、総督府自身が頭を悩ませていた問題でもあったからだ。

禹寿栄は叔母の家まで歩きながら、これも「忍苦鍛錬」だと思った、と作文に書いた。「忍苦鍛錬」は、総督・南次郎が制定したスローガンだ。苦しみを耐え忍び自己を鍛えて錬磨する。『皇国臣民の誓詞』にある言葉だ。この言葉を総督自身が揮毫し、綴方募集で総督賞を受賞した日本人小学生には、記念品として授与した。

「忍苦鍛錬」を実践したと評価された朝鮮人小学生の胸中は、いかなるものであったのか。

授業料をめぐって禹寿栄が書いた朝鮮少年の物語は、植民地空間にぽっかりと空いた奇跡的な小宇宙である。そこに崔寅奎ら朝鮮映画人が工夫を凝らす余地が生まれた。

八木保太郎の脚本

禹寿栄《ウスヨン》の綴り方を、本章の末尾に掲載しておいた。読んでいただけると幸いだ。

京城の八木保太郎（中央、年月日不明、西亀元貞の遺族提供）

旅立ちの朝。「空はよく晴れて、秋風がそよそよ吹きました」。担任教師に呼びだされた教室。「西向きのガラスに夕日がいっぱい差し込んでいた」。少年の心境が自然の光景に投影される。

映画の白眉が「少年の孤独な旅」であるのに対して、原作のヤマ場は早くも「少年と祖母の対話」部分で訪れる。祖母の優しい言葉に泣き出してしまった少年の心象風景は、映像詩となって一人旅のシーンに再現される。原文では数行で描写されている場面が、八木保太郎の脚色で増幅され、崔寅奎監督の演出で鮮烈なシーンとなってフィルムに刻まれた。

『授業料』の原文、八木の脚本、崔寅奎の映画を比較すると、以下のようなことが分かる。

①原作では担任教師が「君だけ（授業料を）納めると、我が学級は完納だが」と言う場面がある。脚本や映画ではこういったシーンはない。教師が丁寧に理由を尋ねるだけだ。

②脚本で「歌」と指示された部分が、映画では『愛馬進軍歌』に具体化された。自動車とキャラメルのエピソードは、原作段階から存在する。

③両親の行商が難しくなった背景を、原作は「戦争のため」と明記しているが、脚本や映画にそういうくだりはない。

④父母が村に帰って来るシーンが、映画のエンディングで感動的に描かれる。しかし、原作や脚本にこの場面はない。

①③の部分は、原作通りに描けば「時局政策的な不都合」がある、と脚本家や監督が考えたからに違いない。②④は監督の腕の見せ所であり、その目論みは成功した。④は映画の方が劇的であるのは言うまでもない。このような研究は、鄭琮樺《チョンジョンファ》（韓国映像資料院研究員）の論文によっても、丹念に行われている（「朝鮮映画〈授業料〉の映画化過程とテキスト比較研究」）。

八木保太郎の脚本は、全文が日本語で書かれた。この一部を劇作家の柳致真《ユウチジン》が朝鮮語に直して、撮影台本を作った。八木の脚本にある日本語は、朝鮮社会の現実に合わせて、一部朝鮮語に変換されたのである。

柳致真（一九〇五〜七四）は一九二一年に渡日し、立教大学を卒業するまで一〇年余を日本で過ごした。帰国後、劇芸術研究会を立ち上げ、戯曲家として活躍した。一九三四年には再渡日して、左翼系の朝鮮人劇団とも交流した。一九三八年に劇芸術研究会は解散し、柳は第二回大東亜文学者大会（一九四三年八月、東京）に朝鮮代表として参加した。朴基采《パクキチェ》監督『無情』（一九三九）や崔寅奎《チェインギュ》監督『国境』（一九三九）の脚本も書いた。解放後は現代的劇場『ドラマセンター』をソウル南山に建設し、韓国現代演劇の基礎を築いた。柳のように解放後に活躍した文化人が、『授業料』に関与していることに注目すべきだ。他のスタッフも同様である。

映画の中で栄達少年や田代先生は「授業料」という日本語を使うが、祖母は朝鮮語で「月謝金」と言う。栄達が叔母さん宅まで歩く場面の会話は、すべて朝鮮語だ。しかし山道を歩きながら、寂しさがこみ上げて来ると、学校で習った日本語の『愛馬進軍歌』が思わず口を突いて出る。映画が撮影された一九三九年の一月頃、朝鮮の初級学校（小学校、普通学校）では、教育によって『愛馬進軍歌』が普及していた。

もうひとつ、原作と映画には重要な差異がある。

原作を読むだけでは、禹少年の担任教師が朝鮮人なのか日本人なのかは定かでない。しかし当時の文献を捜してみて、担任は「全東洙《チョンドンス》」という名の朝鮮人教師だったことがわかった。これを脚本や映画では「日本人教師の田代先生」にしてしまった。この捏造が李創用らの映画製作者の意思に基づくのは明らかだ。彼らにとって『授業料』は、日本進出を図るための映画だったからだ。

禹少年の担任教師だった全東洙が書き残した文章（『毎日申報』掲載）によると、禹の入学前に家庭訪問したところ、「学費を出せる状況ではなかった」。禹は入学前から日本語が上手で、級長になれる生徒だと判断されたのだという。そして実際に入学後は首席で通した。

映画のラストシーン。

農道の向こうから登場するのは、栄達が待ちこがれた父（金漢《キムハン》）と母（文藝峰《ムンイェボン》）である。八木の脚本で描かれた田代先生（薄田研二）ではない。秋夕を迎えた村。農楽公演を見に行こうとした栄達に、郵便配達（金一海《キムイルヘ》）が父母の帰郷を伝える。城門に向かって駆け出す栄達。父母の姿が次第に大きくなる。親子の再会。母と父のクローズアップ。文藝峰の美しさが映える（だが、温かさを感じさせる笑顔ではない）。

小高い丘から三人を見守る田代先生と金信哉、祖母の姿。画面は手をつなぐ栄達少年ら親子を映画は映し出し、エンディングを迎える。原作にも脚本にもなかったシーンだ。崔寅奎《チェインギュ》（もしくは方漢駿《バンハンジュン》）の演出意図は、明らかである。この映画が実質的に「朝鮮期シネマのベストワン」と評価される理由も、このあたりにある。

禹寿栄《ウスヨン》の作文『授業料』は、一九三八年の秋に書かれた。日本は同年、国家総動員法を公布し、本格的な戦時体制の確立に動いた。火野葦平は同年八月、従軍記録『麦と兵隊』を雑誌に発表した。高峰秀子主演『綴方教室』が公開されたのは、同年八月二一日だ。

『全鮮選抜小學綴方総督賞模範文集』の作文にも、時代を痛感させるものが散見される。ソ連・満州・朝鮮国境では七月、日ソ両軍の武力衝突（張鼓峰事件）が起きた。戦場に近い国境の街・咸鏡北道雄基《ハムギョンブクドウンギ》在住の小学生たち数人は、街と家族の様子を不安な気持ちで書きとめた。

本章の冒頭で引用した映画評論家・李英一《イヨンイル》は「半世紀が過ぎた今『授業料』が鮮明に残してくれた映像の記憶は、限りなく美しいものである」と回顧した。

「崔寅奎監督は少年の純粋な心を通して、苛酷な現実を切実に描いている。しかしながら児童物にありがちなセンチメンタリズムには陥っていない。崔監督は少年の現実の生活を克明にリアリズムタッチで描写することにより、センチメンタリズムに埋没させることなく、少年の心を浮き彫りにした。この映画が一九三〇～四〇年代の時代状況を鋭く弾劾していることがわかる」

『授業料』の挫折

「内地」での映画公開は、どうなったのか。

東京都中央区一番町の高級住宅街に、川喜多記念映画文化財団が入居するビルがある。映画『授業料』の日本進出の結末を記録したスクラップブックが、この財団の書庫に保存されていた。

同財団は『授業料』を購入した東和商事合資会社（現在の東宝東和）の創業者・川喜多長政（一九〇三～一九八一）の業績を顕彰する団体だ。東和商事は戦前の邦画界で、欧州映画の輸入・配給の最大手だった。『巴里祭《パリ》』『会議は踊る』『望郷』『民族の祭典』などの名画を輸入し配給した。川喜多は原節子主演の日独合作映画『新しき土』（一九三七）も製作した。川喜多と中国映画界との交流は、佐藤忠男『キネマと砲声――日中映画前史』（一九八五）に詳しいが、東宝商事は朝鮮映画の紹介にも強い意欲を見せていたのである。

「半島同胞少年のまごころと友情に泣け」。スクラップブックに貼られた宣伝記事は、東和商事の意気込みを伺わせる。小説家の丹羽文雄は「素直な感動を与える。この感動を失わず大作と取り組んでほしい」とのメッセージを寄せた。

しかし、『授業料』の日本進出計画は、無残な結果に終わった。

スクラップブックの末尾に、何枚かのメモ紙片が貼付けられていた。一九四〇年一一月五日の座談会の記録だ。場所は大阪・中之島公会堂地下食堂である。東和商事映画部の千葉俊一が、その真相をごく短く語っている。千葉は川喜多長政の片腕の一人だ。彼の短いコメントには、営業マンとしての悔しさがにじむ。以下の通りだ。

「（映画『授業料』は）その描出において、すこしリアルであるから、児童には見せられなくなりました」

これが一般劇場で『授業料』が公開されなかった理由だというのだ。東和側は文部省に推薦を申請したものの、審査の結果「非一般用映画」（一四歳未満の観覧禁止）に指定されたという。児童映画なのに、これでは採算の見通しが立たない。一般劇場で『授業料』が上映される道が閉ざされた。本当にそうだったのか、との疑問を留保しておく。

東和商事の『社史』（昭和三年～一七年）は、「（朝鮮映画の配給で）陽の目を見たのは『家なき天使』ただ一本であった」と記録した。李創用らの『授業料』日本進出作戦は挫折したのである（満州では一九四〇年六月二八日から一週間、長春座で上映されたとの記録がある）。

李創用（一九〇六～六二）は、朝鮮映画界に初めて登場した本格的な映画プロデューサーであった。『植民地時代大衆芸術家事典』（李順真執筆）によると、本名は李滄龍《イチャンヨン》。咸鏡北道会寧《ハムギョンプクドヘニョン》の出身である。京城で朝鮮キネマプロダクション（淀虎蔵《よどとらぞう》社長）の技術部に入った。羅雲奎《ナウンギュ》プロダクションでも撮影技師としての経験を積み、一九三一年日本に渡り、新興キネマ太秦撮影所の技術部に入った。そこでは京城出身の金聖春《キムソンチュン》（一九〇三～七七）が照明部長をしていた。李は傾向映画『何が彼女をさうさせたか』（一九三〇）で知られる監督・鈴木重吉のもとで映画全般を学んだ。

一九三三年に帰国すると、映画配給の実務経験を積み、文藝峰主演のヒット作『春香伝』（一九三五）の配給権を獲得し、一九三七年に高麗映画協会を設立し、本格的に映画製作と配給に乗り出した。軌道に乗り出した同社の新作が『授業料』だった。当時の朝鮮映画界は、李炳逸《イビョンイル》監督『半島の春』（一九四一）で描かれたように、「金なく製作機構もなく、あるものは、ただ作りたいという熱だけだった」（李創用）という時代だった。

日本進出の夢が挫折した衝撃は、大きかったに違いない。李創用らの再チャレンジは、京城のストリートチルドレンを描いた『家なき天使』（一九四一）に持ち越される。今度は西亀元貞が脚本を書き、崔寅奎《チェインギュ》が監督した意欲作だった。次章で詳述する。

『山びこ学校』への系譜

児童作文の系譜は、これで終わったわけではない。

豊田正子『綴方教室』、禹寿栄『授業料』の地下水流は戦後になって、無着成恭原作『山びこ学校』（一九五一）になって再浮上した。戦前の綴方教育運動の人脈と無関係なのは、無着らが証言している通りだ。映画化された『山びこ学校』の脚本を書いたのは、なんと『授業料』と同じ八木保太郎《やすたろう》（一九〇三～一九八七）である。そして映画『山びこ学校』（一九五二）の監督は、『望楼の決死隊』の今井正であった。

八木は『米』（一九五七）『越後つついし親不知』（一九六四）『橋のない川』（一九六九）など、今井正とコンビを組んだ作品が少なくない。「大物脚本家」と言われてきた八木保太郎の経歴には、不透明な印象がつきまとう。八木が一九四二年から四五年三月まで満州映画協会（甘粕正彦理事長）製作部長だったことはよく知られている。しかし満州時代と同時期に国策会社『朝鮮映画製作株式会社』（田中三郎社長、一九四二年九月二九日設立）の嘱託でもあったことも、注目したい。高島金次『朝鮮映画統制史』（一九四三）などに、同年一〇月現在の記録として明確な記述がある。

一九四二年版『朝鮮銀行会社組合要録』によると、八木は当時、朝鮮映画（張善永社長）の理事だった。『三千里』一九四〇年一〇月号によると、八木は映画会社『東京発声』のシナリオライターとして京城を来訪した。同時期に満映理事長の甘粕正彦も、製作部長の牧野満男とともに、京城に来ていた。新京―京城―東京を結ぶ映画人の往来は、活発だったのである。満映スター李香蘭《りこうらん》の朝鮮映画出演も、満州―朝鮮人脈に乗ったものだ。その密接な関係は、今後も多方面から考察したい。八木は「シナリオは足で書く」ことを持論としていた（脚本家・鈴木尚之）のである。

映画『山びこ学校』（一九五二）は、日本映画界初の産別組織・日本映画演劇労働組合の委員長として、東宝争議を指導した八木自身が設立した八木プロダクションの第一回作品である。その製作経緯は、佐野眞一『遠い「山びこ」無着成恭と教え子たちの四〇年』に詳しい。東宝争議の闘士・野田真吉が一九五〇年一〇月、国分《こくぶん》一太郎（共産党文化部員の教育実践家）から渡された無着編集の作文集『きかんしゃ』を八木に持ち込み、一読した八木が映画化を決意した。翌年四月、八木らは作文の舞台である山形県山元村を訪れた。

八木は約一〇年前に映画の脚本を書いた朝鮮人小学生の作文が思い浮かんだはずだが、彼も今井正と同様に、「朝鮮」との確かな記録を残さなかった。

満映時代の八木保太郎については、少なからぬ映画人が言及している。「満州国を笠に着て大言壮語をならべ戦争賛美をしながら、戦後は日映演委員長をした転身ぶりに呆れた」「中国人スタッフを大事に育てることを考えていた。日本的な親分肌の資質や包容力で人をまとめた」

映画評論家・山口猛は『幻のキネマ満映―甘粕正彦と活動屋群像』で、こんな二律背反の見方を紹介しているが、朝鮮時代の八木に関しては他の映画史研究者にも、これといった論及がない。その証言の空白が何を意味するのか、大きな謎として残る。

川村湊『作文のなかの大日本帝国』（二〇〇〇）によれば、映画『山びこ学校』製作の契機を作った国分一太郎は、戦前の「北方性教育運動」（後述）の代表的論客だが、『戦地の子供』（一九四〇）では南支派遣軍報道班員としての見聞を踏まえ、「こちらの大陸でも、天皇陛下の軍隊はもう二度とこの東洋を戦地にしたくないために、最後の戦争をしているのです」と書いていた。戦前と戦後の歴史から「戦中と戦争がすっぽり抜け落ちている」（川村）のは、この時期の映画人にも広く見られる事柄である。

「生活綴方事件」

朝鮮映画『授業料』はなぜ、内地で公開されなかったのか。

改めて、この問題を考えたい。高麗映画協会・李創用らが気づかない場所で異様な事態が進んでおり、それが文部省などの検閲に強い影響を与えた可能性があるからだ。日本教育史では「北方性教育運動事件」、一般には「生活綴方事件」と呼ばれる弾圧事件があったのだ。

日本作文の会編『生活綴方事典』（一九五八）によると、北方性教育運動とは一九二九年ごろから東北地方で始まった生活綴方を中心とする教育運動である。一九三四年の東北凶作を契機として、東北の青年教師らが「北日本国語教育連盟」を結成した。一九三五年には機関誌『教育・北日本』を出した。山形県の活動の中心になったのが、山形師範卒の村山俊太郎（一九〇五〜四八）や国分一太郎（一九一一〜八五）である。

一九四〇年二月、村山を皮切りに、全国に広がっていた運動参加者が一斉に検挙された。その数は東北・北海道を中心に約三〇〇人に及んだ。

文部省教学局の極秘文書『生活主義教育運動の概観』（一九四三）が復刻されている。それによると、北方性教育運動は「国民学校教育をブルジョワ奉仕の観念教育なりと排撃し、児童ならびに一般教員の階級意識の醸成と昂揚に努め」るものとみなされ、徹底的に弾圧された。同文書が「決戦下に思想国防の重要性」「国体・日本精神に基づく皇国教育観の確立」を強調しているように、この弾圧が戦争動員への布石であったことは間違いない。

検挙者の多くは現職の小学校教師だった。投獄中に一人が自殺し、獄中で病を得て出獄後に死んだ者は、一〇余名を数えた。全国的に突然、教壇から姿を消す教員が続出したが、事件は極秘扱いにされたため、全容が明らかになったのは戦後しばらくたってからである。

重要なのは、李創用・東和商事による朝鮮映画『授業料』の内地公開への動きが、極秘裏に進行していた「生活綴方弾圧事件」の拡大と、ほぼ同時期であったということだ。朝鮮における綴方は国語普及の観点に基づく官製教育だが、映画『授業料』のリアルな朝鮮描写は、文部省や内務省を緊張させるものであったに違いない。

『授業料』に東京初上映に尽力した国立映画アーカイブの冨田美香（主任研究員）の調査によれば、『授業料』の原作綴り方は一九三九年六月、雑誌『文芸』に掲載され、翌一九四〇年になると、その映画化作品は朝鮮版『綴り方教室』として期待された。ところが同年七月、「非一般映画」（一四歳未満の観覧禁止）認定を受けて、結局は一般劇場での上映が見送られることになった。

冨田は、別の見方も提示する。日本での配給会社「東和」がベルリン五輪の記録映画『オリンピア』（レニ・リーフェンシュタール監督、一九四〇）を輸入しており、その大盛況のあおりを受けて『授業料』上映の映画館を確保できなかったのではないか、と推測するのだ。日本の映画界の事情に精通した研究者らしい見解だと思われる。

これらは、禹寿栄の作文『授業料』が朝鮮総督府学務局長賞を受賞し映画化された時点（一九三九年）では想定できなかった事態である。外地（朝鮮）と内地（日本）の時局的なズレが生んだ事態というには、あまりにも不運であると言うしかない。

時代の生きた記録

子どもたちの作文は、時代を越えて喜怒哀楽を語る。

無着成恭『山びこ学校』は、戦後東北の寒村で生きた中学生たちの苦闘の記録である。『全鮮選抜小學綴方総督賞模範文集』は戦後の日本人・韓国人に忘れ去られたが、植民地朝鮮で育った朝鮮人と日本人子弟の生の記録である。朝鮮総督府や京城日報が期待したような「皇国臣民としての決意」を披瀝した作文は、実は、意外なほどに少ない。現代の読者にも読まれるべき作文集である。

森末照代（京城師範学校付属第一小学校一年）の作文『死んだ妹の思い出』は、四歳になったばかりの妹が、疫痢のために、あっという間に亡くなった悲しみを綴った。

「空のお星を見るたびに、弘子ちゃんを思い出す。かわいい子の弘子ちゃん、今頃どこにいるだろう。良い子でかわいい弘子ちゃん、今頃だれとあそんでいる。弘子ちゃんというだけで、あとは何もいえません」

忠清北道清州《チュンチョンブクドチョンジュ》寿町公立尋常小学校四年生の金正姫《キムジョンヒ》の『悲しい夜』では、夕ご飯が済んだ部屋で、兄が病死した父親のことを話し出す。「（お父さんは）僕の手を握られました」。すると母親が悲しそうな顔をして、「それは死ぬ時に力がなくなって、頼りないからですよ」と言った。父親の死を悲しむ兄と少女、母、妹の思いが綴られるのだ。

一九四〇年代の朝鮮で、日本人にも朝鮮人にも悲しみの家庭があり、悲しみの夜があった。朝鮮の『授業料』と山形県の『山びこ学校』に共通するのは、圧倒的な貧困の中で懸命に生きた子どもたちの姿である。

京日小学生新聞の綴り方募集は、一九三九年度も行われた。禹寿栄《ウスヨン》少年は応募しなかった。審査員の宮本和吉（京城帝大教授）は第二回『模範文集』の審査評で、彼の応募がなかったのを寂しがった。

担任の転勤という事情もあったようだが、作文の映画化などによって自分の境遇がクローズアップされ、嫌気がさしたのではないかと私には思われる。

宮本は審査評で、第二回募集に集まった作品を「自然に対する観察力や子供らしい美しさが十分に表現されていない」と批判した。子どもたちの生活に時局が反映したものであろう、という趣旨の指摘を行っている。しかし、第一回募集の最優秀作「総督賞」が時局モノだったのだから、応募する学校側に忖度させた主催者側の責任も大きい。京日小学生新聞の綴方募集がなぜ二回だけで終わったのか真相は不明だが、内地での動向も影響があったに違いない。

映画『授業料』が残した最大の意義は、一九四〇年代の朝鮮に禹寿栄《ウスヨン》のような朝鮮人少年がいたことを記録した点に尽きる。その映画を通じて、私たちは『全鮮小學綴方総督賞模範文集』という膨大な記録の存在に気づき、植民地朝鮮の日常の一端に触れることができるのだ。

禹寿栄少年の「映画鑑賞記」が残っている。

映画公開時の『毎日新報』紙面に掲載された。彼が関係者に対してさまざまな配慮をしながらも、「苦労はもっとひどかった」と書き込んでいるのが痛切である。映画は作文を美化した。禹少年はそう言いたげであるが、冷静である。彼は解放前後、二つの戦争（「大東亜戦争」「韓国戦争」）を経験したはずだ。そして、どういう生涯を送ったのだろうか。禹少年の映画への感想は、以下の通りである。「授業料」原文とあわせて読んでいただくと幸いだ。

「大陸劇場の前にくると、なんという沢山な人でしょう。しかもみんなえらい人ばかりです。みんな私の作った『授業料』を見にこられたのだと思うと、なんだかすまないような、うれしいような変な気持ちが胸いっぱいになりました。そしてこの映画がきっとよく出来ていて、せっかくおいでになられた方々をよろこばしてあげたらと心から祈りました。しかし映画を見ている中に私はいつの間にかすっかりその心配を忘れて、自分のことは少しも思わず、人のことのように禹栄達のかわいそうなことに涙を流しました。私がほんとうにあんなことをやったときは、ただつらいとしか思わなかったが、こういう映画にしてみると、ほんとうに自分の悲しかったことが思い出されます。しかし私は映画に出て来る禹栄達ほど感心な少年ではなかったと思うと、少しははずかしい気持も致します。しかし苦労はあれよりももっとひどかったと思います。みんなみてしまって、私はまず人々の顔を見たが、みんなよかったというようなところが見えたので、すっかり安心致しました。自分でほめるのはおかしいが、鄭燦朝さん（主演の子役）がよくやってくれたので、この映画はほんとうに立派なものだと思います」

『授業料』原文

全羅南道光州北町公立尋常小学校　第四学年　禹壽榮

この頃はそうでもありませんが、ついこの間まで私は授業料納入日が近づくと、心がなんだか落ち着かずに、楽しく遊ぶこともお勉強をすることも、ろくろく出来ませんでした。とうとう納入日になって先生が、授業料をお集めになった後で「授業料を持って来ない人は立ってみよ」と、おっしゃると、私は急に頭がぼうっとなって、きまりわるそうにやっと、立ち上がるのでした。立たされたものが、次々にそのわけを問われて来る間に、私はいつも、せっかく先生から毎日ほめられていることが、授業料のために、もうすっかりだめになったように思われて、先生のお顔を見上げるのさえ、おそろしくなりました。こういうことを考えている中に、いつの間にか、私の番になって答える声が小さくなって、叱られることもありました。

時には「君だけ納めると我が学級は完納だがね」と言われたこともありますが、そういうときは先生やお友達にたいして、ほんとうに申しわけがなくて、教室から逃げ出したくなるほどでした。

たいてい我が学級は、毎月授業料が出せなくて立つ生徒が五、六名おりますが、私は今年の春頃から、五ヶ月もつづけて立ちました。私と仲のよい金栄徳君もここ、二三ヶ月ばかり立ちつづけた。金君はなんでも三年生の時は遅れる方でなかったが、兄さんがさき頃からつとめ先をやめたので、遅れるようになったそうです。私のお祖母さんはいつも、月のはじめ頃から、口ぐせのように「今月は、どうしようか」「お父さんの方から、送ってくれればいいがね」などと、心配して下さるけれども、時には、日に一度のご飯もよくたけないくらいだから、なかなかまとまったお金も出来ないし、お父さんの方からも、とうとういっぺんも送って来なかった。それで私は納入日になって、きまりが悪いので学校を休んだことが一、二回ありました。

ある時の事です。お父さんとお母さんは真鍮の箸や匙などを作って田舎まわりの行商をしていますが、今年の春、家を出て五カ月近くになってもお帰りにならず、その上、お金もお手紙一枚も送って来ません。家には今年七五歳になるお祖母さんと私がいるだけです。お祖母さんは年とった上に、毎日屑拾いをして、それを売ってはお米を買い、私が毎日学校から帰ってたき木をとって来たりして、やっと暮して来たが、こうなってはもう仕方がありませんでした。それから私は、はずかしいことも忘れて、時々、他の家にごはんをもらいに行くようになりました。

それを知ったとなりの柳さんという金持ちさんの家からは、自分の子供にお勉強を教えて上げよといって、時々、ご飯やおかずなどを送ってくれました。その中に心配な授業料納入日がやって来ました。今月で三ヶ月分も未納になりますが、今度もまた、授業料が出来ないので、私はなんだかきまりが悪くて、学校に行きたくありませんでした。

それを知って病気のお祖母さんは、私を枕もとによんで、「長城の叔母さんの家へ行って、授業料のお金を少しばかりもらっておいでよ」と、おっしゃった。私はこのお話を聞いてお祖母さんは病気のことも、ご飯のことも、うるさい家ちんのこともわすれて、授業料のことばかり心配して下さるのかと思うと、急に両眼に涙がいっぱいこみ上げて来ました。こういう時に、お父さんとお母さんがいらっしゃったらと、思うと、一そう悲しくなって、とうとう大きな声で泣き出してしまいました。お祖母さんの目からも大きな涙が二つ三つ流れ出た。さて、長城までは六里もあります。私はいろいろ考えたすえ、長城行を決心しました。そして、すぐ気をとりなおして、お友達にみつからないようにこっそり家を出て長城へ向かいました。道はいつかお祖母さんといっしょに行ったことがあるのでよくわかっていた。

空はよく晴れて、秋風がそよそよ吹きました。往き来する人が多いので、淋しいことはなかったが、ただ自動車が通る時、ひどいごみをたてるのと、私くらいの子供が自動車の中から、キャラメルの空箱を投げてくれたのが、少ししゃくにさわった。はじめのうちは大へん元気よく歩いたが中ほどまで行くと、だんだん足がつかれて来てなかなか歩けません。しかし、私はこれが先生からいつも言われている忍苦鍛錬だと思って、どんどん歩きつづけました。

長城の叔母さんの家についたのは午後五時頃であった。この叔母さんは遠い親せきにあたる人だが、私達にほんとうに親切にしてくれます。うちのことをすっかりお話しして上げると、叔母さんは今にも泣き出しそうになりました。その晩はそこにとまって、その翌日の朝、お金を二円五十銭とお米を約三升ばかりいただいて、その上自動車まで乗せてもらって、光州へ帰って来た。家につくとお祖母さんは、私のことを大分心配しておられたと見えて、たいへん喜んで下さいました。お祖母さんの病気も少しはよくなって、ねおきも自由にされた。それから三日目に三ヶ月分の授業料をもって学校へ行った時は、なんとなく心がはればれして先生やお友達も一そうなつかしく見えた。

その日の放課後お掃除がすんで、先生は私を教室におよびになりました。教室はしずまりかえって、西向きのガラスに夕日がいっぱいさしこんでいた。どういう事だろうかと、不思議に思いながら、私はしずかに先生の前に行くと、先生はやさしい声で次のようにお話をなさった。

「禹君、君の家の事は先生がよく知っているよ。君は学校でお勉強もお上手だし、学級のためにもよくはたらいてくれるが、うちへ帰ってもなかなかよいことをするね。お友達から聞けばお祖母さんが病気をしているので、君は他の家にご飯をもらいにいったこともあるそうだね。ほんとうかね」

先生はこうおっしゃって、しばらくの間私の顔をのぞいてだまっておられた。私は別に悲しくも、はずかしくもなかったが、思わず目から涙がはらはら落ちました。しばらくたって、先生は貯金箱のようなものを、教卓の中からとりだして、また、お話をつづけられた。

「泣くのではない。君はほんとうに立派な生徒だ。そういうことはちっともはずかしくないのです。学級のお友達は昨日、君のために級会を開いて、この『友情箱』というものを作ってくれたよ。お友達はこれから一銭でも二銭でも余ったお金をここに入れて、君の授業料にするのだそうだ」

このお話を聞いて、私はほんとうにどうしていいかわからなかった。ただ、私の目の前にはお友達の顔々が神様のようにとうとくうつって見えました。それでもお友達は今朝私にこういうことを、ちっとも話してくれなかったのかと思うと、いっそう、とうとく美しく思われた。

『友情箱』は、黒い素焼で大きな梨くらいあった。その上には、『友情箱』と、はっきり書いてある。家へかえって、お祖母さんにこのことを申し上げると、お祖母さんは非常に感心して、お友達や先生のことを、なんべんもなんべんもほめて下さいました。こういうことがあって二三日たつと、お父さんからうれしいお手紙がつきました。お金も五円送って来ました。そして、旧の八月のお盆までには帰って来られて、洋服も一着買って下さるということです。いらっしゃるところは全羅北道のある田舎です。長いことお母さんが病気をされた上、品物がよく売れないのでお金が出来たら、手紙を書こうと思っておくれたということも書いてあった。

翌日、先生にこの事を申しあげると、先生もたいへん喜んで下さいました。それからお父さんとお母さんがお帰りになったのは、八月のお盆三日前です。この頃は戦争で金物が作れないので、お父さんは真鍮の箸や匙などが作れません。それで、行商にも出かけられないが、どんな仕事でもして一生けんめいに授業料を作って下さるということです。それでこの頃は授業料のことは心配しないで、二学期にも一番の成績をとりたいと思って、一生けんめいに勉強しております。（現代文表記に改めた）

第二章　『家なき天使』の墜落

映画の冒頭は、京城の朝鮮人街・鍾路《チョンノ》の夜景である。京城には「北村《プクチョン》」と呼ばれた鍾路付近の朝鮮人街と、本町など「南村《ナムチョン》」の日本人街（現在の明洞周辺）があった。

『東和商事映画部配給』『高麗映画　南大門撮影所作品』『家なき天使』。タイトルバックは、薄暗くなった鍾路の街通りに街頭が灯る光景だ。李創用《イチャンヨン》の高麗映画協会が日本進出を狙った第二弾である。前作の崔寅奎《チェインギュ》監督『授業料』（一九四〇）は、内地の一般劇場では上映されなかった。今回は京城のストリート・チルドレン再生の物語である。崔監督を再び起用した児童映画の野心作だった。

京城のストリート・チルドレン

冒頭の画面。街頭の大時計が、午後七時二〇分を指す。

「この一編を浮浪児教化の実践者・方珠源《バンスウォン》氏と『香隣園』の少年たちに贈る」。夕暮れの鍾路を走る路面電車の軌道を背景に、映画の趣旨が告知される。原作・脚色は西亀元貞《にしきもとさだ》（朝鮮総督府図書課嘱託）である。京城日報の映画記者だった西亀は、『授業料』企画者の立場から、さらに踏み込んだ。撮影は、日本帰りの金井成一（本名・金学成《キムハクソン》）だ。のちにドキュメンタリー映画『2つの名前を持つ男』（二〇〇六、田中文人監督）で描写されるカメラマン（当時はキャメラマンと呼称）である。日朝映画人の合作色はさらに濃厚になった。

「和信ニュース」。和信百貨店屋上のきらびやかな電光ニュース板が、大写しになる。カタカナ文字が右から左へ流れる。「アラワシジュウケイヲバクゲキス」（荒鷲重慶を爆撃す）。映画の撮影時期から見て、一九四〇年五月から九月まで行われた海軍主導の大規模な中国・重慶への絨毯爆撃「一〇一号作戦」のニュースだったとみられる。

民族系百貨店「和信」は、鍾路二丁目の交差点にあった。地上六階、地下一階。屋上中央には王冠マークのネオン。都市の夜空に輝く電飾は、銀座でも京城でも、消費文明のシンボルだった。一九三一年、民族資本家・朴興植《パクホンジク》が設立した。三五年に全焼したが、二年後には京城で最高層の近代ビルになって再建された。朝鮮初のエレベーターとエスカレーターがあった。現在はサムソン「鍾路タワー」（地上三三階、地下六階）が威容を見せ、今も昔もソウルのランドマークである。

鍾路の裏通り。バーやカフェの電飾看板。千鳥足の酔客。雑然たるジャズの響きが聞こえる。画面はバー・パラダイスに転換する。ボックスで仕切られた広い室内。シェーカーを振るバーテンダー。ビールを飲む客と女給。音楽はジャズからラテンに変わった。

恰幅のいい中年の男が、ひとりで舶来ウイスキーの瓶を傾ける。医師・安仁圭（沈薫《シムフン》）だ。かなり酔っている。遠目に彼の悪口を言う女給たち。花束を持った少女・明子（金信哉《キムシンジェ》）と弟・竜

「家なき天使」の金信哉（右）

吉（李相夏《イサンハ》）が近づく。「花を買ってください」「おう、君たちか」。花を買ってやる安医師。

店を出た姉弟二人は、路地で別れる。弟は空腹に耐えきれず、飴屋で買い食いする。電柱の陰で見ていた男が、彼を折檻する。孤児の姉弟を拾ってきた「親方」の権（尹逢春《ユンボンチュン》）だ。姉は権夫婦から、飲み屋に下働きに行くように強要される。逃げ出す姉弟。方聖貧牧師（金一海《キムイルヘ》）が浮浪児仲間にいじめられている竜吉を助けて自宅に連れ帰る。妻・馬利亜（文藝峰《ムンイェボン》）は露骨にイヤな表情をする。すでに四、五人の孤児を養育しているからだ。

安医師は馬利亜の実兄である。方牧師は安医師を訪ねて、孤児院・香隣園の敷地調達を依頼し、本格的な孤児院事業を始める。安医師は偶然に明子に出会い、彼女を看護婦にした。

香隣園の子供二人が、孤児院生活に不満を抱いて脱出を試みる。止めようとした竜吉は氾濫する漢江に落ち、瀕死の状態に陥る。安医師と看護婦の明子が駆けつける。姉弟は感激の再会を果たし、竜吉は生き返る。しかし二人を追った権旦那らが香隣園に現れる。子供たちは力を合わせて彼らを追い出し、日章旗の下に集まって、皇国臣民として忠誠を尽くすことを誓う――。

このような筋立ては、いささか定型的である。初めて脚本を書いた西亀元貞の力量不足があり、崔寅奎の演出も粗っぽさが目立つ。しかし前作『授業料』に続いて、朝鮮社会の暗部を描いた作品である。李創用―崔寅奎―西亀元貞トリオの意欲を感じないわけに行かない。

方洙源《バンスウォン》と「香隣園」

この作品も、実話がもとになっている。一九三九年六月二〇日から三日間、京城日報に香隣園のルポ記事が連続して掲載された。

香隣園へ向かう細道を歩いて行くと、山すその家から数人の子供たちが駈けて来た。「いらっしゃいませ」。家に着いた。方洙源氏が出迎えた。勇ましくラッパが鳴る。家の前に一三人の子供たちが整列した。点呼。元気よく「皇国臣民の誓詞」を唱える。「実に素晴らしい国語の発音だ」と、特集記事は讃えた。この記事が評判を呼び、高麗映画協会が映画化に乗り出した。

香隣園の方洙源牧師とは、どういう人物だったのか？

西銀座にあった那珂書店から一九四三年、方牧師の回想記『家なき天使』が出版されている。書き下ろしの自叙伝のほか、雑誌に発表した日記などが収録されている。編者は児童文学者・村岡花子（一八九三〜一九六八）である。著名な『赤毛のアン』の翻訳者だ。彼女と「京城の聖者」の取り合わせは、いささか意外だ。どういう縁があったのか。

村岡花子との因縁

花子の夫・村岡儆三《けいぞう》の父親は、「バイブルの村岡」と呼ばれた村岡平吉（一八五二〜一九二二）である。横浜生まれの平吉は、若かりし頃は「クリカラ紋紋の男」だったが、のちに敬虔なクリスチャンに転身した。欧字新聞の印刷工として修行を積み、上海から帰国後には聖書印刷を手がけた。一八九八年に独立して福音印刷合資会社を創業した。ハングル活字を備えていたことから、在日朝鮮人団体の機関紙『学之光』『大衆時報』『青年朝鮮』の印刷も請け負った（村岡恵理『アンのゆりかご――村岡花子の生涯』二〇〇八）。

方洙源は一九〇四年、平安北道定州《チョンジュ》で生まれた。漢方薬医の祖父から厳格な「忠君愛国」を教え込まれたが、彼自身は生来のガキ大将で、薬を盗み出しては近所の子供たちに振る舞うような子供だった。母が二歳の時に亡くなった。祖父に反発して京城に家出し、さらに渡日して早稲田工手学校（早稲田大学芸術学校の前身）に入学した。

在学中に関東大震災（一九二三）に遭遇した。学校を中退して満州・ハルビンまで行ったが、本来の目的だったロシア行きは頓挫した。再来日すると、大阪で左翼運動に身を投じたものの、これも中断して再上京。朝鮮から犬や山羊の皮を取り寄せて、狐の皮のように加工して、ぼろ儲けしたという。方の回想記『家なき天使』に、そう書いてある。

その頃、偶然に手にしたのが、キリスト教社会運動家・賀川豊彦（一八八八〜一九六〇）の自伝的小説『死線を越えて』（一九二〇）だった。同書の出版後、五、六年経ってから読んだようだ。賀川の妻ハル（一八八八～一九八二）は、村岡花子の夫・儆三の従姉妹にあたる。村岡花子—方洙源の「縁」の媒介役に、賀川豊彦がいたということだ。

那珂書店版『家なき天使』の「序文に代えて」で、村岡花子は以下のように書いている。

「大東亜戦争は、道義日本が、米英の唯物主義を打ち倒すために起った戦いである。道義の前には敵なく、我が勇士の進むところには常に赫赫たる戦果が挙げられている」

なんとも威勢のいい米英撃退論である。彼女をモデルにしたＮＨＫ連続テレビ小説『花子とアン』（二〇一四）の視聴者は仰天するに違いない。花子はこういう文章を書く一方で、『赤毛のアン』をコツコツと翻訳していた。

「東亜日報」に方洙源の名前が初登場するのは、一九三〇年二月五日の記事だ。「京城に朝鮮人夜学を設立。五〇人の児童を収容し、無報酬で奉仕」とある。三六年七月一四日には、東京・深川に朝鮮人教育のために設立した「純福音学校」が盛況だ、との記事が見られる。京城北郊の弘済外里に孤児施設・香隣園を設立したのは、一九三七年ごろだ。園児はすでに一〇数人いた。

映画で描かれなかった悲劇もある。

三男が肺炎で死んだのだ。孤児たちとの同居に、妻は賛成ではなかった。愛息の死に悲嘆した妻は、残った子供を連れて友人宅へ一時別居した。

方牧師の回想記によると、香隣園は京城の郊外・平倉里《ピョンチャンリ》に移転した。果樹園ではリンゴや杏、スモモの花が咲いた。香隣園に向かう途中の渓流の岸には、「洗剣亭」というあずまやがあった。李朝の頃、キリスト教徒が秘かに集会を開いた殉教の場所だという。「求めよ、さらば与えられん」。道端には子供たちが書いた立て札が、道標を兼ねていた。渓流をせき止めると、夏はプールになったという。

夏は午前五時、冬は六時に二七人の子供たちは起床ラッパで起きた。「集合点呼、国旗掲揚、皇国臣民の誓詞、ラジオ体操、食事の順で規則正しく一日が進む」

方洙源の回想記には、軍隊式の規律や「皇国臣民の誓詞」が日常生活の一部として、淡々と記述されている。子供たちの役割分担は運搬部、木工部、食事部、被服部、農事部、牧畜部、仕入部に分かれていた。

香隣園から脱走する子供もいた。方洙源は打ちのめされたような失望感に苛まれた。子供たちが探しに出かけた。ある時、三人の園児が一度にいなくなった。彼らは南大門市場の「王」という親分のもとにいた。「身近に親分の情けを感じていた子供たちが、急に団体生活に入り、無視されたようで寂しかったのだ」という。

一九三八年四月に「陸軍特別志願兵令」が施行されると、少年たちの中からも志願者が出て来た。一七歳から一九歳まで、八人もいた。方牧師は「彼らは朝ごとに皇国臣民の誓いをしている。帝国軍人として立とうという健気な意気に燃えている」と書いた。彼らの願いは叶えられなかった。身長一・五五メートル以上という応募資格に合致しなかったからだ。

陸軍特別志願兵に関しては、方漢駿監督の国策映画『兵隊さん』（一九四四）が参考になる。朝鮮軍報道部製作、西亀元貞の脚本だ。映画の冒頭に「この一編は軍隊生活のおおらかな余裕、誠実な人間性を通して、厳格なる訓練と家庭的な内務生活を併せ、紹介せんとするものである」という文字が現れる、宣伝映画の極致だ。

朝鮮人志願兵の全員が、日本人風の創氏名で登場する。映画そのものは陳腐な筋立てだが、見どころは慰問公演である。馬金喜《マクムヒ》（ソプラノ）平間文寿（テナー）桂貞植《ケジョンシク》（バイオリニスト）趙澤元《チョテグォン》（舞踊家）に加え、満映スター李香蘭《りこうらん》も出演する。この映画のフィルムも北京の中国電影資料院の倉庫で見つかり、韓国映像資料院からＤＶＤ『発掘された過去・第三集』（二〇〇八）としてリリースされた。

貧窮民と浮浪児

京城のストリート・チルドレンは、いかなる実態にあったのか。

京城日報の香隣園ルポは、京城駅や本町（現在の明洞）入り口にたむろする彼らを「蓬髪垢面《ほうはつこうめん》の子ら」と描写した。「ぼさぼさの髪、垢にまみれた顔」という意味だ。「六歳から一〇歳前後が多く」「盛り場を根城にさまよい歩き、時には空き巣狙いなどもやりかねない」「彼らの稼ぎを搾取し、その収穫を壟断する親分なる者があるらしい」と書いており、映画『家なき天使』の描写は、この文章に酷似している。映画で尹逢春《ユンボンチュン》が演じる権書房（権の旦那）は、文中に言う「搾取する親分」のことだ。

京城駅で彼らを見て衝撃を受けた日本人小学生（当時）の回顧録がある。

澤井容子『記憶の涯の満州』（二〇一六）だ。一九四三年の夏休み、小学五年生だった彼女は、関東軍の御用商人だった父親と同居するために、豊橋から家族とともに満州に移動した。列車で京城駅に着いた途端、「駅にたむろする、私と同じ年頃の浮浪者の一群を見て、強いショックを受けた」。澤井の描写によれば「ほとんどの子供たちが裸同然でぼろきれをまとい、はき物もなく素足だった」という。日本や満州で裕福な生活を送った彼女は「今にして思えば、明日は我が身で、敗戦直後の日本にあふれていた浮浪児たちを、先取りして見てしまったのかもしれない」と書いている。

植民地期の新聞を検索すると、朝鮮社会の貧困問題を総督府が拱手傍観するばかりだった実態が浮かび上がる。東亜日報（一九二八年四月一四日付）には「飢餓に泣く細窮民二百十余万人、乞食だけでも一万六百余名」という記事がある。総督府学務局社会課の調査統計だ。その内訳を見ると、窮民（生活上の困窮が酷く他人の救済を要する者）は二九万五六二〇人であり、細民（生活上の困窮は酷いが辛うじて生活する者）は一八六万人である。これを当時の人口との割合で見ると、一一％が貧窮民である。

一九三四年一〇月現在の同課調査によると、窮民は一五九万人、細民は四二一万人（「朝鮮社会事業」一九三四年一一月号）に達しており、急激な増加ぶりが目立つ。方洙源の著作『家なき天使』（一九四三）の序章には、以下の記述がある。「人口百万の大都会である京城の町。近代文化、産業の目覚ましい発展をなしつつある京城の一角には、当時、数千にのぼる浮浪人と、二千余の放浪児の群れが彷徨し、人々に不安と不快な気持ちを与えていたのであった」

このような窮細民や浮浪児の問題は、日本統治下の朝鮮社会で改善される気配がなかった。対策がとられなかったわけではない。一九三二年六月一日の朝鮮新聞には「全鮮の浮浪児童、実に二万人以上?」の記事がある。それによると浮浪児収容施設として一九二九年、京城の本町警察署が中心になり、救済機関「名進舎」を設立した。一五〇〜一六〇人の児童を収容した。総督府社会課は一九三二年度から四カ年計画で、同様の機関を朝鮮全域で四〇カ所設立する計画を立てた。しかし財務局から「その余裕なし」との理由で却下された。

浮浪児問題は、解放後も困難な状況が続いた。

東亜日報データベースによると、ソウル市初の民選市長・金相敦《キムサンドン》は就任会見(一九六一年一月四日)で「浮浪児対策に重点をおく」と表明した。同月二八日付の同紙には「ソウル市内浮浪児白書」の記事がある。三一八人を対象にした抽出調査であり、保護者の死亡・行方不明が二五・一%である。国民学校中退以下(登校歴なしを含む)の学歴が四二・四%で、全体の五二・四%が全羅南北道、慶尚南道の出身者である。

「(一九)六〇年前後のソウルは、人口二四五万人ほどで、いまだ中間層は薄く、一握りの飛び抜けた金持ちと圧倒的多数の貧民がこの街を形づくっていた。中心地のソウル市庁前にも貧相な露天商が軒をつらね、物乞いやチューインガム売りの子供たちが群がっていた」(文京洙《ムンギョンス》『新・韓国現代史』二〇一五)のである。

慶應義塾大学で朝鮮半島問題を研究した神谷不二(一九二七〜二〇〇九)は、一九七〇年に書いた「動乱二〇周年目の韓国をゆく」という文章(『諸君』一九七〇年九月号)で、かつて京城帝大にいた「文化人類学者のI先生」が数年前、久方ぶりで韓国を訪れた時の印象を書き留めている。このI先生とは、泉靖一(当時・東京大学教授)のことと思われる。泉は一九六五年の日韓国交回復後、すぐに訪韓した。

Ｉ（泉）によると「昔よく知っていた農村へ行ってみたら、村のたたずまいがまったく昔そのままでした。そして、それより驚いたのは、使っている農具が全然変わってなかったことでした」という。フィールドワークに徹した人物の言ったことだから信憑性がある。私たちは韓国という国が今日のような発展した状況を見せるまでに、多くの歳月を費やし、多くの先人たちの労苦があったことを改めて思い出すべきである。神谷不二は著書『朝鮮戦争　米中対決の原形』（一九六六）で、朝鮮戦争が金日成の策動によって始まったことを、いち早く指摘した学者でもある。

「皇国臣民の誓詞」

北京で発掘された『家なき天使』は二〇〇六年、盧武鉉《ノムヒョン》政権下の韓国で上映された。その時もっとも論議を呼んだのが、「皇国臣民の誓詞」の場面だ。結末部分での斉唱シーンがあまりに唐突で、これは映画の演出だろうと思われた。だが、先述したように初出の新聞記事の時点で、その場面はあったのだ。そんな教育が当時の朝鮮では日常茶飯事であった。

方洙源が抄録した「京城日報」の記事をそのまま再録すると、以下のようであったという。

「小屋の前には、一二三人の少年が整列した。点呼また点呼。それから元気よく皇国臣民の誓詞を唱える。実にすばらしい国語の発音で、却ってこちらが顔負けする位、はっきりした綺麗な国語である。内鮮一体は、こんな所まで徹底的に強化されていると思えば、目頭が熱くなるのを禁じ得ない。京城駅頭や本町入り口で、一銭くれ二銭くれ、とたかっていたあの汚い子供たちが、こんなにも綺麗な発声が出来ようとは、誰が想像したであろうか」

なんとも形容しがたい記事だ。「皇国臣民の誓詞」とは何だったのか。一九三七年一〇月二日に発布された。大人用と児童用の二種類があり、児童用は次の通りだ。

・私共は、大日本帝国の臣民であります。
・私共は、心を合わせて天皇陛下に忠義を尽します。
・私共は、忍苦鍛錬して立派な強い国民となります。

第三次朝鮮教育令（一九三八年公布）の三綱領（国体明徴、内鮮一体、忍苦鍛錬）を先取りした内容である。三九年秋には朝鮮神宮に「皇国臣民誓詞の塔」が建てられた。設計者は南次郎総督と同郷の彫刻家・朝倉文夫（大分県大野郡生まれ）だ。「皇国臣民の誓詞」は、朝鮮にのみ適用された。林鍾国《イムジョングク》の労作『親日派』で、総督府学務局の嘱託をしていた李覺鍾《イハクジョン》（創氏名・青山覺鍾）が文案を作り、学務局社会教育課長の金大羽《キムデウ》が決裁したとされた。通説として流布しているが、その作成経緯は必ずしも明瞭ではない。在朝日本人学校では誓詞を唱えることはほとんどなかった（水野直樹『皇民化政策の虚像と実像「皇国臣民の誓詞」についての一考察』）ようでもある。

林鍾国『親日派』も、金大羽の解放後に関して「官業から足を洗った。老齢のせいでもあろうが、過去を悔いて出官を拒絶したともいわれている」と書いている。

「親日派」の経歴

金大羽が社会教育課長だった当時、総督府には約二三〇人の高等官がいた。うち朝鮮人は一二人しかおらず、金大羽は唯一の課長だった。一九三八年五月号『三千里』に、次のような紹介記事がある。「三九歳の青年官吏。端正な容貌、六尺（一八〇センチ）近い威風堂々たる風采は満点である。綿密な頭脳と答弁には感嘆するしかない。（中略）平安南道江東郡の出身。京城高等普通学校、京城高工鉱山科、九州帝大工学部応用地質学科を卒業した」

もともと理工系であり、本来なら「皇国臣民化」を担当するような人材ではなかった。一九〇〇年生まれ。三・一独立運動に参加して、懲役七カ月（執行猶予三年）の宣告を受けた。一九四三年八月以降、全羅北道、慶尚北道知事を歴任。解放後、反民族特別委員会に逮捕され、公民権停止三年の求刑を受けたが、証拠不十分で無罪釈放された。

「皇国臣民の誓詞」の文案を作ったとされる李覺鍾は、普成専門学校（高麗大学の前身）卒。総督府学務課に勤務後、金浦郡守に任命された。三・一独立運動には反対した。総督府嘱託に復帰後、雑誌『新民』を創刊。一九三六年に転向者団体を組織し「大東民友会」として組織拡大した。一九三八年一二月、李覺鍾は京城府民館で開かれた時局有志円卓会議に出席し、次のように述べた（『三千里』三九年一月号）。

「内鮮一体の具現化を、一言で言えば、総督政治の撤廃にある。これが前提になり、憲法以下の万般制度が日本内地と一つになって朝鮮に適用されることだ。（中略）要するに、植民地扱いをしないことが、内鮮一体の前提条件である」。つまり単なる親日派（売国奴）のイメージとは異なる理屈を開陳しているのである。

この会議では、朝鮮共産党からの転向者四人が発言したのが目を引く。

印貞植《ユンジョンシク》（元朝鮮共産党日本総局組織部員）は、「内鮮一体は朝鮮人の幸福と繁栄が中心的な立脚点になるべきだ。現実を冷静に把握し、最大の幸福を求める態度が必要だ」「資本家的搾取と植民地観念を根絶し、共存共栄を基礎とした社会を皇室中心で再建するのが、日本主義の理想である」と主張した。

印貞植は、複雑極まる紆余曲折の人生を歩んだ男である。一九〇七年、平安南道生まれ。法政大学予科に在学中、左翼運動に入った。高麗共産青年会日本総局責任秘書として、『青年朝鮮』の編集責任者になった。村岡花子の父親が印刷したハングル機関誌の一つである。帰国後、検挙され西大門刑務所に収監された。出獄後、朝鮮中央日報論説委員になったが、朝鮮共産党機関紙『赤旗』を創刊し、再逮捕された。獄中で転向し、出獄後は総督府農林局嘱託などを務め、朝鮮言論報国会の巡回講演で「本土決戦」などを訴えた。

解放後は再び左翼運動を再開したが、国家保安法違反で逮捕され、転向者組織「国民保導連盟」に加入した。朝鮮戦争が起きると、ソウル市人民委員候補委員になり、一九五三年ごろに越北した。それ以降は消息不明である。

『望楼の決死隊』の俳優・朱仁奎《チュインギュ》が歩んだ俳優―赤色労組運動―下獄―国策映画出演―解放後の

共産党幹部―国立映画撮影所長―粛清の軌跡と類似したものを感じさせる。親日派と愛国者は裏合わせで、紙一重の存在ということなのだ。

台湾でも日中戦争が勃発した一九三七年以来、台湾総督府や民間機関によって皇民化政策が推進されたが、「皇国臣民の誓詞」はなかった。朝鮮支配との違いである。皇民化時代には台湾でも新聞の漢文欄を廃止し、「国語家庭」が推進され、日本風の「改姓名」を許可した。長谷川清総督（海軍大将）当時の一九四一年、国家総動員のための「皇民奉仕会」が発足したが、同総督は行き過ぎた「寺廟整理」（台湾伝統の寺廟を整理縮小）にブレーキを掛けるなど、自制的な動きが見られた。

王育徳『「昭和」を生きた台湾青年　日本に亡命した台湾独立運動者の回想一九二四～一九四九』（二〇一一）は、植民地台湾で生まれ育った青年の優れた回想記である。彼が台北高校に在学中の一九四一年一二月、日本は真珠湾攻撃による対米開戦に突き進んだ。翌年春、長谷川は台北高校三年文甲クラスの学生全員を総督官邸に招いた。長谷川は学生たちに言った。

「きみたちはいずれ戦争に行くことになるだろうが、命を粗末にしてはいけない。きみたちは将来の社会建設に大事な人材であるから」

王育徳は「総督が内地人だけでなく、私たち台湾人学生にも同じように期待していることに、非常な感激を覚えた」と記述している。彼の友人たちも興奮冷めやらぬ体で官邸から帰ったという。台湾の皇民化運動が朝鮮とは肌合いが違ったものだったことを知ることができる逸話だ。

長谷川は一九四四年一二月、台湾総督を解任され、軍事参事官になった。彼は翌四五年二月、昭和天皇から「海軍特命戦力査閲使」に任じられ、海軍の戦力を物心両面から調査し、六月一二日に参上した。長谷川は海軍軍令部の戦争最終計画が机上プランに過ぎないことを、具体例をあげて天皇に言上した。

これが六月八日の梅津美治郎・陸軍参謀総長の満州・中国視察報告と合わせ、天皇の和平決断（いわゆる「聖断」）の直接的な根拠になったのは、戦史研究者たちの検証によって確認された歴史的事実でもある。植民地近代の研究には、朝鮮、台湾の比較をはじめ、丁寧な国際比較が必要だということだ。

人物評価や映画の内容も、個別具体的に検証する必要がある。

林鍾国《イムジョングク》『親日派』（一九九二）が指摘するように、緑旗連盟理事の玄永燮《ヒョンヨンソプ》（一九〇六年生まれ）が一九三八年七月、南総督に「朝鮮語使用の全廃」を建議した際、南は「それは出来ない相談である」と拒絶した。これは有名な逸話であるが、玄永燮は急進的な「親日派民族主義者」と解釈することも不可能なわけではない。

崔寅奎監督『授業料』（一九四〇）は、前章で記述した通り、一九三九年当時の小学校を舞台にした映画だ。すでに「皇国臣民の誓詞」の斉唱が教育現場で督励されていたが、『授業料』にそのシーンは登場しない。原作の朝鮮人小学生の作文にも、その場面はなかった。お仕着せの「誓詞」朗読を作文に盛り込まなくても、総督府学務局長賞を受賞できたのである。

映画『家なき天使』に皇国臣民の誓詞が登場したのは、モデルになった孤児園で実際に「皇国臣民の誓詞」が斉唱されている実態があり、孤児たちが集団生活を通じて「立派な皇国臣民」になるというテーマが、この映画と原作にはあるからだ。逆に言えば、貧しい朝鮮人小学生の家庭生活と教室模様を描いた『授業料』では、誓詞の出番はなかった。

ちなみに、大人用の「帝国臣民の誓詞」は以下の通りである。

・我等は皇国臣民なり、忠誠以て君国に報ぜん。

・我等皇国臣民は互に信愛協力し、以て団結を固くせん。

・我等皇国臣民は忍苦鍛錬力を養い以て皇道を宣揚せん。

「児童観覧不可」

映画『家なき天使』の撮影は、香隣園の子供たちも出演し三カ月ほどで終わった。

一九四一年一月二九日夜、京城宝塚映画劇場で試写会があった。園児たちも招待された。鍾路の裏街にうづくまる浮浪児が映画に映されると、園児たちは他人事のように無邪気に笑った。翌月、映画の合評会が開かれた。評判は悪くなかった。

異例なのは、試写を見た朝鮮軍報道部長の倉茂周蔵が、この映画に「推奨の言葉」を寄せたことだ。倉茂は「見よ、園児たちの美しい童心を。見る者の胸にひしひしと迫る感激の一編である」と称賛し、「この映画こそ半島映画の新しい方向を提示する」と期待した。朝鮮映画界で軍当局から公文で「推奨の言葉」が届いたのは、初めてだった。李創用ら映画社側の強力なプロモーションもあったと思われる。

倉茂周蔵は、朝鮮でロケした柳家金語楼主演の喜劇『素晴らしき金鉱』（一九四一）を「朝鮮産のタクアン映画」と罵倒し、「朝鮮映画とは何か」と映画人たちに迫ったあの陸軍少将（当時）である。倉茂は朝鮮人文化界と付き合い、彼らの懐に着実に浸透していた。

しかし、検閲当局の朝鮮総督府は、倉茂とは異なる判断をした。一月二五日の学務局試写会、二七日の検閲の結果、非一般用映画（一四歳未満の観覧禁止）に指定したのである。李創用の高麗映画協会としては、前作『授業料』が東京での内務省検閲を経て『非一般用映画』と指定されたのに続く屈辱である。児童映画なのに、児童観覧不可なのである。

一九四一年一月当時の総督府学務局長は、すでに言及した塩原時三郎（在任期間は一九三七年七月三日〜四一年三月二六日、局長心得時代を含む）であり、警務局図書課長は筒井竹雄であった。筒井は一九〇二年生まれの東京帝大法学部卒。黄海道知事時代に敗戦を迎え、シベリア抑留を経て、一九五〇年四月に帰国した。一九五四年、陸上自衛隊発足時の初代陸上幕僚長である。『東亜日報』『朝鮮日報』の強制廃刊（一九四〇年八月一〇日）は、筒井課長の時代のことだった。

映画『家なき天使』が非一般用映画になったのには、さすがに疑問視する声があった。一九四一年二月の合評会の席で「映画に宗教的な匂いがあるためか」との質問が提起された。香隣園のキリスト教教育が問題になったのか、という疑念である。総督府社会教育課長・桂珖淳《ケグァンスン》は次のように答えた。

「それは大違いです。芸術的にも思想的にも、私も近来の傑作だと思う。ああいうキリスト教なら、健全なものです。ただ浮浪児が靴を盗む場面がある。あの一点だけが『非一般』になった理由です。思慮のない子供だけで見た場合、つい盗みを真似しないとも限らない。そこを恐れたのです。どうか誤解のないように願います」

なんとも理解しがたい弁明だ。総督府の判断の背景に、前年から内地で進行していた「綴方教育事件」弾圧の動きがあったことを、当時の映画関係者は知る由もなかったのである。

桂のように、検閲の判断基準を総督府官僚が説明する事態も、実は珍しい。西亀元貞は、前年に引き続き総督府図書課嘱託だった。彼にしてみれば、自ら脚本を書いた映画に対して、身内から難癖をつけられたような結果である。西亀の名前が一九四一年度以降の総督府職員録から消えたのは、この事件が無縁ではないと思われる。

ちなみに桂珖淳（一九〇九年生まれ）は、東京帝大法学部を卒業した朝鮮人エリート官僚である。解放後は貿易会社を経営していたが、一九五八年、六〇年の国会議員選挙で民主党から当選し、一九六五年には民主党の全国区議員になった。一九九〇年に亡くなった。

朝鮮軍報道部長が「推奨の言葉」を寄せる一方、総督府は「非一般用映画」に指定する。そんなバラバラな官僚たちの対応は、東京での試写会というステップに進むに連れ、さらに拡大して行く。内務省検閲を通過した後、『家なき天使』はいったん文部省推薦を得た。ところが上映間際になって突然、内務省の再検閲があった。そしてフィルムのカットが命じられたのだ。

短縮された改訂版は、自動的に「文部省推薦」を取り消された。しかし、ポスターや広告には「文部省推薦映画」の文字が残るなど、大きな混乱を招いた。

二一八メートルを切除

筈見恒夫《はずみつねお》は『映画旬報』主催の座談会で、ひどく機嫌が悪かった。『家なき天使』を内地で配給した東和商事の広報部長である。その憤懣の記録が同誌一九四一年一一月一日号に載っている。

「検閲も無事に通って文部省推薦になった。横やりが入って再検閲となり、何でも二〇〇メートル（のフィルムが）切られた。（中略）文部省が推薦した映画なんだから、内容的に悪い筈がないのです。根本的な理由は、朝鮮映画だからやっぱりいけないというらしい。（中略）聞くところによれば、朝鮮で上映するのはかまわない。内地に持ってくることに疑問があるというのだ。そうなると今後、内地を市場とする朝鮮映画は、全然方針を変えなければならない」

筈見の怒りも当然である。東和商事は崔寅奎監督『家なき天使』（一九四一）を朝鮮から購入し、着々と準備を進めていた。日比谷公会堂で『映画評論』主催の特別試写会を開くなど準備万端だった。ところが東京や京都などで五回の試写会が進むにつれ、様子が急変したのだ。結局、再検閲では二三二六メートルあったフィルムが、二一八メートル分カットされた。全体の約九％に相当する分量だ。東和商事側は「文部省推薦映画」という宣伝文句を使えない羽目に陥った。

座談会に同席したのは、高麗映画協会社長の廣川創用（李創用の創氏名）と、朝鮮映画界の事情に詳しい映画評論家・飯島正である。『映画旬報』の記者が李創用に聞いた。

「朝鮮映画だから（ダメだ）というのは、どういう意味ですか」

筈見が「朝鮮語をしゃべっているような映画は、歓迎しないということです」と説明すると、李創用がこれを否定して「総督府はそういうことを主張してもいないし、強要もしていないのです」と、朝鮮側の事情を改めて説明した。

「作品の内容によって、国語を使っている所は出来るだけ国語で行き、映画的に見て国語では困るような場面は、無理に国語を使わなくてもいいのです」

このあたりの解釈は現代の一部韓国人にも混乱を招いているが、李創用によれば再検閲に至った要因は、単に言語上の問題（朝鮮語か日本語か）ではない、ということなのだ。

「あれの本当の意味はどうなんですか」。飯島が同じ問題を重ねて「朝鮮語と服装ですか」と聞いた。

「ハッキリとそれは知りません」と李創用は断った上で、内地と朝鮮のダブルスタンダードに苦言を呈した。「向こう（朝鮮）で許可した以上は、日本の全国民が見られるものであってもらいたい。それが第一の希望なんです」。朝鮮映画のプロデューサーとして、当然の理屈だが、現実はそうではなかった。

李創用が「再検閲の真相」をどこまで把握していたかは不明だが、突然の再検閲に対して筈見が単純に言語問題をあげて反発しているのに対し、製作者側の李創用は事態をさらに深刻に受け止めたことがわかるやりとりだ。

李創用が言う。「京城の風景を現状のまま描いて、街の不良児でもだんだん良い子供に育てて行けば、立派な日本臣民になるのだというのが、あの映画の究極の目的なんです。それが再検閲、削除となるなら、これは朝鮮映画全体の問題です」

李創用の立場からすれば、確かに、その通りだろう。帝国軍人の朝鮮軍報道部長が「半島映画の新しい方向を提示した」と推奨した朝鮮映画が、内地でこういう扱いを受けるのなら、朝鮮映画人としては立つ瀬がない。

筈見はやけ気味になって「あんな映画を作っちゃいけない」と、斎藤寅次郎監督『素晴らしき金鉱』（一九四一）を批判した。「内地人が朝鮮を撮ることはいいけれども、金語楼が（朝鮮に）行って朝鮮の映画だなんていうのはいかんな」。そう言う筈見の口吻は、倉茂にそっくりだ。リベラル派の筈見が、朝鮮軍報道部長の倉茂周蔵と同じような不快感を持っているのが興味深い。

李創用《イチャンヨン》の絶望

もうひとつ重要な指摘が、この座談会にはある。

満州事変後に起きた「朝鮮の民情変化」に、李創用が言及している点だ。彼は朝鮮映画の潮流変化を、次のように簡潔に説明した。

「朝鮮映画には民族主義的な傾向があった時代があるんです。それから社会主義的な傾向の時代もあったんです。それが満州事変を契機として、朝鮮の民情が変わったんです。そして今度、痛切に刺激を受けたのが張鼓峰事件なんです」

張鼓峰事件とは、一九三八年夏に起きた関東軍とソ連軍の武力衝突事件である。全鮮小学生綴方募集の応募作品にも、この事件の衝撃を書いた作文があった。

「いよいよ自分（朝鮮人）の身の危険が迫った。本当に日本が勝ってくれなければ困る、そういうことから民情が大きく変化したんです」と李創用は述べている。こういった『民情の変化』は、朝鮮近現代史の理解にあたって、軽視されて来た部分である。満洲事変（一九三一年九月）と、それに先立つ万宝山事件（三一年七月）による朝鮮人の意識変化は、当時の新聞や朝鮮人作家などによって記録されてきたが、現代の日本人や韓国人には知らない人が多い。

万宝山事件とは、満州の長春北西の万宝山に入植した朝鮮人農民と、現地の中国人農民との水路に関する小競り合いが中国の警察を動かし、対抗して動いた日本の警察と中国人農民が衝突した事件だ。

死者はなかったが、多数の朝鮮人が死んだという朝鮮日報の誤報をきっかけに、朝鮮半島内で中国人への感情が悪化した。平壌や仁川、京城などで中国人排斥運動が起き、一〇〇人を超える中国人死傷者が出た。平壌での中国人街襲撃は、小説家・金東仁《キムドンイン》の回想記『大同江の悪夢』（一九三四）に詳しい。事件の三年後に書いたもので、「中国人に迫害される朝鮮人」側の意識が表出している。

当時、東亜日報平壌支局員だった呉基永《オギヨン》は、平壌暴動を特集した雑誌『東光』一九三一年九月号で、中国料理店への投石から始まった事件の経過を詳細に報告し「美の都は完全に血に染まった。幼児や婦女の撲殺死体が市中に散在したことがあっただろうか」と衝撃を伝えた。満州事変に続く「満州国」の建国は、朝鮮人の対日認識を変化させた。

「この時局に際し、健全な地歩を固め現政に反抗せず、合法的方法に依りて朝鮮の自治を獲得せむ」（総督府警務局『朝鮮治安状況』一九三三年度版）という傾向が朝鮮社会で顕著になって来たのである。一九三二年一月一〇日の東亜日報社説「朝鮮人と産業的活路／民族的大計のひとつ」は、今後の民族的課題は「いかにすれば一経済単位の朝鮮民族が十分に物質的生存を維持して行くか」にあると指摘した。

こういった論調が主流を占める中で、朝鮮映画界は一九三五年以降トーキー時代に突入し、李創用のような本格的な映画プロデューサーが登場していた。彼にとって朝鮮映画の発展は、狭隘な朝鮮市場から脱して、日本や満州の市場へ進出することが不可欠だった。

しかし『家なき天使』の内地公開は、散々な成績に終わった。

当時の『映画旬報』記事によると、『家なき天使』の日本での興行成績は「宣伝上手の東和商事提供にしてこのような具合だから、半島映画の内地配給は今後も相当の覚悟をせねばならない」と評されるほど惨々たるものだった。東京での封切りは当初、一九四一年九月二五日の予定だったが、再検閲のゴタゴタで実際に公開されたのは一〇月二日である。

同誌によると、封切り館の銀座映画劇場や国際劇場は「空き家に近い」状態であり、前者は五日間、後者は四日間で番組交代になった。銀座映画劇場の観客の六割が「半島人」であり、朝鮮映画の上映は映画館にとって日本人固定客を失う「非常な危険性」があると指摘された。大阪でも一〇月二日封切りの予定が八日に延期された。愛知や福岡では上映禁止（理由不明）の措置がとられたという。

「朝鮮映画は政策的にも経済的にも日本市場から締め出された存在であり、朝鮮映画と作品に描かれた民族性は、あくまで朝鮮のなかで消費されるべきものとされたのである」（加藤厚子『総動員体制と映画』）

李創用は座談会の発言で「蹉跌」という言葉を使って、一連の事態から受けた衝撃を表明した。

「今度の内地における蹉跌から考えられることは、今後の朝鮮映画の製作目標が朝鮮のみを目標にすべきか、内地にも見せるものを作るべきかという根本問題に触れて来ます」。感情を抑制した彼の発言は、朝鮮映画の活路を見出そうとして奮闘して来た男の絶望を示すものである。

悲憤の「東和商事」

東和商事は、現在も映画輸入配給の大手である「東宝東和」の前身だ。

国際的映画人として知られる川喜多長政（一九〇三〜八一）によって一九二八年に設立された。東和とは「東に和す、即ち東亜と調和す」という意味であり、二五歳で同社を創業した川喜多の理想を表現している。同社宣伝部長だった筈《はず》見《み》恒《つね》夫《お》は、優れた映画評論家でもあった。彼には『映画と民族』（一九四二）という著作がある。欧米、中国、満州の映画とともに「朝鮮映画の意味」を論じた筈見は、「朝鮮映画はその狭い土地から解放され、容赦なき批判が下されなければならない」と主張した。これは京城の映画人・李創用の決意そのものだ。

『東和商事合資会社社史』（一九四二）に、朝鮮映画の配給と関連した記述がある。

東和商事は一九三九年七月、方漢駿《バンハンジュン》監督『漢江』（一九三八）を日比谷映画劇場（現在の東宝日比谷ビル）で封切った。社史には「録音については東和商事の手を通じ富士スタジオでなされた」とある。「内地映画とは異なった原始的なリリシズムを持っている」という文章は筈見自身の感想だろう。

社史によると、『漢江』の日比谷封切りはフランク・キャプラ監督の米映画『我が家の楽園』（三八）

のセカンド（二回目上映）と併映だったが、「手痛い失敗」に終わった。大阪朝日会館で上映した時には、関西在住の朝鮮人観客が詰めかけ「数的には盛況であった」という。朝鮮映画が内地人には見向きもされず、朝鮮人観客相手の上映に終わっていた実情は、ここでも記録されている。

朝鮮映画界との関係を深めた東和商事は、崔寅奎《チェインギュ》監督の三部作『国境』『授業料』『家なき天使』の内地配給を企画した。しかし「この中で陽の目を見たのは『家なき天使』ただ一本であった」ことは前章で、すでに書いた通りである。

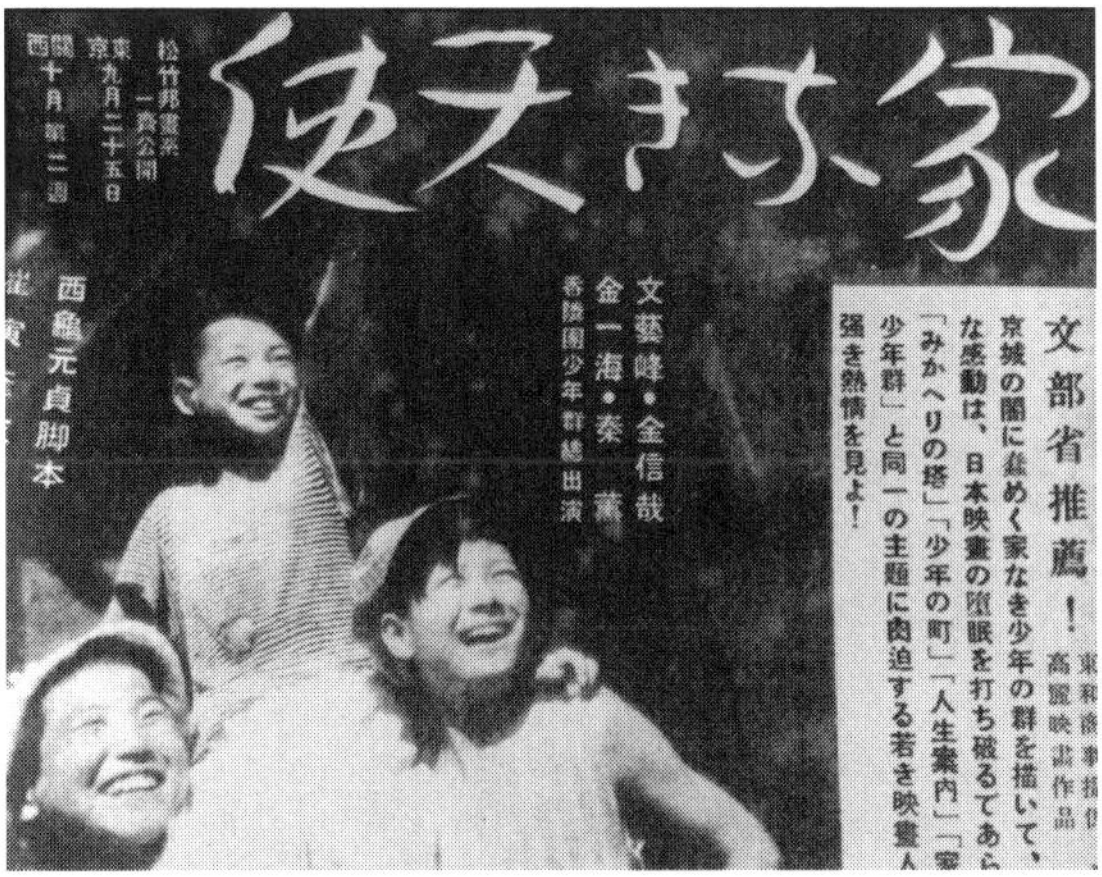

「家なき天使」の広告

筈見は一九〇八年、京橋区木挽町（いまの銀座東三丁目）で生まれた。東和商事に入社したのは、創立二年目の一九三〇年春だ。三六年に結婚。翌年、長男の有弘（のち映画評論家）が生まれた。原節子主演『新しき土』（一九三七）の輸出にも奮闘した。しかし、朝鮮映画の配給失敗は苦い思い出だったのだろう。戦後の『東和映画のあゆみ』（一九五五）に筈見が書いた「宣伝部の二〇年」に、朝鮮にかかわる思い出話はない。

憤慨する心理学者

大槻憲二《おおつきけんじ》(一八九一〜一九七七)は、映画ファンの心理学者だった。『映画創作鑑賞の心理』(一九四二)という戦時中の著作があり、『家なき天使』を試写会で見た感想を書きとめている。その文章に「東和商事宣伝部H氏」という人物が出て来る。これは筈見恒夫《はずみつねお》に違いない。「昭和一六年九月一三日の試写会」と書いているから、東京中央劇場で開かれた試写会のことだ。

まず試写会の観客が少ないことに、大槻は立腹した。「この日に限ってがら空きである。不思議なことだと思っていたが、あとで東和商事宣伝部H氏の言うところによると、朝鮮映画だというので、みな馬鹿にして見てくれないのだとのことで、私は憤慨した」。

大槻の批判は痛烈そのものだ。「日本人には事大主義者が多く、先進者や優越者に対しては卑屈に盲拝的であるが、後進者や未成者に対しては頭から軽蔑的であって、大国民らしい親心がない」「東亜共栄圏内の最古参者(朝鮮のこと)に対してさえ、なお、この通りである。このようなことでは、共栄圏確立の文化的資格はおぼつかない」

映画そのものへの批判もある。「香隣園の少年たちはキリスト教によって救われるのである。しかるに何ぞや。結末において、いざ感謝の段取りとなると、日本国旗を掲げて日本主義に感謝の誓言を捧げているので、我らは何とも言えないチグハグな感じを持った。(中略)このような見当違いの迎合主義は、東洋民族の名誉のために、お互いに止めてもらいたい。これがこの作における最も重大な欠陥である」。真っ当な見識を示した批評である。

筈見が大槻に語った「朝鮮映画だというので、みな馬鹿にして見てくれない」という憤懣は、李創用が東京の映画館で目撃した際の感想と酷似しているだろう。筈見は、前述の著書『映画と民族』で、次のように書いた。

「京城という町がどんな風俗と、どんな地形の上に出来上がっているか。パリやニューヨークやハリウッドの一〇分の一、一〇〇分の一しか、京城の風俗やそこに住んでいる人たちの生活ぶりを知らないということは、日本映画の奇形的な発達を思わせる以外の何者でもない」

筈見は文末を「朝鮮映画の意義をこうした国策的な観点において強調しておきたい」とのフレーズで締めくくっているが、「国策的な観点」は蛇足である。映画が相互認識、国際理解のための優れたツールであることは、昔も今も変わりがないからだ。

李創用や筈見らの試行は、ようやく一九八〇年代になって実を結ぶ。李長鎬《イジャンホ》監督『風吹く良き日』（一九八〇）や裵昶浩《ペチャンホ》監督『ディープ・ブルー・ナイト』（一九八四）などの登場に伴い、日本でも韓国映画の上映が活発になった。それが一九九〇年代末以降の韓流シネマブームにつながったのである。

総督府図書課

植民地期、戦時期の映画を考察するためには、検閲側の動向分析も重要だ。朝鮮総督府警務局図書課は、どういう組織だったのか。

韓国併合（一九一〇）以来の「武断統治期」は、警務総長の現役軍人（陸軍少将）が言論活動を直接統制した。三・一独立運動（一九一九）以後の「文化統治期」には、高等警察課長（文官）の管轄となり、一九二六年五月になると、専門性の高い検閲セクションとして図書課が新設された。一九四一年一一月には情報課として再編され、宣伝・弘報の役割が強化された。

一九四〇年当時の図書課は、筒井竹雄課長の下に、計三七人（嘱託六人を含む）の職員がいた。うち朝鮮人は職員二、嘱託四。図書課が設置された一九二六年は職員数一〇人だったが、二九年には二二人、盧溝橋事件が起きた三七年には、三二人に拡充されていた（鄭晋錫『極秘　朝鮮総督府の言論検閲と弾圧』）。

西村眞太郎（一八八八年生まれ）は、朝鮮語のプロだった。一九二一年から朝鮮総督府の検閲部門で勤務して来た専門通訳官である。東京外国語学校韓語科で金澤庄三郎教授の『日韓両国語同系論』（一九一〇）を学び、一九一二年に学校教員として京城に来た。二年後には司法部通訳生として総督府勤務を始めた。西村は東亜日報と朝鮮日報が廃刊された一九四〇年八月に退職した。

彼が警務局に転じた一九二〇年に東亜、朝鮮両紙は創刊されており、その検閲生活二〇年は民族紙の二〇年と一致する。退職したのは廃刊の四日前である。朝鮮人文筆家から「図書課の閻魔大王」とも形容された西村は、朝鮮語と朝鮮文化に対する造詣が深く、多数の論文を発表した。

西村は一九三九年、火野葦平の戦場小説『麦と兵隊』を翻訳し、総督府から『麦と兵丁』のタイトルで出版した。朝鮮でも数十万部の大ベストセラーになった。京城日報に掲載された西村の手記によると、翻訳を指示したのは図書課長の古川兼秀である。古川は西村を上海に派遣して小説の現地取材をさせた。翻訳『麦と兵丁』の大ヒットは、朝鮮における戦場文学の契機になった。

金聲均《キムソンギュン》（一九〇三～八三）は、解放前も解放後も、変わらぬ文化官僚だった。総督府では映画と文学専門の検閲官だった。朝鮮映画協会参事も務めた。京城帝大史学科を卒業後、図書課嘱託（一九三六～四〇）図書課職員（四一～四二）を歴任。解放直後は地方新聞の理事長をしていたが、やがて米軍政庁行警務部広報室副室長、慶熙大学などの大学教授、国史編纂委員会編纂課長などを経て、一九六〇年には同委員長に就任した。植民地時代の検閲官から、朴正熙政権時代には国史管理人に変貌したのである。

「ドイツやイタリアの映画を見よ。軽佻浮薄な米国映画では見ることの出来ない堅固なイデオロギーで一貫していないだろうか」

これは金聲均が総督府図書課に在職当時、雑誌『三千里』（一九四一年六月号）に書いた文章だ。彼は「映画は内鮮一体を推進する手段であり道具である」と強調した。ところが解放後、国史編纂委員会委員長だった一九六六年一二月に刊行された『日帝侵略下韓国三六年』序文では、次のように書いた。「本書は日帝の残虐な植民統治の様相と民族受難の姿を描き、これに抗する民族精神の発露を対照的に叙述した」。一部の映画人や文化官僚は、時代の変化に応じて立ち位置を変え、イデオロギーを操る技量に長けているということだ。

八木信雄『日本と韓国』（一九七八）は、自己弁護色が強い回想録だが、意外な事実も記録されている。一九〇三年、鹿児島生まれ。東京帝大法学部を卒業後、朝鮮総督府に勤務し、全羅南道の知事時代に敗戦。戦後は日韓文化協会理事長などを務めた。八木は総督府警務課長（一九四〇）保安課長（一九四二）として、朝鮮映画演劇界との接触もあった。

阿部豊監督『あの旗を撃て』（一九四四）の検閲をめぐる逸話が興味深い。マニラ攻防戦を描いた映画で、陸軍省後援で製作された。米軍将校が日本軍への内通を恐れて、フィリピン人斥候を射殺するシーンがあった。八木ら総督府側は「朝鮮人観客が日本人将校と朝鮮人斥候に入れ替えて解釈する恐れがある」として、その部分をカットさせたという。

保安課長の時には、金斗漢《キムドハン》という男と知り合った。もともと京城の路上生活者だったが、一八歳にして任侠団体「鍾路派」の頭目になった。満州の抗日運動で活躍した金佐鎮《キムサジン》将軍の息子である。「六尺（一八〇センチ）豊かな大男で、早口で熱弁を振るう迫力に富んだ人間だった」。金斗漢はのちに林権澤監督『将軍の息子』（一九九〇）で、日本人ヤクザと戦い勝利する朝鮮人武闘派として描かれたが、実際には八木から庇護を受けていたということだ。

八木は朝鮮人の新聞記者を通じて工作し、金斗漢を隊長にして百人内外の青年たちを掌握させた。鉄道の荷役などの正業を持たせた。八木が黄海南道の知事に転出する時には、「この一隊が官舎の前に整列して、カシラ右の敬礼で見送ってくれた」という。金斗漢は解放後、韓国の国会議員になり、勇名をはせた。

朝鮮軍報道部

朝鮮軍報道部についても、触れておきたい。軍隊に映画通がいたのが特徴である。報道部長・倉茂周蔵が『家なき天使』に異例の推薦文を寄せたことは、すでに触れた。朝鮮軍報道部は日夏英太郎（許泳《ホヨン》）監督『君と僕』（一九四一）を製作し、戦時期には東宝映画『望楼の決死隊』（一九四三）の製作を支援・検閲し、さらに方漢駿監督の志願兵募集映画『兵隊さん』（一九四四）を製作するなど、きわめて活発に活動した。

倉茂周蔵は、弘前の第八師団歩兵第三一連隊長（大佐）だった時、秩父宮雍仁《やすひと》親王の上官だった。二・二六事件が起きた際、秩父宮は倉茂から上京を勧められ辞退したというのが通説だが、昭和史研究家の保阪正康は評伝『秩父宮・昭和天皇弟宮の生涯』（二〇〇〇）で、秩父宮側が倉茂に上京を打診したという証言を記録している。

倉茂は一八八八年、新潟生まれ。陸士二二期、陸大三〇期。ロシア駐在武官歴のあるロシア通であり、北支方面軍の第一〇九師団参謀長（一九三七年）、満州の第五軍第四国境守備隊長（三八年）、第五軍参謀長（三九年）となり、一九四〇年三月に朝鮮軍報道部長（予備役少将）になった。

朝鮮軍報道部の変遷や人的構成については、韓国の若手研究者・曺健《チョゴン》の論文「中日戦争期（一九三七～一九四〇）朝鮮軍司令部報道部の設置と組織構成」（ハングル）が詳しい。

朝鮮軍報道部は一九三八年一〇月、従来の新聞班（三七年一〇月～三八年一月）報道班（三八年一月～三八年一〇月）を拡充再編して、新設された。初代の報道部長（少将）は勝尾信彦（前職は平壌・第三九旅団長）である。当時の部員は参謀（兼任）一、少佐三、通訳官一、嘱託二の体制。一九四〇年八月の組織改編で、報道部長、参謀（兼任）、大佐二、少佐二、大尉一、嘱託一の体制に強化された。

倉茂は弘前赴任前に、平壌での勤務歴が二年ほどあった。第三代報道部長として満州から京城に来ると、就任会見で「まことに王道楽土の半島だ」との所見を述べた（毎日新報一九四〇年三月二四日付）。一九四三年八月、予備役に再編入されるまで精力的に活動した。予備役編入後は大日本婦人会朝鮮本部事務総長を務めた。陸軍志願兵の募集に当たって、朝鮮婦人（母親や妻）への説得が重視されたのである。

戦後は故郷の新潟県で婦人少年室協助員をしており、婦人少年協会編『婦人と年少者』（一九六五年二月）に、二二歳の女性店員が高額の診療費を請求された「婦人労働者の医療問題」に関する詳細な活動報告が見られる。

陸軍士官学校を一九一五年に卒業した朝鮮人少佐・鄭勲《チョンフン》（創氏名は蒲勲）は、朝鮮人向けの宣伝業務を担当した。

朝鮮文人協会の会員でもあり、多くの文章を新聞や雑誌に寄稿したイデオローグだった。日本人・朝鮮人を糾合した文化団体「木曜会」活動を推進した。毎日新報（一九三九年七月五日付）に「私は皆さんの子弟を皇国臣民として立派な人間にしたい。志願兵に応募するのは、そのよい機会だ。母親が志願に反対してはいけない。自己の身命を天皇陛下に捧げることだ。これが母親としての真正な愛であり、半島同胞の幸福だ」とする文章を寄稿している。

松本清張の小説『北の詩人』（一九六三）に、「朝鮮軍司令部報道部の代表である少佐鄭氏」というくだりがある。この鄭勲のことである。米軍スパイの汚名を着せられて粛清された越北詩人・林和《イムファ》の裁判記録に登場する。林和は崔寅奎監督『家なき天使』（一九四一）で、西亀元貞が書いた日本語脚本のうち朝鮮語セリフの部分を担当した。林和はプロレタリア映画運動の優れた理論家であり、李創用が朝鮮映画文化研究所を創設すると嘱託として籍を置いた。

松本清張『北の詩人』は、北朝鮮の裁判記録を裏も取らずに、小説の下敷きにした作品だ。朝鮮戦争を米軍の謀略と思っていた清張は、北朝鮮筋の工作にうまく乗せられた。彼が引用している「日本の官憲の資料」というのは、坪江汕二『朝鮮民族独立運動秘史』（一九五九）のことだ。松本清張は朝鮮での従軍歴があり、朝鮮問題に関心が強かった。朝鮮戦争が金日成による南侵によって開戦した史実を知らずに、北朝鮮側の工作に乗せられた多くの進歩的日本人の一人である。

岡田順一は新聞班時代から通訳官として勤務した。一九三三年から総督府図書課で映画検閲主任として在籍し、三七年の新聞班創設とともに兼務となり、報道部新設に合わせて正式に朝鮮軍に異動した。一九四一年、全羅北道経済警察課長に転任したが、一九四二年二月に国策会社「朝鮮映画配給社」が創設されると常務に抜擢され、映画統制の専門家としての経験を生かした。

朝鮮軍報道部員の中で最も注目されるのは、芥川浩（少佐）だ。一九三七年一〇月、新聞班創設以来の部員である。芥川浩の伯父は、熊本県出身の釜山日報社長である芥川正（一八六五〜一九二八）である。正については、山室信一（京都大名誉教授）が『アジアびとの風姿―環地方学の試み』（二〇一七）で言及している。

芥川正は熊本市生まれ。一七歳で紫溟《しめい》新報（九州日日新聞の前身）に入社。上京して「東京日日新聞」（毎日新聞の前身）記者になり、金玉均ら独立党によるクーデター甲申政変（一八八四）の際に、京城に特派された。その後、台湾日報の記者となり、再び朝鮮に渡って大邱新聞の発行にかかわる。一九〇六年には朝鮮時事新報主筆に招聘された。同紙廃刊後の一九〇七年一〇月、釜山日報を創刊した。六四歳で亡くなるまで社長を務めた。

芥川浩は、正の甥（芥川忠蔵の次男）である。一八九三年一一月、熊本市生まれ。陸軍熊本地方幼年学校—中央幼年学校—陸軍士官学校を経て、一九一四年騎兵少尉に任官され、近衛連隊に勤務。一九二〇年騎兵学校教官となり、一九二九年には騎兵少佐になった。しかし正の死去（二八年一月）に伴い、一九二九年一二月に退役して、釜山日報専務になった。一九三三年には同社社長になったが、盧溝橋事件が起きた一九三七年に、朝鮮軍参謀部の情報主任参謀補佐として軍に復帰した。同年一〇月新聞班が創設された時、彼は内地人宣伝担当の将校（少佐）に任命された。新聞社社長を経た彼の実務能力は、軍の内外で一目も二目も置かれた。

芥川浩は映画の製作や宣伝部門に力を注いだ。一九三九年一一月一七日には京城・半島ホテルで、軍報道部主催の座談会を開いた。この場で芥川は「朝鮮映画を育てる唯一の道は、朝鮮映画の市場を内地や満州方面に広げて、採算が立つようにすることである。そのためには朝鮮語を廃止し、国語に変えるほかない」との見解を述べた（毎日新報記事）。これに対してベテラン監督の朴基采《パクキチェ》は「市場開拓ができないのは言語問題ではなく、技術的な問題のせいだ」と反駁した。

この時期は崔寅奎監督『授業料』（一九四〇）で日本語・朝鮮語の二重言語による初の映画が撮影中である。朝鮮映画の言語問題が、軍報道部を巻き込んで論議されていたことを示す。

日夏英太郎『君と僕』

芥川浩の朝鮮軍報道部時代の最大の仕事は、日夏英太郎（本名・許泳《ホヨン》）監督による日鮮一体映画『君と僕』（一九四一）をプロデュースし、朝鮮軍報道部製作で公開したことだ。

この映画はフィルムが紛失していたが、二〇〇九年春に一六ミリプリントの一部（二四分間・全体の二割程度に当たる）が発見され、日韓両国で上映された。李香蘭や三宅邦子、小杉勇、永田絃次朗（金永吉）、文藝峰、金素英など有名俳優が出演している。発見されたフィルムでは、行軍する朝鮮人志願兵、演習に差し入れに来る朝鮮人夫人、扶余の白馬江を行く舟上で歌う出演者らの姿が確認できる。内海愛子・村井吉敬『シネアスト許泳の「昭和」』（一九八七）によると、芥川浩は『君と僕』の脚本を数回に渡ってチェックし、一部書き直した。

日夏は一九二二年頃に渡日し、マキノ映画や松竹下加茂撮影所で助監督をし、脚本も書いた。『君と僕』で監督デビューした日夏は、一九四二年には陸軍報道班員として従軍し、ジャワで『豪州への呼び声』（Calling Australia）を監督した。第一六軍特別課報部別班が製作した映画で、日本軍は俘虜を厚遇しているという宣伝映画だった。

この映画は東京裁判では、逆に俘虜虐待の容疑がかけられた。日夏は敗戦後もインドネシア現地にとどまり、朝鮮名を復活させた「フユン」の名前で、映画の監督や演劇指導を行った。一九五二年にインドネシアで死去した。享年四三。

日夏の生涯は、内海愛子らの労作のほか、遺児・日夏もえ子『越境の映画監督・日夏英太郎』（二〇一一）が詳しい。「上海派」の全昌根《チョンチャングン》監督が演出した『福地万里』（一九四一）とともに、朝鮮人監督による東アジア映画として論じたい作品だ。『福地万里』は、李創用の高麗映画協会が甘粕正彦の満州映画協会と合作した「鮮満一如」映画である。

芥川浩の釜山日報は一九四一年五月、総督府の「一道一紙」の政策により、釜山の競争紙・朝鮮時報と馬山の南鮮日報を吸収合併し、慶尚南道で唯一の日刊紙になった。芥川浩は同年一二月、釜山日報に復帰した。その前月の一一月に『君と僕』が公開されていた。芥川浩は京城での検閲軍務から離れ、慶尚南道全体の言論活動の総帥として登用されたのである。

敗戦後、浩は釜山日本人世話人会の相談役として、朝鮮半島からの引揚げ事業に尽力した。ともに活動した芥川和男は、浩の長男であり、世話人会長兼連絡部長を務めた芥川典は、浩の弟（忠蔵の三男）である。

金学成《キムハクソン》と金井成一

崔寅奎監督『家なき天使』（一九四一）は、金学成《キムハクソン》が祖国で撮影した二本目の映画だ。

創氏名・金井成一。田中文人のドキュメンタリー映画『2つの名前を持つ男―キャメラマン金学成・金井成一の足跡』（二〇〇五）は、戦前戦後の日朝映画界を生き抜いた映画カメラマンの生涯を記録した。一九七〇年生まれの田中は、ドキュメンタリードラマの製作で、ベテランカメラマンの岡崎宏三（一九一九～二〇〇五）と知り合った。戦前の新興キネマ大泉撮影所（現在の東映東京撮影所）時代、金学成と岡崎は親友だったのである。

　金学成は一九一三年、水原生まれ。姉はサイレント時代に活躍した有名な女優兼歌手の金蓮実《キムヨンシル》（のち朝鮮戦争で行方不明）である。フィルムが現存する安鍾和監督『青春の十字路』（一九三四）のヒロインだ。兄の金学根《キムハククン》が映画弁士で、三人そろって映画界で活躍するきっかけになった。専修大学に留学し、帰国後、李弼雨《イピルウ》らの撮影助手をしていたが、撮影技術を本格的に学ぶために再渡日。一九三六年に新興キネマ大泉撮影所に撮影助手として入社。須山真砂樹監督『妻よ何処へ行く』（一九四〇）で撮影技師に昇格。さらに深田修造監督『或る女弁護士の告白』（一九四〇）を撮影した。

　岡崎は田中に金学成（金井成一）の思い出話をよくしてくれた。「おしゃれでハンサムで、元学生ボクサーで、撮影部のスタッフジャンパーをデザインしたのも、金井なんだ」。岡崎は「あちこちの撮影所に朝鮮人がいたんだ」と話していた。新興キネマ以外でも、京都太秦撮影所（現在の東映京都撮影所）に朝鮮から来た映画人が少なくなかった。『家なき天使』のプロデューサー李創用や金聖春《キムソンチュン》（照明）、李奎煥《イギュファン》（演出）も一九三二年当時、ここで修行中だった。「東活京都には朴基采《パクキチェ》（演出）と梁世雄《ヤンセウン》（撮影）、金幽影《キムユヨン》（演出）らがいた。『家なき天使』の監督・崔寅奎が運転手をしながら、京都の撮影所に入ろうとして挫折したという話は、すでに紹介した。

　サイレントからトーキー映画への転換期にあって、崔寅奎や金学成らは日本の撮影所で実務を習得した朝鮮映画界の第二世代である。

サイレント時代の羅雲奎監督（代表作『アリラン』一九二六）らが第一世代。トーキー時代を担った崔寅奎監督（代表作『授業料』一九四〇）らが第二世代、その弟子の申相玉監督（代表作『離れの客とお母さん』一九六一）らが第三世代。その弟子の李長鎬《イジャンホ》監督（代表作『風吹く良き日』一九八〇）らが第四世代。現在は、その次の第五世代（韓流シネマ期）、および第六世代ということになろうか。韓国映画界は、林権澤《イムグォンテク》監督（代表作『風の丘を越えて・西便制』一九九三）らの例外を除いて、世代交代のスピードが速いのが特徴であり、残念な部分である。

金学成（金井成一）は一時帰国して、方漢駿《パンハンジュン》監督『城隍堂』（一九三九）を撮影した。郷土色の強い映画で「きれいな画面を駆使し将来が嘱望される」と評され、日本でも上映された。翌年、李創用の高麗映画協会に撮影部主任として入社し、崔寅奎監督『家なき天使』（一九四一）や方漢駿監督『豊年歌』（一九四二）を撮った。

日本では『家なき天使』と同じ頃、清水宏監督『みかへりの塔』（一九四一）が公開された。実話に基づく児童映画だ。盗癖や虚言癖などがある子ども二〇〇人を再教育する大阪の施設が舞台であり、『家なき天使』の設定と似ている。これも文部省推薦映画になったが、上映までに何らの支障もなかった。朝鮮映画『家なき天使』が味わった悲運とは対照的である。

『豊年歌』は農村の米作増産運動をテーマとした映画である。スタッフ五〇人とエキストラ一五〇〇人が江原道一帯でロケ撮影した。一九四二年二月一五日、京城宝塚劇場でこの映画を見た小説家・李孝石《イヒョソク》（代表作『ソバの花咲く頃』）は「これまでの民俗的な風俗映画と変わりない」と酷評した。

途中、映画の上映が中断され「シンガポール陥落」の館内ニュースが流れた。「場内アナウンスの誘導で、観客が万歳を唱和した。外に出ると騒然たる喜色があり、装飾灯が目についた」（雑誌『大東亜』一九四二年三月号）と記述している。映画と時代の記憶が同居した記録として、興味深い。

国策会社「社団法人・朝鮮映画製作株式会社」が一九四二年に誕生すると、金学成は同社所属の撮影技師になり、安夕影監督『朝鮮に来た捕虜』（一九四三）と李炳逸監督『半島の乙女たち』（一九四三）という二本の文化映画を撮影した。前者は興南に連行された外国人捕虜の記録映画であり、後者は女学校や工場、農村で活躍する若い女性たちを描いた音楽映画である。劇映画は方漢駿監督『巨鯨伝』（一九四四）を撮影した。蔚山《ウルサン》近郊の長生浦《チャンセンポ》でロケ撮影した「海洋増産と海洋思想の普及に取材した半島初の海洋活劇」（毎日新報一九四四年一月二一日付）だった。

『2つの名前を持つ男』

田中文人監督『2つの名前を持つ男』（二〇〇五）は、日韓映画人へのインタビューが印象深い。金学成は、兪賢穆《ユヒョンモク》監督『誤発弾』（一九六一）を撮影した。朝鮮戦争後の疲弊した韓国社会を描いた名作である。兪が日本語で語る思い出話は、彼自身が故人となったいま貴重な記録である。愛煙家だった兪が「金学成先生はチェーンスモーカーでね」と語るのが、微笑ましい。

兪賢穆は解放直後、東国大学国文科で柳致鎮《ユヂチン》の演劇を見たり、呉効鎮《オヒヨジン》の脚本講座を受講したりした。崔寅奎監督『自由万歳』（一九四六）の撮影現場を見て、映画サークルを結成し、卒業後はただちに映画界に入った。「金学成先生は綿密な頭の人で、リハーサルを十分にやった。俳優にも優しく、誰よりも仕事に熱心でしたよ」。撮影当時、兪は慢性的な資金不足に泣かされていた。「フィルムはないし、現像料は高いし」。二、三日撮影しては一〇日ほども休んだ上で、一年かけて完成した。

金学成は解放後、朝鮮映画建設本部（尹白南委員長）に参加し、米軍政当局から依頼された記録映画を撮影した。劇映画には、申敬均《シンギョンギュン》監督『新たな誓い』（一九四七）の撮影でカムバックした。徴用から帰還した漁村の青年たちが協力して村を再建するという啓蒙映画である。金学成はこの映画でデビューした主演女優・崔銀姫《チェウニ》（のち離婚。崔は申相玉《シンサンオク》監督と再婚）と結婚した。ドキュメンタリー映画『麗水順天叛乱事件』（一九四八）では大韓民国の樹立後、左右対立下で起きた軍部隊の反乱事件を記録した。朝鮮戦争中は国防部映画課の撮影責任者になり、記録映画『正義の進撃』を撮影中に重傷を負った。一九五八年には韓国初のシネマスコープ映画『生命』（李康天《イガンチョン》監督）を撮影した。

韓国映画撮影の巨匠・鄭一成《チョンイルソン》（一九二九年、東京生まれ）は、金学成の愛弟子である。一九五五年から米広報院に在職当時に金学成の下で三年間、修習技師として薫陶を受けた。膨大な日本語蔵書を背に、鄭一成が田中のインタビューに答える。

「技術が映画を作るんじゃないんだ。人間と人間の出会いが映画を作るんだ」。鄭一成は金学成から、それを学んだ。「被写体の心をどう読み取るか。映画の技術を操るのは人間なのだ」と。鄭一成はのちに金綺泳《キムギヨン》監督『火女』（一九七一）、河吉鍾《ハギルジョン》監督『馬鹿たちの行進』（一九七五）、金洙容《キムスヨン》監督『晩秋』（一九八一）、林權澤《イムグォンテク》監督『曼荼羅』（同）など、韓国映画の代表的秀作を撮影した。鄭一成は金学成の後を引き継いだ第三世代、第四世代の映画カメラマンとして、韓国映画隆盛の基礎を作った人物である。鄭が『風の丘を越えて・西便制《ソピョンジェ》』（一九九三）などで見せた映像美は、韓国の伝統美を極めた。

岡崎宏三は一九七一年、ソウルを初訪問し、金学成と三〇年ぶりに再会した。当時の記念写真を見ると、二人の仲のよさは一目瞭然だ。時代が変わっても、変わらぬ信頼関係があった。面倒見の良かった金学成は一九八〇年、岡崎に手紙を送り、後輩監督の日本研修を支援してくれるように依頼した。その端正な日本語の文章から、几帳面な仕事ぶりで知られた彼の人柄が分かる。これが生前最後の書簡になった。金学成は一九八二年に死去し、岡崎宏三は二〇〇五年に亡くなった。岡崎の代表作は、川島雄三監督『暖簾』（一九五八）、小林正樹監督『いのちぼうにふろう』（一九七一）、今井正監督『戦争と青春』（一九九一）などである。

田中文人が『2つの名前を持つ男』を撮影中に、『家なき天使』のフィルムが北京で見つかったとの知らせが入った。『家なき天使』に出演した朝鮮人子役・宋桓昌《ソンファンチャン》が健在であるのも分かった。映画では「白川栄作」の名前で出演していた。清水宏が一九四〇年、京城で短篇映画『ともだち』を撮影した時、小学四年生だった彼は、人気子役だった爆弾小僧（横山準）と共演した。「監督から名前は何だと聞かれて、ソンです、と答えたら、支那人みたいだと言われ、その場で『李聖春』という芸名がつけられた」。したがって宋桓昌、李聖春、白川栄作は同一人物である。

宋が達者な日本語で語った。「崔寅奎監督は何というか、短気な人でしたね。俳優やスタッフは怒鳴りつけられていましたね」。宋は「子役にはそうでもなかった」と語っているが、にわかに信じがたい。彼はギャラなしで学校を半年近く休んで、映画撮影に参加したという。

『2つの顔を持つ男』は、二〇〇五年一〇月、山形国際ドキュメンタリー映画祭で上映された。『家なき天使』も六四年ぶりに、この場で上映された。韓国映像資料院長が解説のために来日した。予告記事を見た西亀元貞の遺族が、上映会場を訪れた。それが契機になり、遺族の手元で保管されていた脚本が、資料院に寄贈された。DVDが翌年リリースされた時、脚本は付録として添付された。田中文人の金学成ドキュメンタリーが『家なき天使』のフィルム発見と連動し、日韓のネットワークが再構築されたのである。田中には川喜多記念財団が転居した一九九五年のアルバイトで、東和商事の朝鮮映画関係の資料をダンボール詰めしたという逸話がある。田中は「のちに必ず役立つ日が来ると確信していた」と語る。

済州島に行った孤児たち

香隣園は解放後、どうなったのか。

東亜日報のデータベースには解放後も、更生寮設置（一九四六年六月）、農業研究所設置（一九四六年一一月）、独立運動家・金九の寄付（一九四七年五月）、児童映画常設館を陳情（一九四八年二月）などの記事が見られる。釜山近郊を流れる洛東江《ナクトンガン》の真友島《ジンウド》に、朝鮮戦争孤児のための施設を作った（一九五五年二月）が、その後、台風被害に遭い閉鎖されたようだ。

方洙源牧師の著書『家なき天使』（一九四三）には、次のような記述もある。

一九四三年二月。一〇〇人近くに増えた香隣園の子供たちのうち三三人が、済州島の南部・西帰浦《ソギポ》に済州島開拓隊として移住した。日本人の土地所有者が賀川豊彦に無償譲渡した土地で、中文面付近の約四〇〇万坪の沃野という。現在、リゾートホテルが林立する中文観光団地一帯である。「満蒙開拓青少年義勇軍」を連想させるプロジェクトだが、私には彼らの「その後」が気がかりだ。

入植五年後の一九四八年、済州島では左右対立の大混乱（四・三武装蜂起・虐殺）が起きた。島民数万人が殺害されたという。彼らはどういう運命をたどったのだろうか。

第三章　「解放」前後の朝鮮シネマ

一九四五年前後の数年間における朝鮮シネマの動向を検証したい。もっとも重要な時代であるにもかかわらず、もっとも研究が立ち遅れている時代である。

崔寅奎《チェインギュ》監督『家なき天使』が公開された一九四一年は、朝鮮映画界が自律的に映画を作っていた最後の年であった。一九四二年九月、朝鮮の映画会社一〇社は国策会社「社団法人・朝鮮映画製作株式会社」に統合された。総督府による一元支配が始まり、朝鮮映画人の自主性は封殺された。一九四五年八月の「解放」後、日朝映画人は越北、拉致、従軍、引き揚げとそれぞれの道を歩むことになる。

国策会社の一元支配

「もう朝鮮じゃ映画は作らんでもヨロシイといった風な、情報局や内務省あたりの空気がうかがわれた」。高島金次『朝鮮映画統制史』（一九四三）には、切羽詰まった朝鮮映画界の内情がこと細かに記録されている。朝鮮の映画会社が国策会社「朝鮮映画製作」に一元化される過程を描いたドキュメントである。高島は群小会社のひとつ「京城発声映画製作所」の代表者であり、朝鮮映画製作では総務担当になった。

「内地で朝鮮映画の価値は認められず、わずかに二、三本の映画が継子扱いで、いやいやながら上映された程度だから、問題にならないのが当然で、大東亜全域に及ぶ映画政策を樹立せんとする情報局、軍部がその存在に関心を抱かないのも無理はないとも言えよう」

高島の筆致には、朝鮮映画に無理解な内地官僚への憤怒が感じられ、また、いささか自嘲的でもある。「一元化」が、この当時の朝鮮映画界のキイワードだ。

日本映画界が東宝、松竹、大映の三社に吸収統合された時代だ。

「フィルムは弾丸である。もはや民間に回すフィルムは一尺もない」という大本営報道部長の発言（一九四一年八月）が日本映画界に衝撃を与える以前の一九四一年一月、京城には「朝鮮向けの生フィルムは一時配給を中止する」との虚報が飛び込み、大騒ぎになった。

一九三九年一〇月、映画法が帝国議会を通過し、日本映画は政府の統制下に置かれた。これに連動して朝鮮では一九四〇年一月、朝鮮映画令が公布された。

映画製作者は総督府の許可を受けなければならず、映画従事者は総督府への登録が義務付けられた。脚本の事前検閲、映画の事後検閲が行われた。四一年一月からフィルム配給制が施行され、一〇月には国策会社「朝鮮映画配給株式会社」が、一九四二年九月に「社団法人・朝鮮映画製作株式会社」が発足した。

朝鮮映画人の追従姿勢も目立ってきた。一九三九年八月に結成された朝鮮映画人協会（安鍾和《アンジョンファ》会長）は、南次郎総督の音頭で扶余神社（官幣神社級）の創建が決まると、一九四一年二月、朝鮮文人協会や朝鮮演劇協会らとともに文化人聖鍬部隊を結成し、徐光済《ソグァンジェ》や安夕影《アンソギョン》、李圭煥《イギュファン》らを現地に派遣するなど、内鮮一体色を深めて行った。

国策会社創設に至る過程を、高島は「暗中模索」と形容している。

しかし、客観的に見ると「闇の中の魑魅魍魎《ちみもうりょう》」と言う方が適正だろう。群小会社ごとに合従連衡を図ったり、内地の映画界関係者を抱き込んだりしたかと思えば、現金をカバンに詰め込んで映画会社の社長を訪ねた投資家もいた。フィルムの闇取引きが暴露されて、満州に高飛びする直前に捕まった男もいた。

このような事態を迎えて、高麗映画協会の李創用《イチャンヨン》はどう対処したのか。朝鮮映画界のホープだった、あの映画企画者のことである。

『朝鮮映画統制史』には、次のような記述があるだけだ。

「経営上の問題で出資者側と広川氏（李創用）との間にいろいろ問題があったらしく、結局、広川君は第一線を去って平取締役となり、メンバーを一新した」

なんと、李創用は映画製作の世界から突然、引退したのだ。朝鮮映画界の期待を一身に集めた気鋭のプロデューサーの末路は、あまりにあっけない。

「カネはいくらでもあると言っていた李（創用）氏が、二〇〇万円の会社どころか二〇万円の撮影所ひとつも作れずに、映画界の第一線から消えて行ったのを見ると、無責任で無能力というより、朝鮮映画界にどれだけ人材がいないかということを改めて感じる」

これは月刊誌『朝光』の映画欄に載った匿名記事だ。李創用が全盛期の頃には「今日は東京、明日は新京（満州国の首都）を駆け回る」といった提灯記事が載ったものだが、その頃とは大違いの揶揄《やゆ》調である。李創用引退の背景に金銭トラブルがあったのは、想像にかたくない。朝鮮映画の発展の夢を描いた男は、検閲当局の規制によって内地進出の野望を封殺され、朝鮮の足元で起きた内紛によって挫折した。

「広川氏はサッさと高麗映画にサヨウナラをして、長谷川町に『朝鮮映画文化研究所』という看板を作って、朝鮮軍製作の『君と僕』の配給を始めた」（高島『朝鮮映画統制史』）。李創用は朝鮮映画界が待望して来た映画製作者だったが、一〇年足らずで配給者の姿に戻った。それ以来、彼が再び映画製作の夢を語る事はなかった。

スポーツマンの李は、映画仲間を集めて野球チームを作り、『京城日報』などと試合をした。文藝峰《ムンイェボン》や金素英《キムソヨン》らの女優陣が応援に来たという。その光景が目に浮かぶ。白い野球ボールを追いながら、彼はどういう心境だったのか。

内鮮結婚映画『君と僕』

日夏英太郎（許泳《ホヨン》）監督の国策映画『君と僕』（一九四一）は、フィルムが全体の二割ほどしか残存していない。全容は明らかでないが、シナリオ（『映画評論』一九四一年七月号）を読むと、「『大陸兵站基地』の朝鮮半島ではこうあってほしいという朝鮮軍や総督府の願望をあますところなく盛り込んだ」(内海・村井『シネアスト許泳の「昭和」』)ことが分かる。

この映画の中で金素英は、出征する日本人青年・浅野謙三(河津清三郎)の妹・美津枝(朝霧鏡子)の友人である李白姫という役柄で出演している。主人公の朝鮮人志願兵・金子英助(永田絃次郎)と美津枝が結婚するという「内鮮結婚」奨励映画でもある。冒頭部分の英助が出征兵士を見送る京城駅のシーンは、京城駅で撮影され、兵士も駅長も本職を動員したという。

残存するフィルムは、わずか二四分間だが、見ごたえがある。

青年たちの行進や訓練の合間の休息場面、百済の古都・扶余を流れる白馬江で舟遊びをするシーンがある。永田絃次郎(本名・金永吉《キムヨンギル》)や船頭(金貞九《キムジョング》)の歌唱が扶余の美しい風景と融合した場面であり、この映画のハイライト部分である。朝鮮楽劇団の人気歌手・金貞九は『落花三千』を、日本で人気のテナーだった永田絃次郎が『頼山道』を歌う。

遠ざかりゆく落下巌、百花亭。朝鮮人志願兵の英助(永田絃次郎)が説明する。

「あの岩が有名な落花巌です。百済の宮女三〇〇〇人が唐や新羅の軍門に降るのをいさぎよしとせず、白馬江に身を投じて、あたら花と散ったという史蹟です」

船頭(金貞九)の歌。英助「いま船頭が歌っている歌が、『落花三千』の民謡です。哀れな当時の姿が偲ばれるでしょう」

美津枝(朝霧鏡子)はじっと歌を聞いていた。「朝鮮の歌は、一体に哀調を帯びていますわね」。

英助「そんなことはありませんよ。朝鮮の古い歌は全体に非常に明るいんです。例えば『頼山道』です」。

今度は英助が『頼山道』を歌う。船頭は長鼓《チャンゴ》を肩にかけ「チョッター《いいねえ》」と合いの手を入れる。英助の歌を乗せて、舟は白馬江を下って行く――。

シナリオにはなかった李香蘭《りこうらん》（山口淑子）の出演場面もある。英助の歌声に合わせて、女性の歌声が聞こえてくる。満州服姿の李香蘭が岸辺で歌っていたのだ。李香蘭を含めた三人の歌声は、絶品である。

私は釜山と東京で二度ほど、この映画を見た。劇中で「扶余《プヨ》は内鮮一体の聖地である」というセリフがある。苦笑してしまった。「扶余は韓日親善の原点だ」という言い回しを現地で聞いたことがあるからだ。内鮮一体を「日韓親善」に入れ替えれば、今でも通用する発想であるわけだ。

李香蘭《りこうらん》と金素英《キムソヨン》

李香蘭の出演シーンは、茨城県・利根川で撮影された。この日の撮影の模様を、金素英が日記に書き留めている。彼女は永田絃次郎や朝霧鏡子と同じ舟に乗っているという設定で、李香蘭らと一緒に利根川まで赴いたからだ。

金素英の日記（ハングル）の要約。

――上海から李香蘭が到着した。両国で待ち合わせて、利根川での撮影に向かった。天気もよく気持ちが洗われるようだった。津宮駅（千葉県）で降り、船に乗り換えた。利根川の風景は言葉にできないほど美しかった。繁茂する葦の間を舟が進む。川辺のいちじくの実が船に迫る。デッキに登っていちじくの実を取った。船はしばらくして川幅が広い場所に出て、潮来《いたこ》に着いた。月刊誌『三千里』一九四一年一二月号に掲載された撮影日記は、金素英たちの行動を楽しげに記録している。この女優は意外なほどに筆まめだった。

湖來ホテルに旅装を解き、金素英は疲れを癒そうと入浴した。夕食時には、地元の芸者たちが来て、素朴な郷土舞踊を披露した。一緒に行った他の女優たち六、七人も踊った。歌も歌い、大騒ぎだった。李香蘭と金素英は早めに席を抜けた。二階の部屋の欄干越しに利根川を眺めながら、金素英は『枯れすすき』の歌を思い浮かべた。

翌日。撮影を終えた李香蘭と金素英、朝霧鏡子の三人は午後、一足早く船で撮影現場を出発した。三人は船上で上海や北京、朝鮮、内地の映画評をして、話に花を咲かせた。「李香蘭さんはとても深い味がある人だ。初対面の印象とは全く違う魅力を感じた。才人と呼びたい人だ。声、顔、表情、見れば見るほど、気持が通い、美しく見える」。金素英はそう日記に書いた。

三人の女優は仲がいい。金素英の観察力にも感心する。津宮で船を降りた三人は、汽車の時間まで一時間ほどあったので、買い物をした。朝霧はさつまいもを一貫（三・七五キログラム）買った。自宅に持ち帰り、母親に自慢するのだという。李香蘭は卵一〇個と栗一袋を買った。金素英は絵葉書を買うことにした。寄せ書きをしてもらい、議政府《ウィジョンブ》（京城の北二〇キロ）の新居に送ると言うと、二人が絵葉書代を出してくれた。列車の中でも、三人の会話は盛り上がり、時間が経つのも忘れた。

その翌日は、金素英が京城に帰る日だった。午後に銀座に出て朝霧と会い、終日、一緒に歩き回った。「私達二人は二ヶ月ほどにもならない間に、とても親しくなった。周囲の人たちからは、映画だけじゃなく、ほんとに内鮮一体の一組が生まれたみたいだねと、言われた。東京を出発するのが心残りだった」。そういう言葉で、金素英は日記を締めくくる。

金素英と朝霧鏡子は、本当に仲が良かった。

『君と僕』で共演した文藝峰から、座談会（『三千里』一九四一年一二月号）で『どうしてあんなに仲が良くなったの？』と聞かれたぐらいだ。金素英の返事は「つきあえばつきあうほどに、いい女性なのよ」というものだ。

朝霧鏡子は、いまや忘れられた女優だ。一九二一年生まれ。松竹少女歌劇学校出身の愛らしい女優だった。漫画家の藤子不二雄Ⓐ（本名・安孫子素雄）には富山の高校生だった頃、朝霧が出演した野村浩将監督『シミキンの結婚選手』（一九四八）を見て、彼女の大ファンになったという逸話がある。朝霧はこの映画で共演した喜劇男優・清水金一（愛称シミキン）と結婚した。夫の人気が衰えると、新宿三丁目にカレーの店「ガンジー」を開いて、家計を支えた。清水の二番目の妻である。再婚したのは金素英と同じ境遇だ。朝霧は清水が一九六六年に亡くなるのを看取った。ここは金素英とは異なる部分である。朝霧は、一九九九年に七八歳で死去した。

朝霧鏡子と金素英の交遊の白眉は、銀座での朝鮮服デートである。

一九四一年一〇月某日。

「セット撮影も終わった。午後、朝霧嬢が友達と一緒に銀座に遊びに行こう、とやって来た。朝霧嬢とチマ・チョゴリを着て出かけることにした。彼女はとても朝鮮服がよく似合う。私たち三人は銀座を散歩して、夕飯を食べた。雨が降り始めた。お店で紙の傘を買い、コロンバンという喫茶店に入った。お客さんたちが目を丸くして、『朝鮮クーニャン（姑娘）は素晴らしい』と大騒ぎだった。私たちは街通りでもそんな声を聞いていたので、それほどでもなかった」

「姑娘」とは中国語で「娘」のことだが、朝鮮と中国の区別もつかない日本人に、金素英は苦笑したことだろう。朝霧鏡子と金素英のように仲のいい交際は、韓流ブームの中で知り合った日韓女性たちの間でも、頻繁に見られた。満映（李香蘭）―朝映（金素英）―松竹（朝霧鏡子）の女優三人が共演する姿が映画に残り、三女優の会話を綴った金素英の日記があることは、長い日韓交流史の一時代の記録として貴重である。

『君と僕』の主役を演じた永田絃次郎（本名・金永吉）は一九〇九年、平安南道で生まれた。平壌の崇実《ソンシル》専門学校を中退し、二〇歳で渡日。陸軍戸山学校軍楽隊を首席で卒業後、一九三〇年代に人気歌手として活躍した。映画『授業料』（一九四〇）で主人公の朝鮮人少年が涙ながらに歌う『愛馬進軍歌』（一九三九）は各社の競作になったが、永田と長門美保（東京音楽学校卒のオペラ歌手）のキングレード盤が、最大のヒット曲になった。

永田は、戦後の一九四六年八月一五日には、神田共立講堂で開かれた在日本朝鮮人連盟（朝連）主催の慶祝大会で、朝鮮民謡『パギョンの滝』などを歌った。一九六〇年に日本人妻、一男三女とともに北朝鮮に帰国した。功勲俳優の称号を与えられたが、やがて消息が消えた。二〇〇六年に手記が発表され『不自然な復権』を果たし、一九八五年の死去が確認された（喜多由浩『北朝鮮に消えた歌声・永田弦次郎の生涯』）。

金永吉（永田絃次郎）と対照的な音楽人生を歩んだのは、作曲家の金東振《キムドンジン》（一九一三〜二〇〇九）である。金と同様に崇実専門学校で学んだ後、日本高等音楽学校でバイオリンを学んだ。満州の新京交響楽団で作曲を担当。解放後、現在の平壌国立交響楽団を創設し、朝鮮音楽同盟初代委員長になった。しかし、牧師の父親が収監されるなどの迫害を受けたため、朝鮮戦争が起きた一九五〇年に越南した。韓国芸術院終身会員。韓国では崇実専門学校時代に作曲した歌曲『カゴパ（帰りたや）』（一九三三）などがよく知られている。

京城の熊谷《くまがい》久虎《ひさとら》

一九四四年の雑誌『日本映画』（八月一日号）の朝鮮映画短信に、監督・熊谷久虎（一九〇四〜八六）の名前が登場する。原節子の義兄（二姉の夫）。海軍省後援の国策映画『上海陸戦隊』（一九三九）を監督し、右翼団体スメラ学塾に傾斜した映画人である。彼のプロフィールについては、本書第一部で詳述した。

熊谷は「朝鮮映画製作」を改編して作られた「朝鮮映画社」の製作部首脳として、嘱託（理事待遇）として起用されたのだ。

中田晴康（朝鮮映画製作常務）の退任に伴う後任人事である。中田は京城赴任後、体調を崩して寝込んだこともあった。豊田四郎監督『若き姿』（一九四三）の製作がごたつき、内容的にも批判が多く、軍部などの不信を買っていた。嘱託に就任した熊谷は、朝鮮における国策映画の製作を取り仕切る実権を持つことになった。すでに紹介したように、この人事には「満鉄の甘粕」が介在し、熊谷は朝鮮の国策映画製作に当って実権を振るったのだが、その肩書が嘱託だったため、従来の映画史研究では軽視されてきた。

「朝鮮映画社では製作部の充実を期して、かねてより半島映画製作陣の刷新につき考慮中のところ、七月七日、野中（中田の誤り）製作部長の辞任を発表。後任は田中社長の兼務とし、製作部担当首脳部として新たに元東宝演出陣にあった熊谷久虎氏が嘱託（理事待遇）として参加するほか、前松竹企画部にあった米田治氏の入社も確定した」

『日本映画』の当該記事（全文）は前述の通りだ。わずか一〇行の記事だから、見落としやすい。ここでは熊谷と東宝の関係が記述されていることが注目される。

この人事の関連記事が、それ以前の同年五月一日号に載っている。朝鮮総督府が朝鮮映画製作株式会社を解散し、その事業を朝鮮映画配給社に接収させるというものだ。二年前に鳴り物入りで発足した国策会社のあっけない末路である。後継の「財団法人朝鮮映画社」は四月七日付けで発足した。これに先立ち、一九四三年一二月に朝鮮総督府の機構改革が行われていた。検閲業務を行っていた警務局図書課が廃止され、その業務は保安課に移行した。戦時体制の強化を目指した機構改革であり、これを機に国策会社「朝鮮映画製作」も改編されたと見られる。

しかし、その内実はお粗末だ。新しい陣容（四月七日現在）は、総務部や配給部の課長以下のメンバーは確定しているものの、肝心の製作部は計画課長、製作課長、技能課長の三課長が未定だ。技術課長は李載明《イジェミン》、西亀元貞と佃順は脚本係、撮影係長は瀬戸明（李弼明《イピルウ》）、編集係主任が梁柱南《ヤンジュナム》となっている。

前記『日本映画』の記述に従うと、熊谷久虎が京城の朝鮮映画社に在籍していたのは、一九四四年七月以降ということになる。すでに紹介した熊谷の放談(森山幸晴対談集『勲章のいらない巨人たち』)によると、彼は「次の作品に取り掛かろうとしている時に、当時の総督だった小磯国昭が交代したのを契機に、「また何かできるなあ」と考えて「日本に帰ってきた」という。

放談における小磯国昭のくだりは、小磯が朝鮮総督を辞めた頃(一九四四年七月)の話ではなく、小磯が首相を辞任し鈴木貫太郎内閣が成立した時(一九四五年四月)のことを語っているとみられる。したがって熊谷久虎の京城時代は一九四五年四月までだと推定される。熊谷の回想には混乱が見られる。熊谷は嘱託ではなく「専務」を自称している。彼によると、日本に帰国する際「専務の仕事は、当時、大映の専務をやっていた藤田という男に譲ってね、もちろん甘粕には断ってね」とのことだ。

朝鮮映画社は、崔寅奎監督『太陽の子供たち』(一九四四年一一月公開)、同『愛と誓ひ』(一九四五年五月公開)、申敬均監督『我等の戦場』(一九四五年八月公開)の劇映画三本を製作している。映画の公開時期から見て、熊谷は二本以上の製作に関与したとみられる。

この時期の雑誌『日本映画』を読んでいるうちに、意外な話に気づいた。

「朝鮮映画社」に衣替えした京城の国策映画会社で、崔寅奎と西亀元貞のコンビが新作映画『魔の山』の製作準備に入った、という短信があるのだ。一九四四年六月一日号の記事である。トーマス・マンの長編小説『魔の山』を連想させるタイトルである。六月上旬、平安北道の鉱山ロケから撮影を開始する、と記事には書いてある。『魔の山』は、朝鮮映画製作の第三回企画審議会(一九四三年八月二六日)で審議されたとの記録が、高島金次『朝鮮映画統制史』にある。この頃から計画されていた映画らしい。

一九四三年という時期は、鍾路の居酒屋で悪酔いした崔寅奎が創氏改名をめぐって口角泡を飛ばしていた頃と符合する。金達寿が記録した鍾路の夜の出来事である。この映画の主人公の名前をどうするかをめぐって、脚本の西亀元貞と崔寅奎が議論していた可能性が考えられるのではないか。

『太陽の子供たち』は一九四四年一一月公開であり、時期的に合致しない。

『日本映画』の記事によると、『魔の山』の撮影は松原寛多、美術は尹相烈《ユンサンヨル》、音楽は朝比奈昇（金駿泳の創氏名）である。「この映画には白系露人が特別出演する」とあるが、映画が完成した形跡はない。熊谷の着任後、この映画化計画は頓挫したとみられる。

「植民地世代」の悲運

戦時期に活躍した朝鮮映画人には、共通点がある。

そのほとんどが、韓国併合（一九一〇年）前後に生まれた「朝鮮映画第二世代」であり、死去した場所が韓国、北朝鮮（越北または拉致）、日本、米国、インドネシアと分かれ、その人生がそれぞれの決断と運命に翻弄されたことだ。それとは対照的に「第一世代」は、解放後の韓国で亡くなった映画人が多い。

生年順（『植民地時代大衆芸術家事典』に準拠）に並べてみる。▼印は、日本留学の経験者である（没年の「一九」は省略した。本書の巻末にある「ミニ人物事典」を参照していただければ幸いだ）。

▼尹白南《ユンベクナム》（監督・一八八八〜五四）韓国で死去

▼李弼雨《イピルウ》（撮影・一八九七〜七八）韓国で死去

▼徐光済《ソガンジェ》（監督・一九〇一〜不明）越北

▼安夕影《アンソギョン》（監督・一九〇一〜五〇）韓国で死去

▽朱仁奎《チュインギュ》（俳優・一九〇一〜五六）越北・粛清

▽羅雲奎《ナウンギュ》（監督・一九〇二〜三七）韓国で早逝

▽尹逢春《ユンボンチュン》（監督・一九〇二〜七五）韓国・建国勲章

▽安鍾和《アンジョンファ》（監督・一九〇二〜六六）韓国で死去

▽李明雨《イミョンウ》（撮影・一九〇三〜不明）拉致

▼卜恵淑《ボクヘスク》（俳優・一九〇四〜八二）韓国で死去

▼方漢駿《バンハンジュン》（監督・一九〇五〜不明）拉致

▼李創用《イチャンヨン》（製作・一九〇六〜六一）日本で死去

▼朴基采《ボクキチェ》（監督・一九〇六〜不明）拉致

▼梁世雄《ヤンセウン》（撮影・一九〇六〜不明）拉致

▼金一海《キムイルヘ》（俳優・一九〇六〜二〇〇四）韓国で死去

▼姜弘植《カンホンシク》（歌手兼俳優・一九〇七〜七一）越北・粛清

▼金駿泳《キムジュンヨン》（作曲家・一九〇七〜六一）日本で死去

▼許泳《ホヨン》（日夏英太郎）（監督・一九〇八〜五二）インドネシアで死去

▽全昌根《チョンチャングン》（監督・一九〇八～七三）韓国で死去
▽林和《イムファ》（詩人・一九〇八～五八）越北・粛清
▼金漢《キムハン》（俳優・一九〇九～不明）越北
▼李炳逸《イビョンイル》（監督・一九一〇～七八）韓国で死去
▽沈影《シムヨン》（俳優・一九一〇～七一）越北・人民俳優
▽全玉《チョンオク》（歌手兼俳優・一九一一～六九）韓国で死去
▼崔寅奎《チェインギュ》（監督・一九一一～不明）拉致・不明
▽田澤二《チョンテギ》（俳優・一九一二～九八）韓国で死去
▼申敬均《シンギョンギュン》（監督・一九一二～八一）韓国で死去
▼金学成《キムハクソン》（金井成一）（撮影・一九一三～八二）韓国で死去
▽金素英《キムソヨン》（俳優・一九一三？～八九？）米国で死去
▽文藝峰《ムンイェボン》（俳優・一九一七～九九）越北・人民俳優
▽金信哉《キムシンジェ》（俳優・一九一九～九九）米国で死去

参考までに、日本人で植民地後期の朝鮮映画と関係があった人物を列挙しておきたい。左翼系映画人が少なくなかったのが特徴である。

村山知義（脚本・一九〇一～七七）▽八木保太郎（脚本・一九〇三～八七）▽佃順（脚本・一九〇四～五一）▽豊田四郎（監督・一九〇六～七七）▽八木隆一郎（脚本・一九〇六～六五）▽山形雄策（脚本・一九〇八～九一）▽藤本真澄（製作・一九一〇～七九）▽西亀元貞（脚本・一九一〇～七八）▽今井正（監

督・一九一二〜九一）

「八・一五」の金素英《キムソヨン》

「『玉音放送』は不明瞭だったが、『忍び難を忍び』という言葉が聞き取れたので、敗戦と知った。私のまわりに張りめぐらされた悪魔の網が今やハッキリと切り裂かれたと思い、全身宙におどるような思いで、思わず両手を挙げて『万才！』と叫んだ。ところが誰一人として何の声も出さない。見ると朝鮮の人たちは、大人たちは深刻な顔をしており、子供たちは泣き出した」

戯曲家などとして多彩な才能を発揮した村山知義の回想記『朝鮮での敗戦』の情景描写は、とてもリアルだ。随筆集『亡き妻に』（一九四七）所載の「八月十五日の記」では、さらに詳細に次のように書いている。

「一二時五分前頃、趙澤元《チョウテグォン》の息子が、この家のあまり信用できないラヂオを調節し始めた。私はさすがに胸の動悸の速まるのを感じながら、デッサンを続けた。一二時、ラヂオが始まった。天皇自ら放送するという。なるほどこれは重大事に違いない。私は天皇の声というものを聞いたことがない。どんな声かな、と思いながら、顔をあげてモデルを見ると、彼は立ち上がっている。おやと思ってまわりを見ると皆、直立不動の姿勢である。日本と日本人をあからさまに嫌っている金素英――趙澤元の妻で、朝鮮一の美人で、映画俳優――でさえそうなのだ」

八月一五日という運命の日に、日本の左翼文化人と朝鮮の美人女優が一緒に「玉音放送」を聞いたとの記述は、興味深い。

そのうち、趙澤元の小学校四年と六年の娘が帰って来た。「日本が負けたって、本当？　うそでしょう⁉　日本は負けやしないでしょう？」。娘には涙がたまっていた。誰かが叫んだ。「負けたんだよ。すっかり負けたんだよ。もう心配することなんかないんだ。そうだ、国旗を降ろしちまえ」

村山が表に出てみると、「不気味なほどの静けさ」だったという。「人々はおびえたような顔で歩いている」。その夜、五、六人の子供の歌が聞こえて来た。物悲しい『蛍の光』の曲に、朝鮮語の歌詞を乗せた歌だ。「ほう、蛍の光だ」と村山がつぶやくと、趙澤元が言った。「蛍の光じゃない。あれは朝鮮の愛国歌なんだ。朝鮮には国歌がない。朝鮮人はいつの頃、あれを外国の曲とは知らず、ただ日本によって禁止された愛国歌として、ひそかに知っているんだ。こういう時に歌う歌を我々はあれ以外に一つも持っていないんだ」

この『蛍の光』と『愛国歌』をめぐる村山知義と趙澤元のやりとりは、八月一五日夜に京城の街で交わされた日朝知識人の会話として意味深長である。

この記述にある通り、日本統治下の朝鮮では『蛍の光』（スコットランド民謡『オールド・ラング・サイン』）のメロディーに乗せて、密かに愛国歌が歌われていた。一九四八年になって、その曲は安益泰《アンイクテ》（一九〇六～六五）が作曲した管弦楽曲『韓国幻想曲』の合唱部分に変更された。安益泰はのちに満州国建国一〇周年を記念して祝賀曲を作曲した「親日行為」が明らかになり、民族問題研究所の『親日人名辞典』（二〇〇九）に登載された。『愛国歌』の「親日性」が今も韓国内で論議を呼ぶ由縁だ。作詞者をめぐっても、尹致昊《ユンチホ》（親日派）説や安昌浩《アンチャンホ》（独立運動家）説などがある。

村山知義の恨み節

敗戦と解放が交錯する京城の街に、村山知義は一九四五年一二月まで滞在した。

京城在住の日本人の中では、もっとも引揚げが遅れた部類に入る。村山『朝鮮での敗戦』によると、趙澤元から「老母がうるさいから」と言われ、李曙郷《イソヒャン》（演出家、のちに越北）の家に転居させられたという。世話になった趙澤元に関して、村山は「米軍が進駐するとともに、そっちとしきりに親しくなり、ついに夫婦で渡米した。（中略）つまりオポチュニスト（日和見主義者）であったのだ」と、身も蓋もないこと書いている。

金素英についても、村山の筆致は優しさに欠け、手厳しい。

「金素英はもとソバ屋の運び女だった人だが、非常な美人であり、（趙）澤元はもとの妻を追い出して、素英と結婚した」。このような職業差別を含む表現で金素英を誹謗したのは、管見によれば、村山だけだ。趙澤元の自伝によれば、金素英と結婚前に趙の前妻は「蒸発」し、北海道へ逃避行していたのであるという。

村山は「彼女（金素英）は長い間、一緒の家に住みながら、ほとんど私とは一度も口をきいたことがなく、何を考えているかサッパリわからない」と書く。金素英にしてみれば、村山が嫌いなだけだったのかもしれない。彼女が親近感を寄せる日本人は確実に存在したからだ。二人の間に何か感情的な軋轢《あつれき》があったのかもしれない。

村山は敗戦後も「私は一般の日本人とは全く違う『朝鮮人の友達』だと思われていたから、平気でいた」と書いている。本当だろうか。

ニュアンスの違う新聞記事がある。解放後に創刊された『民衆日報』（一九四五年一二月六日付）には、「朝鮮は天国だったのか。敗亡日本人が再び潜入。演出家・村山知義は『孫』に改姓」という記事が出た。朝鮮人の理解者を自称していた村山にとっても、敗戦後の京城の空気はさして穏やかなものではなかったということだろう。

村山は解放後の京城でいくつも劇団を作ったという。ゴーゴリの『検察官』を演出し、解放後の京城で秘かに会った小説家・金史良《キムサリャン》が塹壕で書いた朝鮮語の戯曲『胡蝶』の演出プランに取りかかった。朴憲永《パクホニョン》（南朝鮮労働党の指導者）とも会い、文化問題の相談を受けたという。

しかし、村山も日本に帰ることにした。米国寄りになった仲間から「一応、日本に帰った方がいい」と言われたからだ。村山を邪魔者扱いして、自分たちで自由にやりたい、という者が同調したという。年末になると「これで帰還船は最後になるぞ」と脅かされたという。「金は一〇〇〇円だけ、持ち物は自分でしょえるだけという命令で、私は帰って来た」。これは村山も一般の日本人引揚者と同等の取扱いを受けたということに過ぎない。

村山『朝鮮での敗戦』の結語は、以下の通りだ。

「朝鮮で七一点描いた肖像画の画料の（「は」の誤植か）銀行へ預けておいたものの、買い集めた本も私が日本に帰ったら送り出す、ということだったが、皆、逍沢元（趙澤元の誤記）が取ってしまい、私にはひとつも返らなかった」

朝鮮からの日本人引揚者の回想記のなかでは、もっとも「恨み節」に満ちた部類に属する。

「解放」後の映画空間

「八月一六日朝、朝鮮映画社の倉庫を壊して、カメラを引っ張り出した」

解放直後の模様をこう書き残したのは、開戦前の映画『半島の春』（一九四一）で卓抜なセンスを見せた若手の監督・李炳逸《イビョンイル》である。国策会社・朝鮮映画社のカメラを奪取した撮影班は、政治犯が釈放された西大門刑務所、京城駅前広場の大衆行進、学校運動場で開かれた建国準備委員会の大規模集会の模様をカメラに収めた。李炳逸は「この時初めて、映画人としての生きがいを感じた」（韓国『月刊映画』一九七七年一〇月号）という。

その三日後の一九四五年八月一九日、朝鮮映画建設本部（李載明《イジェミョン》委員長）が結成された。国策会社「朝鮮映画製作」の社員だった金漢、李明雨、李炳逸、方漢駿らが中央委員として参加した。他の中央委員は金正華《キムジョンファ》、成東鎬《ソンドンホ》である。内務隊長は安夕影、警備隊長は金聖春《キムソンチュン》、ニュース隊長は金正華だった（毎日新報一九四五年八月二四日）。

左派は朝鮮プロレタリア映画同盟を作った。両組織は同年一二月一六日、朝鮮映画同盟（安鍾和委員長）に統合されたが、痼疾的な左右対立が続いた。

新しいメディアが、雨後のタケノコのように、続々と誕生した。

『日刊芸術通信』は当初、手書きだった。解放直後の朝鮮映画界をビビッドに伝える卓抜な二ページ新聞である。最近、一九四五年一〇月二日の創刊号以降の紙面が発掘され、解放直後の状況がこと細かく分かるようになった。社長の金正革《キムジョンハク》（一九一五年生まれ）は、上智大学で新聞学を専攻した。「朝鮮映画製作」の宣伝課長であり、解放後は朝鮮映画建設本部（尹白南委員長）の書記長である。

創刊号に朝鮮映画建設本部が製作した「解放ニュース」第一号（一〇月二一日公開）の記事が載っている。ニュースは「八月一六日のソウル街頭」「思想犯の釈放」「建国準備委員会の発会」「日本人引揚げ」の四項目であった。残念ながら、そのフィルムは残存しない。

解放後、六本の劇映画の公開が、米軍政当局によって許可された。

イタリア映画三本、フランス映画二本のほか、金素英が主演した安夕影監督『沈清』（一九三七）がリバイバル上映された。いずれも戦前からの在庫品であり、字幕は日本語のままだった。朝鮮語字幕が付いたのは、一九四六年七月の米国映画『エイブ・リンカーン』（一九四〇）上映が初めてである。『沈清』の試写会では、米国人記者団が金素英にサインをせがんだという。

戦後の著名な脚本家である井手俊郎（一九一〇〜八八）が戦時中に支配人を務めた東宝若草劇場は、『首都劇場』へ改称された。京城から引き揚げた井手は、今井正監督『青い山脈』（一九四九）で脚本家としてデビューする。この叙情派シナリオライターのルーツも京城である。

大陸劇場の名称は、映画草創期の「団成社」に戻った。明治座は「国際劇場」と改名し、二階が米軍専用になった。

レニ・リーフェンシュタール監督『民族の祭典』（一九三八）も、一九四六年二月に再上映された。この映画にはベルリン五輪マラソンにおける孫基禎《ソンキジョン》選手の優勝シーンがある。朝鮮では公開当時、映画館内で万歳の声が上がり、総督府によって上映禁止になっていた。

解放後、いち早く劇映画の製作に乗り出したのは、あの崔寅奎《チェインギュ》である。

一九四六年三月二九日の日刊芸術通信は「高麗映画協会が再起。初作品は『自由万歳』」と伝えた。『家なき天使』（一九四一）の舞台になった孤児施設「香隣園」園長の方洙源と「高麗映画協会」の李創用が共同制作し、金正革が企画を担当した。崔寅奎が演出、脚本が『福地万里』の全昌根《チョンチャングン》、撮影・李明雨、安鍾和や尹逢春、安夕影、李圭煥が演出応援だった。こういう話題満載方式の映画製作は、李創用や崔寅奎が得意にしてきた手法だ。配給は崔寅圭の実兄・崔完奎《チェワンギュ》の「高麗映画」である。

解放後の崔寅奎は、光復三部作と呼ばれる『自由万歳』（一九四六）『罪なき罪人』（一九四八）『独立前夜』（同）を発表した。フィルムが残っているのは『自由万歳』のみだが、その結末部分は脱落している。韓国映像資料院からＤＶＤが刊行されている。

脚本と主演は『福地万里』（一九四一）を監督した全昌根《チョンチャングン》である。撮影台本が崔寅奎とされており、全昌根の原案が修正されて、撮影された可能性が高い。「光復」前夜の京城が映画の舞台である。独立運動で逮捕された男・崔漢重（全昌根）が脱獄して、看護婦・恵子（黄麗姫《ファンヨンヒ》）の家に隠れる。崔の地下組織は計画通り武装蜂起の準備を進めるという、いささか荒唐無稽な抗日拳銃活劇だ。

解放後初の「光復映画」であり、名門の京畿高女を卒業した黄麗姫の学歴が、当時の女優としては異例だったため、若い観客が殺到した。ラブロマンスを織り込んだ崔寅奎の演出は、きわめて大衆性に富み、面白い映画に仕上がっている。

鄭琮樺《チョンジョンファ》（韓国映像資料院主任研究員）は『自由万歳』DVDブックの解説ノートで、崔寅奎は①撮影後に越北した俳優・独銀麒《ドクウンギ》の出演部分をカットした②迫力ある場面を撮影するために、俳優を危険にさらすのも厭わなかった③一九五〇年代を代表する申相玉《シンサンオク》監督らを輩出したのは崔寅奎の力だ――という説得力のある見方を提示している。

一九四九年に製作された『波市』が、崔寅奎の遺作だが、詳細は不明だ。

元韓国映画振興公社社長・扈賢賛《ホヒョンチャン》『わがシネマの旅　韓国映画を振りかえる』（二〇〇一）によると、この映画は木浦の南西九七キロの海上に浮かぶ黒山島を部隊に三ヶ月間、オールロケして撮影した作品であるという。大波と台風に見舞われながら漁をして暮らす農民の生活と、風来坊のような放浪生活を送る飲み屋の女たちの生態を躍動感あふれるリアリズムで描いたという。崔寅奎らしいリアリズムとリリシズムが融合した秀作だったようである。このフィルムも現存しない。

申相玉《シンサンオク》の証言

解放後の崔寅奎について、もっとも詳しい証言をしたのは、一番弟子の監督・申相玉《シンサンオク》（一九二六～二〇〇六）である。

申相玉が一九六〇、七〇年代の韓国映画界で活躍し、一九七八年に元夫人の女優・崔銀姫ともども金正日の指示で、北朝鮮に拉致されたのは有名だ。彼は咸鏡北道清津で、漢方医の三男二女の末っ子に生まれた。家の前が映画館「昭和座」であり、普通学校（朝鮮人向けの小学校）時代から入り浸りで、羅雲奎の映画や洋画を見て来た。京城中学を卒業後、一九四四年に東京美術学校（現在の東京芸大）に入学したが、一九四五年四月には中退して帰国。徴兵を避け戦々恐々とする間に「八・一五」を迎えたという。米軍庁や映画館のポスターを描いているうちに、崔寅奎監督『自由万歳』（一九四六）を見たという。

申相玉は自伝『僕は映画だった』（二〇〇七）で、恩師・崔寅奎について、以下のように詳述した。「私が北韓（北朝鮮）に連行された時、最初に確認したのは、六・二五（朝鮮戦争の勃発）直後に拉致された崔寅奎監督の生死だった。一抹の期待をかけて聞き回ったが、故人になって時間が経っており、悲しみに堪えて冥福を祈ることとしかなかった」という。

申相玉は言う。「崔寅奎監督が作った映画のテンポや編集感覚は、きわめて先駆的で独創的だった」「彼は芸術性を追求する監督と言うより、技術面に卓越した才能を持った職人気質の所有者だった」「崔寅奎監督が『親日映画』を作ったからと問題にするが、当時の映画界の現実や水準を考慮すれば、行き過ぎた発言だ。映画を完全に捨てない限り、他の道はなかった。ある人物に対する評価は、その時代の具体的な歴史現実という座標の上でなされなければならない」。

至言であると思う。彼によれば、崔寅奎には、有名なエピソードがある。

①フィルム編集をする時、フィルムに指紋がつくからと、病院に行って指紋の除去手術をしても

らった。②ジョン・フォード監督の『駅馬車』（一九三九）のフィルムを映写技師から借りて、場面ごとにフィルムを仔細に点検し、音声と映像の巧妙な演出効果を発見した。③米軍政庁の依頼で記録映画『人民投票』（一九四八）を撮影した時、米広報院から最新鋭カメラの提供を受けた。当時の韓国では唯一の同時録音が出来るカメラだった。崔寅奎は撮影終了後、そのカメラを分解して、構造を完全に把握した上で返却した。

申相玉が強調する崔寅奎の特性は、天才的に機械に強く、撮影機器や録音機の原理を習得し、改良する情熱があったことだ。「単純な機能次元を超えた『映画眼』で事物を把握し、表現する能力があった」というのが、彼の崔寅奎観の核心部分である。

金鍾元《キムジョンウォン》『韓国映画監督事典』（二〇〇四）によると、崔寅奎は解放後、雑誌『三千里』（一九四八年九月号）で『太陽の子供たち』（一九四四）は日本に送った技術者を登用するためであり、『愛と誓ひ』（一九四五）は権力を利用して日本最大の映画会社の東宝から一流技術者と著名な俳優を呼び、朝鮮映画界に役立てようという意図だったと弁明した。愛弟子だった申相玉の崔寅奎弁護論を聞いた上で読むと、何分かの理も感じられる抗弁である。

醜聞の女優・金素英《キムソヨン》

金素英（一九一三？〜一九八九？）は、朝鮮映画界の矛盾を体現した女優である。

解放前後の「植民地近代」をもっともよく表象する女優なのだが、現代の韓国でも一般にはよく知られていない。生年月日、死亡した日も確定していない。本書では、日韓現代史における彼女の存在意義を強調したい。

最初の夫は、解放後に朝鮮映画同盟書記長として朝鮮映画界の左翼旋回を主導した理論家・秋民《チュミン》である。秋民が八年間獄中にあった時、朝鮮映画界のエース崔寅奎は、金素英と不倫関係を結んだ。金素英は崔寅奎が渾身の力を込めた『授業料』（一九四〇）を撮影中に、今度は美男の舞踊家・趙澤元によって略奪された。

金素英は醜聞《スキャンダル》の女優である。

「金素英！　わが国の映画四〇年の歴史に、いや、わが国のスター変遷史に鮮明に記録される金素英の足跡は、筆舌しがたいものがある。美しく上品な容貌によって、典型的な韓国女性の類型を代表する女性として、彼女は韓国の正統美を継承する存在になった」

朝鮮映画界の重鎮監督だった安鍾和《アンジョンファ》が『韓国映画側面秘史』（一九六二）で、いささか興奮気味に金素英の美しさを讃えている。

「素英はその演技よりも、人並み外れた美貌という一点だけで、映画界入りした」。褒めているのか貶しているのか不明瞭な評言だが、確かに、金素英の美貌に魅了された男たちは多かった。

「夏の夜の蛾のように男どもが群れ集った」。安鍾和は皮肉交じりに書いたが、なかなか適確な表現である。

金素英の真実とは何か。

『植民地時代大衆芸術家事典』（李順真《イスンジン》執筆）によると、金素英の父親は牧師だった（卜恵淑の証言）

という。生年月日は一九一三年ごろ、としかわからない。朝鮮半島東部・江原道寧越《ニョンウォル》の寒村で祖母の世話を受けて育った。三・一独立運動後の一九二一年、父親とともに開城《ケソン》に引っ越して好寿敦普通学校に入学した。一九二五年に京城に転居し、培材《ベージェ》学校を二九年に卒業した。両校ともにミッション系の有名校である。

月刊誌『三千里』（一九三八年一一月号）に金素英自身の回想「私の行状記」が掲載されている。「父母と離れて育った私には、故郷と祖母だけが心の中に深く残っている」と、彼女は意味深長なことを書いている。黄色い犬しか友だちがいない寂しい幼少期だった。その犬も八歳の時に死んだ。夏になればトンボのしっぽを切って遊んだ。秋には他人の豆畑で豆を焼いて食べたという。有名女優の少女時代の回想記としては、やや異様な文章である。

培材学校を卒業した頃、「家運が急に傾き、家族の生活のために女優になった」。当時の朝鮮映画界の女優では、よく見られるケースだ。「学芸会やクリスマスの演劇でいい役を与えられていた私は、かねてから映画演劇に関心があった」という。

一九三一年、新興プロダクションの『芳娥打令《パンアタリョン》』（金尚鎮《キムサンジン》監督）に主演し、その後、劇団「中外劇場」で初舞台を踏んだ。一九三五年二月にはトーキー映画『虹』（李圭煥《イギュファン》監督・一九三六年公開）に主演し、同年五月には劇団「青春座」で一年間の舞台生活を送った。この頃は、生活が安定せず、映画と舞台を行ったり来たりした。

金素英は一九二七年の映画デビュー以来、断続的に六本の無声映画に出演し、安夕影監督のトーキー映画『沈清《シムチョン》』（一九三七）の主演で脚光を浴びた。一九三八年に開かれた朝鮮初の映画祭（朝鮮日報主催）の鑑賞会で、『沈清』はトーキー部門の第一位に選ばれた。

金素英は人気絶頂期に、映画監督・崔寅奎と舞踊家・趙澤元との三角関係に陥る。いや正確に言えば、獄中の夫・秋民を含めた四角関係だ。一六歳で結婚した秋民と離婚し、崔寅奎との不倫を清算し、趙澤元と結婚した。しかし、それも解放後に破綻する。

金素英は「薄幸の女優」である。

解放後、前夫の秋民は朝鮮北部に越北し、崔寅奎は朝鮮戦争時に北朝鮮に拉致された。金素英と趙澤元は米国移民後に離婚し、金素英はロサンゼルスで亡くなった。金素英と秋民の間には、韓国に一人娘の秋奈美《チュナミ》が残されたが、その消息は明らかではない。

『半島の春』はいま、スクリーン上での金素英を確認できる唯一の映画だ。韓国映像資料院『発掘された過去・第一集』（二〇〇七）DVDのほか、同資料院による一般公開映画としてネット上で無料観覧できる（二〇一九年四月現在）。日本語検索サイトで『半島の春』と入力して動画検索すると、一時間二五分一三秒の映像が見つかるはずだ。ぜひ、ご覧頂きたい。

「慰安婦」の金素英

朝鮮映画界の三大女優の解放後は、それぞれだった。

文藝峰《ムンイェボン》は左翼劇作家の夫・林仙圭《イムソンギュ》とともに活発に活動した。朝鮮映画同盟中央執行委員になり、一九四八年に夫と越北した。北朝鮮初の劇映画などに出演するなど活躍したが、一九六七年、甲山派の粛清に巻き込まれ第一線から外された。一九八〇年に復帰し、一九八二年に「人民俳優」の称号を受けた。晩年は金正日によって拉致されてきた韓国の監督・申相玉が製作し、崔銀姫が監督した『帰らざる密使』（一九八四）などになどに出演した。一九八五年には『銀のかんざし』『春の日の雪解け』のロケのため来日した。一九九九年に亡くなり、愛国烈士陵に埋葬された。

戦時中の国策映画にほぼ出ずっぱりだった金信哉《キムシンジェ》は解放後、崔寅奎の光復映画第三作『独立前夜』（一九四八）まで映画出演がない。朝鮮戦争で、夫の崔寅奎が北朝鮮に拉致されたため、釜山に避難した。茶房『水仙花』を経営して糊口をしのいだ。戦争後は毎年数本のペースで、多数の韓国映画に出演した。老女役で出演した兪賢穆《ユヒョンモク》監督『長雨』（一九七九）は、朝鮮戦争を土俗的な風土の中で描いた名作であり、彼女の解放後の代表作の一つである。『従軍手帖』（一九八一）を最後に米国に移民し、そこで亡くなった。

金素英《キムソヨン》は朝鮮映画同盟のソウル市執行委員になり、彼女なりの活動を見せた。

朝鮮映画同盟は、金素英の前夫である秋民らの朝鮮プロレタリア映画同盟と、植民地期からの有力映画人による朝鮮映画建設本部（尹白南委員長）が統合して、一九四五年一二月に結成された団体である。中央執行委員長が安鍾和（戦前の朝鮮映画人協会元会長）、書記長が秋民だった。金素英は秋民に引率されて映画同盟の金漢、文藝峰らとともに、独立運動の名士である呂運亨や金奎植を慰問したりした（日刊芸術通信四六年七月二八日）。

金素英と秋民が結婚したのは、彼女が数え歳で一七歳（満一六歳）の時だ。

金素英が書いた『新婚時代の追想』（『三千里』一九三八年一〇月号）によると、父母が結婚に反対したため、家を飛び出した。京城・本町二丁目の料理店「朝鮮館」で、小さな部屋を借りて結婚式をあげた。中学洞（現在の駐韓日本大使館付近）に小さな新居を構えた。秋民は舞台美術の腕を生かして「色合いのいい壁紙を貼り、天井をペンキで塗ってくれた」。そのうち金素英の父親が二人の所在を見つけ、父親の懇請で、もう一度結婚式をあげたという。

秋民は、金素英と二歳違いである。映画や舞台の美術を担当した。林和《イムファ》原作の傾向映画『火輪』（一九三一、金幽影《キムユンヨン》監督）に俳優として出演したこともある。一九三三年の演劇舞台事件で検挙された。左翼映画団体・東方キネマの同人たちが、日本のプロレタリア映画同盟（岩崎昶らが二九年に結成）と接触し、宣伝ビラを学生たちに配った事件だ。

秋民は一九四六年六月、日刊芸術通信社長の金正革と連携し、国際劇場（旧明治座）で六・一〇万歳運動記念集会を開いた。同通信に掲載された社告によると、集会では「解放ニュース」「朝連ニュース」を上映後、趙澤元ら四人の舞踊、国劇が予定されていた。朝連ニュースとは在日朝鮮人連盟（略称・朝連）映画部が製作したニュース映画である。自由新聞などの続報によると、申不出《シンブルチュル》（のちに越北・行方不明）の漫談に激高した右翼青年が壇上に駆け上がり、騒乱状態になった。米軍政当局は漫談内容に米軍批判があったとして申不出、金正革、秋民の三人を検挙した。

金正革は釈放されたが、秋民と申不出は罰金刑を受け、裁判終了後の一九四六年末、秋民は越北した。左右両陣営の対立は朝鮮半島の信託統治をめぐって激化（左派は賛成、右派は反対）しており、左派芸術人に対する右翼テロも頻発していた。秋民は北朝鮮で国立映画撮影所副所長になったと言われるが、越北後の詳細は不明である。

金素英は「朝鮮映画協団」の一員として、解放後の映画・演劇活動を再開した。朝鮮映画協団は、劇映画を製作できない解放直後の状況下で、映画俳優らが舞台を通じて「進歩的な民族文化の樹立」を目指す集団であった。独銀麒、崔雲峰、金一海、文藝峰、金素英らが出演陣の主軸だった。

その第三回公演が、『帰国船』（一九四六）である。金素英は内モンゴルの張家口から引揚げてくる慰安婦・春子《チュンジャ》を演じた。演出は『半島の春』の監督・李炳逸《イビョンイル》である。東洋劇場の専属作家だった金永寿《キムヨンス》（一九一一〜七七）の脚本だ。一九四六年一一月八日から数日間、首都劇場で公演が行われた。

金素英が解放直後の演劇で慰安婦を演じていたことに、私は少なからず驚いた。一九九〇年代になって日韓間のイシューとして登場した慰安婦問題は、運動団体による政治的な多くの潤色があり、戦時中や解放直後にどう捉えられていたか不分明な部分があった。チョン・ジニ（梨花女子大講師）の論文「俳優・金素英論」（二〇一二）によると、演劇『帰国船』は、中国から朝鮮に向かう船の甲板上で起きる出来事を、群像劇として構成した作品である。

日刊芸術通信（一九四六年一一月七日号）に、その配役などが掲載されているのを、私も確認した。徐月影、独銀麒、金一海ら多くの有力俳優が参加しており、登場人物がきわめて多様性に富んでいるのが印象深い。

徐月影《ソウォルヨン》（六〇歳の張白山）韓国併合の年、日本人を殺害し豆満江を越えた。
独銀麒《トクウンギ》（三〇歳の梁哲）満州で生まれ育ち、日本人と争ってきた。
林賢竹《イムヒョンチュク》（ソーニャ）梁哲を思慕し満州まで追ってきた女。

南承民《ナムスンミン》（桜井）皇軍慰問に天津に来ていたが、敗戦で引揚げる楽団員。

金素英（春子）張家口から引揚げる慰安婦。

崔雲峰《チェウンボン》（安昌龍）父が警防団長の学生。誰よりも早く学徒出兵に応じた。

金一海《キムイルヘ》（宋徳洙）上海領事館のスパイ。阿片商売もしていた。別名・青木。

韓素夜《ハンソヤ》（みどり）上海にいたというダンサー。

李淑《イスク》（ユクソンの母）金儲けのため満州、中国を転々として夫を追ってきた。解放直前に夫が急死し、朝鮮に引揚げる。


抗日分子、親日派、スパイ、ダンサー、慰安婦……。さまざまな類型の朝鮮人、日本人を有名俳優らが演じているのだ。解放後の混乱状況をよく反映した演劇と思われる。当時の批評には「一幕ものの小作品だが、時代批判の先鋭性がある」と好意的なものが見られる（日刊芸術通信一九四六年一一月一日）。

台本を書いた金永寿《キムヨンス》は、戦前からの脚本家である。早稲田大で苦学しながら築地小劇場に傾倒し、帰国後は朝鮮日報の記者をしながら、小説や戯曲を書いた。全昌根監督の満鮮一如映画『福地万里』（一九四一）の主題歌は金永寿の作詞である。解放後も活発に活動し、朝鮮戦争時には沖縄の米軍放送局で八年間勤務したという異色の経歴がある。金洙容《キムスヨン》監督『血脈』（一九六三）は、金永寿の同名原作の映画化作品だ。北朝鮮からの越南民が住む急斜面の貧民窟を舞台にしている。再リリースされたＤＶＤで見たが、一九六〇年代初頭の混沌と欲望を描いた力作（青龍映画祭最優秀作品賞）である。『帰国船』と同様な群像劇である。

金素英が演じた「慰安婦春子」が朝鮮人慰安婦であるのは、彼女の出演所感によって確実なのだが、実際にどういうシチュエーションで、どういうセリフを発したのかは、はっきりしない。『帰国船』出演の所感は、ソウルで創刊された雑誌『映画時代』（一九四六年四月号）にある。

「これは誰の罪なのか？　これは確実に朝鮮という祖国を失った我々の悲劇であり、朝鮮の女の悲劇の一断面である」

この問いかけからは、金素英の悲嘆と憤怒が聞こえてくる。

「解放前まで、このような悲劇の娘たちは、ソ満国境地帯から北支、中支、南支と南洋諸島に至るまで、倭奴どもが行く先には花のように乱舞したはずだ。彼女たちはどうなったのか。私は春子の化身になり、舞台上で春子を演じながら考えた。（中略）春子と同じような不幸な運命をたどって、解放された故国に戻ってきた女性たちよ！　過去に失望し、気落ちしないでほしい。華麗な無窮花が新たな花壇で希望を抱き、たくましく再出発することを願う」

解放直後に、金永寿と金素英が朝鮮人慰安婦に寄せた連帯意思は、改めて記憶しておくべきだろう。このような二人の慰安婦認識の背景には、解放後に創刊された左翼系紙・中央新聞（一九四六年七月一八日付）に掲載された記事「慰安婦を救出」などの影響もあるとみられる。この記事では「日帝が打倒され朝鮮が解放されると、彼女たちはなじみのない他国で行く所もなく、裸同然の身なりでうろうろさまようほかなかった。（中略）権厚源ら諸氏は『韓国婦女共済会』を設立し、一二一四名の婦女子を収容保護して帰国させた」と記している。

思い返せば、金素英をスターダムに押し上げた映画は安夕影監督『沈清』（一九三七）だった。この映画で父のために身を売る娘を演じた金素英が、崔寅奎監督『国境』（一九三九）の倫落女に続いて、解放後の演劇で多層的な矛盾が凝縮した「慰安婦」を演じたのは、朝鮮映画・演劇の歴史的表象として再考察する必要がある。

金素英は『映画時代』一九四七年五月号では、結婚と貞操について論じた。「女の貞操を物品のように扱う時代は過ぎ去った」「これまでの貞操観念はあまりに男性の暴君的であり、女性の存在を無視したものだ」と批判した。これらの主張は時代思潮であったとは言え、男性中心の結婚と同居に振り回されてきた金素英の個人的な体験に基づいた発言だったと思われる。

最初の夫である秋民は思想闘争に走り、愛人だった崔寅奎は、実は、妻の金信哉に暴力を振るうＤＶ（家庭内暴力）亭主であり、趙澤元は浮気者のプレイボーイだった。しかしながら本書では、それらの点について詳述する紙数がない。金素英、文藝峰、金信哉の三大女優をはじめとする「植民地近代の朝鮮女優たち」の生涯については、稿を改めて、全面的に考察したい。

堕胎女優・志賀暁子

雑誌『三千里』（一九四一年一月号）の記事を見ていて、驚いた。朝鮮映画界の苦闘を描いた『半島の春』（一九四一）の出演者リストに、日本の女優・志賀暁子（一九一〇〜一九九〇）の名前があったからだ。

意外な名前の登場に仰天して、韓国の新聞データベースを調べると、毎日申報（一九四〇年一二月一四日付）に本社来訪の記事があり、そこには志賀暁子が李炳逸《イビョンイル》監督や金素英と映った記念写真まで載っていた。志賀暁子は人気絶頂期の一九三六年、堕胎罪で逮捕され、懲役二年の有罪判決（執行猶予三年）を受けた女優である。澤地久枝『昭和史のおんな』（一九八〇）に、彼女の堕胎事件を考察した優れた文章がある。

だが、志賀暁子の『半島の春』出演は、これまで朝鮮映画史で言及されたことがない。出演者名にも彼女の名前がない。映像をチェックしてみても、それらしき姿はない。なんらかの事情（急病？）で出演取りやめになったのかと思い、志賀暁子の自伝『われ過ごし日に』（一九五七）を読んでみた。すると朝鮮ホテルに一カ月ほど滞在したが、気候の変化が著しく、気管支炎になって、とうとう映画に出演しないで帰国したと書かれていた。やはり、そういう事情があったのだ。

この自伝によると、映画界復帰後に村山知義の新協劇団でシドニー・キングスレー原作『デッド・エンド』に出演したのを見た「朝鮮の映画監督」が、彼女を使って一本撮りたいと最高条件で招聘されたのだという。「私も自分を生かしてくれるものに飢えていたので朝鮮に渡る気になった」と書き記している。

志賀暁子が『デッド・エンド』に出演したのは、一九三九年八月の再公演時（新橋演舞場）である。ケイ役の細川ちか子が病気のため、彼女に役が回ってきた。自伝『われ過ぎし日に』の口絵に、その扮装をした彼女の写真が載っている。鼻が高く西洋人風の顔とロングドレスがよく似合う女優だ。

李炳逸監督から「最高条件で招聘された」という志賀の証言から推測すると、彼女は『半島の春』で卜恵淑が演じた「金素英の先輩事務員」役などに、キャスティングされていた可能性がある。

一九四〇年代当初、朝鮮と日本の微妙な関係性が描かれた『半島の春』に、日本人女優が出演していた場合、さらに含蓄のある作品になっていたに違いないと思うのは、私だけでもあるまい。

しかし志賀暁子と言っても、知っている人は戦前の邦画に詳しい人だけだろう。

私は前著『忘却の引揚げ史・泉靖一と二日市保養所』（弦書房、二〇一七）で、日本における中絶手術の歴史を調べた時に、彼女の堕胎事件を知った。弁護士・鈴木義男や小説家・宮本百合子による擁護論は、現在の観点から見ても評価に値する。

彼女の堕胎事件では朝鮮でもスキャンダラスに報道されたようだ。朝鮮の新聞記事に、そのいくつかが残っている。彼女が所属していた新興キネマは裁判中も給料を出し続け、世論も同情的だった。彼女を中絶手術に追い込んだ阿部豊（国策映画『あの旗を撃て』監督）がむしろ糾弾されていい、と思われる。そんな志賀暁子を舞台で見て、京城に呼んだ李炳逸の度量とセンスには感嘆せざるを得ない。解放後の演劇『帰国船』の演出に通ずる人間理解が感じられるのだ。

金素英は文藝峰、金信哉とともに朝鮮三大女優の一人だ。しかし、他の二人が「貞淑な妻」「皇国臣民の妹」のイメージであったのと対照的に、金素英は「醜聞の女優」であった。志賀暁子の父親は台湾・台南州知事、三重県知事などを務めた官僚である。『われ過ぎし日に』は戦前の上流社会や映画界を書き留めた稀有な著作である。

金素英と志賀暁子は筆まめな点も似ている。ふたりとも誘蛾灯のように不埒な男どもを吸い寄せる不運な女性であった。この醜聞女優二人は、日朝映画史・女性史の考察にあたって、看過できない存在だと思われる。

『半島の春』の苦悶

『半島の春』で映画監督の許壎役を演じた徐月影《ソウォルヨン》（一九〇四～七三）は、もともと舞台俳優だが、戦時期の朝鮮国策映画に最も頻繁に出演した男優の一人だ。

国策会社「朝鮮映画製作」が一九四二年の発足以降、敗戦までに製作した劇映画一六本のうち、彼は六本もの映画に出演している。『土の結実』（一九四二）『仰げ大空』（一九四三）『朝鮮海峡』（同）『若き姿』（同）『巨鯨伝』（四四）『兵隊さん』（同）の六本である。他の俳優と比べると、異例なほど多い。徐月影自身の積極的な意思があったと見るのが自然だ。

徐月影が演じた映画監督役は、真に迫っている。監督ら映画スタッフは一軒の家を借りて、合宿しながら撮影を進める。しかし資金が尽きて、大家から滞納した六カ月分の家賃の支払いを迫られる。撮影現場に主演女優の安羅が現れない。愛人の文芸部長と離縁して映画界を引退するというのだ。「水だけ飲んで俳優やってられないわ」。彼女の憤懣は映画スタッフの心情でもある。

脚本を書いたレコード会社員の金一海に相談する。「一〇〇〇円あれば何とかなるのだが」。窮地に立った金一海は、作曲家に支払うべき会社のカネを流用して、映画製作に投入した。これが発覚して業務上横領容疑で警察に検挙される。群小の映画会社が乱立し、低コストで映画を作っていた朝鮮映画界の実情描写がとてもリアルだ。

監督・許壎の苦境には、原作者・金聖珉《キムソンミン》の実体験が投影されている。高麗映画協会の社長・李創

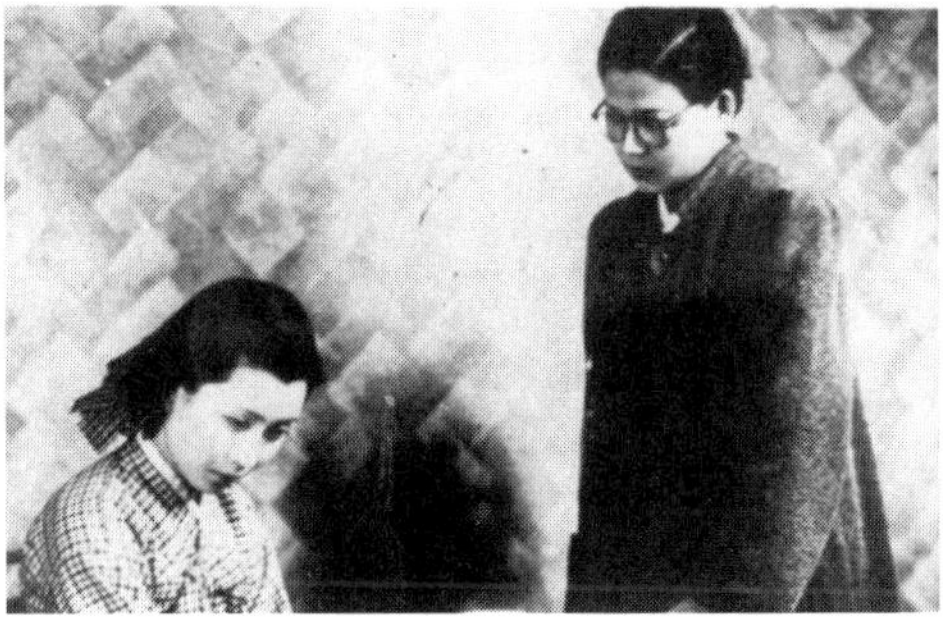

「半島の春」（1941）。金素英（左）と卜恵淑（右）

用が吐露した映画業界の内情とも酷似している。李創用は一九三五年元旦の東亜日報で、「映画人たちの生活を見ると、映画製作中の衣食にも事欠く状態だ」と窮状を訴えていた。その通りの状況が、朝鮮映画の製作現場にあったのだ。ちなみに『半島の春』は、約二万円の制作費がかかったという（田凡成《チョンボンソン》編『韓国映画叢書』）。雑誌『三千里』（一九四〇年一二月号）によれば、金素英の『半島の春』出演料は一〇〇〇円であった。

映画『半島の春』は、朝鮮人資本家が出資した「半島映画」の設立によって、映画『春香伝』製作の難局を打開するという展開に進む。これも実際の動きを反映している。一九四〇年一月朝鮮映画令が公布され、映画業界の国家統制の動きが強まった。群小の映画会社を一社に統合する動きである。一九四二年九月の国策会社「朝鮮映画製作」の設立を先取りするように、映画『半島の春』では、朝鮮人資本家が一〇〇万円の巨額を投資した「半島映画株式会社」が誕生するのだ。

朝鮮人社長の就任演説が、長々と三分ほども日本語で続く。

「半島における映画製作は長年、いばらの道を歩み続けてきたのであります。今日の重大局面に際して内鮮一体を図り、皇国臣民の責務を全うせしめる真の文化財としての映画を作り出すことは我々の大きな責任であります」

許壎監督（徐月影）も神妙な顔で並ぶ姿が映し出される。やがて映画『春香伝』は堂々完成する。

「半島映画」の社長挨拶は、「朝鮮映画製作」の社長・田中三郎（京城商工会議所副会頭）の就任の辞を彷彿とさせる。しかし、両者には明確な違いがある。「半島映画」は民間資本だったが、「朝鮮映画製作」は総督府肝いりの国策会社だったということだ。この時点で朝鮮映画界の自律的な映画製作の道は絶たれたのである。

多くの国策映画に出演した徐月影の信条は、いかなるものだったのか。

本名は徐永琯《ソヨングァン》。釜山生まれ。一九二五年に開校した朝鮮俳優学校の一期生で、卜恵淑《ボクヘスク》と同期である。卒業後、留学した日本大学芸術学部映画学科を中退して演劇団体・土月会に入団した。「端正なマスクとござっぱりした身だしなみ」（安鍾和『韓国映画側面秘史』）で人気を集め、多くの映画会社の作品に出演したが、御用団体・朝鮮映画人協会の理事を務めるなど、総督府への協力姿勢が目立った。解放後は演劇活動を再開し、一九四七年一〇月には右派系統の劇団に参加した。朝鮮戦争後も数本の映画に出演したものの、助演や端役が多かった。一九六二年まで「国立劇場」団員であり、七三年に六八歳で亡くなった。

「解放」後の通俗小説家

李炳逸監督『半島の春』（一九四一）の原作は、金聖珉《キムソンミン》の日本語小説『半島の芸術家たち』である。『サンデー毎日』が一九三六年、懸賞付きで公募した千葉亀雄賞（現代小説部門）の一席当選作だ。金聖珉の「解放後」についても、従来、よく知られていなかった。

千葉亀雄賞の同時受賞は、井上靖『流転』だった。京都帝大を卒業したばかりの井上は、これが縁となり、大阪毎日新聞に入社し学芸部に配属された。朝鮮で賞金一〇〇〇円を手にした金聖珉は当時、順川《スンチョン》（平安南道）—満浦鎮《マンポジン》（平安北道）を結ぶ満浦線「北薪峴《プクシニョン》」駅の駅員だった。

金聖珉は一九一五年の平壌生まれ。本名・金萬益《キムマンイク》。平壌高等普通学校を中退後、しばらく映画製作に従事しており、この時の体験を小説化したのが受賞作品である。金聖珉は通俗的な大衆小説家と見なされ、南富鎮《ナムブジン》（静岡大教授）以外には、さしたる研究対象にして来なかった。

原作『半島の芸術家たち』は、『近代朝鮮文学日本語作品集／一九〇一〜一九三八創作篇四』（二〇〇四）で読める。サンデー毎日の印影版であり、画家・岩田専太郎の挿絵が目を引く。金聖珉の文章は、岩田の絵ほど流麗とは言いがたい。

『〈外地〉の日本語文学選』（新宿書房、一九九六）の解説では、彼の小説『緑旗連盟』（一九四〇）を田中康夫の小説『なんとなく、クリスタル』（一九八〇）と比較しながら、「思想的にも、何かそこにある問題を深化してとらえる、すぐれた質がある」と紹介したにもかかわらず、作品自体は一行も収録されていない。

南富鎮『文学の植民地主義』によると、金聖珉は『緑旗連盟』以外にも、『楓の挿話』（一九四〇）『天上物語』（一九四二）『恵蓮物語』（一九四二）など、内鮮恋愛と内鮮結婚の小説を日本語で集中的に描いた作家であるという。南富鎮は「日本語と日本女性への大衆的な欲望が無自覚にそのまま露出している」と分析し、植民地主義は「被植民地側のこうしたさまざまな大衆的欲望によって創り上げられた」と指摘した。

尹健次《ユンコンチャ》『「在日」の精神史（三）アイデンティティの揺らぎ』が書いたように、在日朝鮮人男性は解放後も、日本人女性と結婚して所帯を持つ者が少なくなかったことに留意すべきだ。日韓W杯サッカーを前にして作られた日韓合作ドラマ『フレンズ』（二〇〇二）も、韓国人男性（ウォンビン）と日本人女性（深田恭子）というカップルだった。戦前も戦後も、韓国人の男と日本人の女の組み合わせという創作物が多いのは、なぜなのか。日韓を含む国際結婚は、二一世紀の現代日本にあっても、大きなテーマである。

金聖珉は朝鮮文学史からは忘却された存在に近いが、実は、解放後は映画界で活躍した人物である。「一九五〇年代の代表的な興行監督の一人であり、有名な脚本家だった」（金鍾元『韓国映画監督事典』）のだ。

監督デビュー作は、孤独な画家と山村の寡婦との恋愛を描いた『愛の教室』（一九四八）である。『審判者』（一九四九）など金聖珉が監督した一二本の映画のうち、一〇作品がメロドラマだったという。植民地期に内鮮結婚小説を書き続けた金聖珉が、解放後にどのような内容のメロドラマを書いたのか、関心を惹かれる部分だ。

脚本家としての金聖珉の作品は、韓瀅模《ハンヒョンモ》監督『運命の手』（一九五四）、同『自由夫人』（一九五六）が重要である。

『運命の手』は、韓国映画で最初のキスシーンがある女性スパイ映画だ。韓流シネマ『シュリ』（一九九九）の原型をなすフュージョン映画である。

この映画の監督・韓瀅模は、崔寅奎監督『家なき天使』（一九四一）の美術を担当し、崔監督の推薦を受けて東宝で四年間研修した映画人だ。

今井正監督『望楼の決死隊』（一九四三）のほか、『太陽の子供たち』（一九四四）から同『罪なき罪人』（一九四八）までの一連の崔寅奎作品などで撮影を担当した後、麗水順天反乱事件を映画化した『城壁を貫いて』（一九四九）で監督デビューした。同作品は韓国反共映画の嚆矢であり、その後、彼は『青春双曲線』（一九五六）『女社長』（一九五九）といったラブコメディーの秀作を演出し、一九九九年に八二歳で亡くなった。

『自由夫人』（一九五六）は、金聖珉の脚本と韓瀅模監督の軽妙さがドッキングした世相風刺映画の傑作である。観客一〇万八〇〇〇人を動員する大ヒット作となった。原作は鄭飛石《チョンビソク》によるソウル新聞の連載小説。大学教授夫人と大学生のキスシーン、社長との抱擁シーンなど当時としては破格の映画だった。現代の研究者によって「一九五〇年代の女性の欲望を例外的に表現した映画」と評価される映画である。韓国映画史的には、文藝峰主演の有閑マダム映画『迷夢』（一九三六）の系譜を引き継ぐものであり、金聖珉の持ち味である「通俗性」が生かされている。

コロンの子・西亀元貞

西亀元貞《にしきもとさだ》は一九四五年秋、妻子とともに京城から引揚げた。

戦後は黒澤明との共同脚本『地獄の貴婦人』（一九四九、小田基義監督）をはじめ、成瀬巳喜男監督『怒りの街』（一九五〇）、関川秀雄監督『わが一高時代の犯罪』（一九五一）、谷口千吉監督『激

「高麗映画協会」の撮影所用地で（西亀は左から二人目。遺族提供）

流』（一九五二）、岡本喜八監督『暗黒街の顔役』（一九五九）など一二本の映画脚本のほか、テレビドラマの脚本を書いた。一九七八年九月二一日、六八歳で死去した。遺族によると、彼が戦後、朝鮮を再訪したことはなかった。

一九五五年三月に発行されたキネマ旬報増刊『日本映画人大鑑』に、西亀の経歴が載っている。「明治四三年一二月一九日。横浜市。東大法学部中退後、京城日報記者、朝鮮総督府嘱託を経て、朝鮮映画脚本部勤務。戦後東宝、東映の契約者ともなったが、現在は映画作家協団に勤務」とある。おそらく本人の自己申告を経て、掲載された履歴と思われる。

「（昭和15）家なき天使。仰げ大空。明るい舗道（昭和16）太陽の子供たち（昭和17）兵隊さん（昭和24）地獄の貴婦人（昭和26）怒りの街。白い野獣。薔薇合戦（昭和26）わが一高時代の犯罪（昭和27）激流（昭和28）抱擁。安五郎出世。鉄腕涙あり」

数字は元号表記だが、製作年と公開年が混在しているようだ。このうち『明るい舗道』は、文化映画（啓蒙用の短篇）であり、一般の韓国映画史には登場しないが『映画年鑑』（一九四三）に記録がある。京畿道警察部と交通安全協会が製作した「京城発声映画製作所」作品だ。朴基采が演出し、金井成一（金学成）が撮影。独銀麒、金鈴らが出演した。西亀脚本の文化映画は他に、何済逸男監督『蘇る土』という食糧増産映画がある。方漢駿監督『最後の勝利』（一九四〇）の共同脚本に西亀の名前が見える記録もある。ともに詳細は不明である。

西亀の父親・三圭（一八八四年生まれ）は、京都帝大医学部を一九一一年に卒業し、一九二四年に朝鮮総督府に赴任した医師だ。総督府衛生課長、京城帝大医学部講師（兼任）などを務めた。一九一〇年生まれの長男・元貞は、父親の朝鮮赴任によって、一三歳の頃から京城で暮らすようになった。朝鮮を故郷のようにして育った「植民者（コロン）の子」である。

西亀は京城中学、広島高校を経て、東京帝大法学部に入学した。同大在学中の一九三六年、西亀は『週刊朝日』の第四回懸賞募集「事実小説」で、佳作（賞金九〇円）五作品の一つに入選した。一席二編（賞金三〇〇円）、二席三編（同一五〇円）に次ぐ佳作である。同年二月一六日号に西亀の作品『金仙坫《クムソンチャム》』（ペンネームは西元貞）が彼の略歴付きで掲載されている。金仙坫とは、狼林山脈（平安北道と咸鏡南道の境界地帯）の「標高一五〇〇メートルもある高所に白樺や朝鮮樅の林に取り囲まれた谷間の火田部落」の名称だ。

岩田専太郎の挿絵が五枚付いた西亀の小説は、Ａ４判雑誌のトップページから五ページにわたって掲載されており、火田民（焼畑農民）の労働と家庭を描いた作品である。作者の言葉として、「愛欲に狂った無知な一老農の痴情と妄執というよりも、その底に横たわる問題、原始（的）な火田民の生活、全道にわたる男女早婚の弊習などを取り上げてみた」とある。しかし人物造形が平板で物語の展開も意外性がなく、その意図が十分に達せられたとは言い難い。朝鮮火田民の生活は京城在住の日本人青年たちの関心を引いていたようだ。文化人類学者・泉靖一（一九一五〜七〇）も京城帝大在学中に火田民をテーマに小説を書いている。

西亀が東京帝大法学部を中退した理由は明らかではない。京城日報学芸部で映画記者を務めながら、李創用や崔寅奎らと知り合った。新進気鋭の映画人だった李創用とは特に懇意にしていたようで、西亀の遺族の手元に、彼らが一緒に写った写真が何枚か保存されている。日本統治時代に朝鮮映画人に寄り添ってきた西亀元貞の存在は、今後も大いに研究に値する。

一九三〇年代の京城には、映画好きの日本人や朝鮮人による「映画同好会」があった。その有力メンバーだった明治座支配人の田中博も、京城生まれの植民地二世である。総督府学務局の職員・田辺正朝や高麗映画協会の李創用もメンバーだった（内海愛子・村井吉敬『シネアスト許泳の「昭和」』）。「映画同好会主催の名画鑑賞会を府民館で開催」（東亜日報一九三七年六月九日）などの記事もみられる。総督府官僚の子息だった西亀元貞が京城中学時代から、この同好会の周辺にいたことは十分に考えられる。西亀は崔寅奎の監督デビュー作『国境』（一九三九）では、字幕製作に関与した。『家なき天使』が公開された一九四一年、西亀は京城の朝鮮ホテルで日本人の一般女性と結婚式を挙げ、一男二女が生まれた。

京城から引揚げ後は東京の近郊都市に居住し、映画やテレビドラマの脚本家として活動した。映画化されなかった西亀のシナリオ二本が残されている。『女工哀史』と『春香伝』である。前者は戦後の工場労働者の悲哀を描いた作品であり、後者は高麗映画協会当時に構想された作品が原案になったとみられる。

金素英の最後

金素英の最後の映画は、安夕影《アンソギョン》監督『愁雨』（一九四八）である。彼女をスターダムに押し上げた『沈清』（一九三七）の監督も安夕影だった。『愁雨』は第一管区警察庁が後援し、仁川映画建設会社が製作する官製映画だった。第一管区警察庁の保安課長が原作を書いた。「ある家庭を中心に犯罪の一面を、義理と人情、葛藤のジレンマとして描いた作品」だ。金素英は初めて母親役を演じた。出演者は李錦龍、金素英、徐月影、金一海、田澤二、卜惠淑らである。

趙澤元（後列左）の家族と金素英＝趙澤元自伝から。

このメンバーに共通することがある。それは「越北」を選択せず、大韓民国の建国に寄与する方途を選んだことだ。左右映画人が混合していた朝鮮映画協団の中から文藝峰、独銀麒、崔雲峰ら多くの越北者が出たが、この映画に出演した李錦龍、徐月影、金一海、田澤二、卜惠淑は韓国に残ることを選択した。金素英は夫の趙澤元とともに米国行きを決意することになる。

趙澤元の自叙伝によると、解放後、彼が米国行きのきっかけをつかんだのは一九四六年五月だ。朝鮮の信託統治問題を協議していた米ソ共同委員会の米側代表宅で開かれたパーティーで踊ってくれるよう依頼された趙澤元は、そのチャンスを逃さずに米国公演を打診し、推薦を得た。しかし実現までには紆余曲折があり、最終的に趙澤元が米軍艦で仁川港を出発したのは、一九四七年一〇月五日である。趙澤元はソ連側からモスクワ（平壌）行きも打診されたのだが、先に越北した年下の崔承喜《チェスンヒ》に好感を持っておらず、朝鮮舞踊界で二番手扱いを受けることに不満を持っていた。

金素英は一九四八年二月末、仁川港から趙澤元の舞踊手ら七人とともに、米国に向けて出港した。同日付けの中央新聞が彼女の動静を報道し、二五日にはソウル市内の雅叙園で映画関係者らによる送別会が開かれたと報じている。

米国に到着した金素英と趙澤元の夫婦生活は、二年後に破綻する。

「小学校しか出ていないせいなのか、妻は俳優を長年やってきているのに、芸術に対する教養がなかった」。夫婦が決裂した事情を述べる趙澤元の記述は、薄情なものである。いまさら妻の学歴をことあげて自己弁護する姿勢は、モダン社会に生きた男の自己本位の論理である。趙澤元によれば、米国における舞踊公演では十分な収入が得られず、不満に思った金素英が「踊りなんか辞めてしまったら」と非難したのが、離婚の直接の契機になった。

一九四九年、クリスマスイブ。

趙澤元の自宅で開かれたパーティーに、彼の舞踊のパートナーである女性が新しいドレスを着て現れた。趙によれば「そのドレスを僕が買ってやったと誤解した妻（金素英）は、お盆をぶん投げて大騒ぎした」。怒った趙は金素英を殴った。翌々日、金素英は服毒自殺を図った。年が明け、趙澤元は家を出た。ある雨の夜。バス車内で偶然出会った金素英は、慌ててバスを降りた趙澤元の後を追いかけて、持っていた傘でぶん殴った。この夫婦の修羅場は壮絶である。趙澤元には後ろめたいことがあったのだろう。一九五〇年春、二人はニューヨークで離婚した。

その後の金素英の消息は、詳細には伝わっていない。米国営放送「ＶＯＡ」韓国語放送で五年間ほどドラマや文化、宗教番組に出演した。ハリウッド進出も試みたようだが、成就しなかった。ニューヨークで美容室を経営した。韓国には一九七三年に一度、帰国したことがある。若き日に参加した演劇団体・土曜会の五〇周年記念公演に合わせた帰国だった。卜恵淑や柳致鎮とも再会し、趙澤元とも会った。この時、金素英と最初の夫・秋民との間に生まれた一粒ダネの秋奈美《チュナミ》とも会い、しばらく一緒に暮らしたという。奈美は三五歳ほどになっていたはずである。

金素英の最晩年は、定かでない。ロサンゼルスに居住し、一九八九年に亡くなったという情報があるが、確かなものではない。

李創用、日本に死す

高麗映画協会の李創用は、どうなったのか。

解放後、いったん再起を図った。韓国映像資料院編『高麗映画協会と映画新体制』（二〇〇七）所載の論文などによると、李創用は一九四六年、朝鮮映画同盟副委員長に就任した。昔の名前を利用されただけなのかも知れない。香隣園映画班と提携して、崔寅奎監督『自由万歳』（一九四六）を製作したが、中途で降りた。どういう理由かは不明である。

商才は衰えていなかったと見え、往年の朝鮮映画人・淀虎蔵《よどとらぞう》が所有していた映画館を入手して、「第一劇場」と改称して経営した。そのかたわら、副劇場長を委嘱されたという「国立劇場」の建設に乗り出したが、これも途中で挫折した。朝鮮戦争が起きると、劇場を売却し、日本に移住した。一九五〇年代には、日本と韓国を往復しながら貿易業をしていたとされている。東京で旧知の西亀元貞に会うことはなかったのだろうか。

李創用が二〇歳代だった一九三一年七月当時の記事がある。映画を演出したこともある小説家・沈薫《シムフン》が雑誌『東光』に書いた雑文「朝鮮映画人オンパレード」で、李創用を「多くの作品で豊富な作品を積んだ斯界の第一人者」と紹介している。「頭脳明晰で、計算に明るく、用意周到」「映画人には珍しく酒やタバコをやらない」と賛辞が並ぶ。当時、李創用は京都「新興キネマ」の監督・鈴木重吉の下で映画修行中だった。「少なからぬ収穫があったと聞く。刮目して待つ」と、沈薫は李創用に期待を寄せた。

一九三五年一一月号の『三千里』座談会では、ベテラン女優の卜恵淑が、「安夕影監督の『春風』(一九三五)の撮影を見ていたら、撮影に「李」という人がいた。彼は熟練した手腕を持っている」と目撃談を語っている。しかし、李創用は映画撮影から映画製作の道に転進した。映画配給会社「紀新洋行」などで実務を学び、同年には朝鮮初のトーキー映画『春香伝』の全朝鮮配給権を獲得した。

一九三五年一月の東亜日報の元旦紙面に、李創用の小論が掲載された。

彼の映画企業家宣言とも言うべきものだ。「映画の発展には芸術的良心とともに、経済的手腕も絶対に必要だ（中略）。映画人たちの生活を見ると、映画製作中の衣食にも事欠く状態だ。不良者の甘言（に騙され）、女優に好感を得ようとした一部の投資者は中途で断念し、映画人は次の投資家を求めて汲々としている（中略）。我が映画界の急先務は事業家が必要なことだ」

同年設立した高麗映画配給社は、李創用の実践の第一弾だった。一九三七年には資本家・呉徳燮らをバックに高麗映画協会を設立し、映画製作に乗り出した。崔寅奎監督『授業料』、同『家なき天使』をめぐる奮闘ぶりは、すでに紹介した通りである。

一九六一年一一月三〇日付けの東亜日報に、以下の記事が載った。

「八月二七日に日本で死去した李創用氏の追悼式が、兪鎮午《ユンジノ》氏（小説家。解放後は政治家）ら四人の発起で一二月二日午後三時、敦岩洞・新興寺で開かれる」

李創用は一九〇六年頃の生まれだから、五五歳前後で死去したことになる。日本に期待しながら朝鮮映画界の振興を夢見た男は、日本の国策会社「社団法人・朝鮮映画製作株式会社」の誕生とともに、朝鮮映画製作の第一線から引退し、朴正熙の軍事クーデター（一九六一年五月一六日）から約三カ月後に生涯を閉じた。

全盛期の李創用の顔写真が、韓国映像資料院編『高麗映画協会と映画新体制』に掲載されている。水玉の蝶ネクタイをした、ワイシャツ姿のダンディーな風貌である。彼が日本のどこで死去したのか、はっきりした資料は見つからなかった。

〔年表〕朝鮮シネマの社会文化史　一九三五〜一九四五

（▼は朝鮮シネマ・封切日、▽は朝鮮社会文化、＊は世界と日本の動き、無印は日本映画）

〈一九三五年〉

二月　新興キネマ現代劇部、東京大泉撮影所に移転

＊二・一五　東北凶作地の食糧難が深刻化。石巻の農民、米貸せ運動を開始

三・二一　東京発声映画製作所、設立

▼三・二三　方漢駿《バンハンジュン》『散水車』（照明・金聖春の帰国第一作、金一海）

四月　今井正、東京帝大を卒業してJ・Oスタジオの監督になる

▽五・二八　カップ（KAPF、朝鮮プロレタリア芸術同盟）解散

六月　島津保次郎監督『お琴と佐助』（田中絹代、高田浩吉）

▼六・二〇　羅雲奎《ナウンギュ》監督『無花果』（羅雲奎、尹逢春、玄芳蘭、金春雨、李福本）

▽七月　京城放送局、中央放送局と改称

▼七・一五　李圭煥《イギュファン》監督『海よ、語れ』（徐月影、沈影、玄舜英）

＊七・二五　コミンテルン、第七回大会で人民戦線戦術を採用

＊八・一二　永田鉄山軍務局長、皇道派の相沢三郎中佐に惨殺される

▽八・一三　沈薫《シムフン》『常緑樹』、東亜日報懸賞小説に当選。九・一〇連載開始

▼九・七　安鍾和《アンジョンファ》監督『銀河に流れる情熱』（李慶孫、申一仙、沈影、金寅圭）

九月　成瀬巳喜男監督『妻よ薔薇のやうに』（丸山定夫、千葉早智子）

▽一〇・一　京城中央電話局、初めて自動電話交換機を設置。加入者九〇七八人

▼一〇・四　朝鮮初のトーキー『春香伝』（李明雨《イミョンウ》監督、文藝峰《ムンイェボン》主演）団成社で封切

▽一〇・一七　朝鮮日報社『朝光』を創刊

一一・八　映画の国家統制を目指す財団法人・大日

本映画協会が成立
▽一一・二五　長津江水力発電、一二万キロワット発電工事完成
一二・三〇　最初のニュース・短編映画専門館「第一地下劇場」が日劇に開館
▽この年、朝鮮映画の夜間撮影始まる。ラジオ聴取者は五万四〇〇七人（朝鮮人一万三六〇〇人）

〈一九三六年〉

▽一・八　延禧専門学校籠球チーム、全日本男子籠球選手権大会で優勝
▼一・三一　洪開明《ホンケミョン》『薔花紅蓮伝』（文藝峰、文秀一、池京順、李鍾哲）
二月　内田吐夢監督『人生劇場・青春編』（脚本・八木保太郎、小杉勇）、清水宏監督『有がたうさん』（上原謙、桑野通子）
＊二・二六　皇道派青年将校によるクーデター（二・二六事件）
▼四・一八　金尚鎮《キムサンジン》監督『歌の朝鮮』（林生負、李影蘭、羅晶心、江南香）
四月　今日出海監督『半島の舞姫』（崔承喜、千田是弥、菅井一郎）
＊五・一八　阿部定事件
▽六月　安益泰《アンイクテ》、愛国歌（コリアン・ファンタジー）を作曲
六月　伊丹万作監督『赤西蠣太』（片岡千恵蔵、上山草人、毛利峰子）
＊六・四　第一次近衛文麿内閣成立
▼六・三〇　李圭煥監督『虹』（文藝峰、金素英、独銀麒）
▽八・五　朝鮮総督に南次郎が就任（八・二六着任）
▽八・九　孫基禎《ソンキジョン》、ベルリン五輪マラソンで優勝
▼一〇・二五　梁柱南《ヤンジュナム》監督『迷夢』（文藝峰、李錦龍、趙澤元、劉善玉、金寅圭）
一〇月　溝口健二監督『祇園の姉妹』（山田五十鈴、梅村蓉子、進藤英太郎）
一一月　木村荘十二《そとじ》監督『彦六大いに笑ふ』（徳川夢声、丸山定夫、堤真佐子）
＊一二・二五　日独防共協定成立、一二・一二　張学良が蒋介石を西安で監禁（西安事件）

〈一九三七年〉

二月　熊谷久虎監督『蒼氓』（島耕二、見明凡太郎、山本礼次郎）

三月　アーノルド・ファンク監督『新しき土』（原節子、小杉勇）

▼四・一一　申敬均《シンギョンギュン》監督『純情海峡』（金一海、金映玉、孫一甫、金徳心）

▼六・二四　李圭煥監督『ナグネ（旅路）』（文藝峰、朴斉行、王平、高英蘭）

六月　田坂具隆監督『真実一路』（小杉勇、島耕二、片山明彦）

七月　浅草国際劇場（定員四〇五九人）開場

＊七・七　盧溝橋で日中両軍衝突（盧溝橋事件）、日中戦争始まる

▼九・一　安鍾和監督『人生行路』（李源鎔、文藝峰、車相銀）

▽一〇・一　総督府「皇国臣民の誓詞」を制定

一一月　清水宏監督『風の中の子供』（坂本武、吉川満子、爆弾小僧、河村黎吉）

▽この年、ラジオ普及台数一一万一八三六台。朴興植《パクフンシク》、和信百貨店を設立

〈一九三八年〉

＊一・三　岡田嘉子、杉本良吉と樺太国境を越えソ連に亡命

一月　田坂具隆監督『五人の斥候兵』（小杉勇、伊沢一郎、見明凡太郎）

▽一・一九　総督府学務局、「国語常用」運動を開始

▼一・三一　洪開明監督『青春部隊』（玄舜英、田澤二、車相銀、尹逢春）

▽二・二六　朝鮮陸軍特別志願兵令公布（四・三施行）

▼五・六　方漢駿監督『漢江』（尹逢春、崔雲峰、金一海、李錦龍、玄舜英）

▼六・二九　徐光済《ソグァンジェ》監督『軍用列車』（東宝、文藝峰、佐々木信子、小林重四郎）

▽七・一　国民精神総動員朝鮮連盟創立

＊七・一一　張鼓峰で日ソ両軍が衝突

八月　山本嘉次郎監督『綴方教室』（高峰秀子、徳川夢声、清川虹子）

＊八月　火野葦平、『麦と兵隊』を『改造』に掲載
▼九・二〇　尹逢春《ユンボンチュン》監督『図生録』（李錦龍、金信哉、崔雲峰、金一海）
九月　野村浩将監督『愛染かつら』（田中絹代、上原謙、佐分利信、高杉早苗）
＊一〇・二七　日本軍、武漢三鎮を占領
▼一一月　方漢駿監督『漢江』（李錦龍、崔雲峰）、一九三九・七東京でも公開
▽この年、半島ホテル竣工。朝鮮思想報国連盟結成

〈一九三九年〉

一月　清水宏監督『子供の四季』（葉山正雄、爆弾小僧、吉川満子）
▽一・一四　女給・妓生のパーマ禁止
▼一・七　安哲永《アンチョリョン》監督『漁火』（朴学、羅雄、朴貞慶、尹比洋）
二月　今井正監督『沼津兵学校』（黒川弥太郎、丸山定夫、花井蘭子）
▼三・一五　朴基菜《パクキチェ》監督『無情』（金信哉、李錦龍、韓銀珍、金一海）
▼三・一七　李明雨監督『愛に騙され金に泣き』（車紅女、沈影）
四月　映画法公布（脚本の事前検閲、製作・配給の許可制、外国映画の上映制限）内田吐夢監督『土』（小杉勇、風見章子、村田知栄子）
五月　熊谷久虎監督『上海陸戦隊』（大日向伝、佐伯秀男、原節子）
＊五・一一　ノモンハンで外蒙軍と満洲国軍が衝突
▼五・二〇　崔寅奎《チェインギュ》監督『国境』（李錦龍、金素英、田澤二、崔雲峰、尹逢春）
＊九・一　独空陸軍、ポーランドに侵攻開始（第二次世界大戦）
一〇月　田坂具隆監督『土と兵隊』（小杉勇、井染四郎、見明凡太郎）

〈一九四〇年〉

▼一月　朝鮮映画令（「映画法」の朝鮮版）公布
▼一・一九　申敬均監督『処女図』（金信哉、金漢、独銀麒）
▼四・三〇　崔寅奎監督『授業料』（薄田研二、金信哉、

ト恵淑）
六月　伏水修『支那の夜』（長谷川一夫、李香蘭）
七月　豊田四郎監督『小島の春』（脚本・八木保太郎、夏川静江、杉村春子）
▽八・一〇『朝鮮日報』『東亜日報』廃刊
▼八・二五　金幽影《キムユンヨン》監督『水仙花』（李錦龍、文藝峰、金信哉、金一海）
九月　阿部豊監督『燃ゆる大空』（脚本・八木保太郎、大日向伝、灰田勝彦）
▽九・二〇　創氏改名締切る、届け者数三二〇万〇一六六戸（七九・三％）
九・二七　日独伊三国軍医同盟締結　一〇・一二　大政翼賛会結成
▼一一・一五　方漢駿監督『最後の勝利』（脚本・西亀元貞、崔雲峰、独銀麒）

〈一九四一年〉

＊二月　李香蘭『日劇』公演に観客殺到し、警官隊出動
▼二・一九　崔寅奎監督『家なき天使』（金信哉、金一海、文藝峰、尹逢春）
二月　溝口健二監督『芸道一代男』（中村扇雀、中村芳子、梅村蓉子）
▼三・一九　安夕影《アンソギョン》監督『志願兵』（崔雲峰、李錦龍、金一海、文藝峰）
▼三・二二　全昌根《チョンチャングン》監督『福地万里』（姜弘植、朱仁奎、尹逢春、林昌煥）
三月　小津安二郎監督『戸田家の兄妹』（佐分利信、高峰三枝子、吉川満子）
山本嘉次郎監督『馬』（高峰秀子、藤原鎌足、竹久千恵子）
▼四・三　李炳逸《イビョンイル》監督『半島の春』（金素英、金一海、白蘭、徐月影、金漢）
▽七・一　ハングル電報廃止
▼八・二一　李圭煥監督『蒼空』（田澤二、文藝峰、独銀麒、金漢）
九月　成瀬巳喜男監督『秀子の車掌さん』（高峰秀子、藤原鎌足、夏川大二郎）
▼九・二五　金永華《キムヨンファ》監督『妻の倫理』（金漢、田澤二、池京順、金信哉、白蘭）

▼一一・二四　日夏英太郎（許泳《ホヨン》）監督『君と僕』（小杉勇、文藝峰、金素英）

▽一一・三　平壌日穀蹴球チーム、第一二回明治神宮国民体育大会で優勝

＊一二・八　日本海軍、米ハワイ真珠湾を奇襲

〈一九四二年〉

▼一・一〇　尹逢春監督『新開地』（李錦龍、高永蘭、文藝峰）

▼一・一四　方漢駿監督『豊年歌』（脚本・西亀元貞、金信哉、文藝峰、徐月影）

▽四・七　陸軍特別志願兵検査を開始

四月　島津保次郎監督『緑の大地』（脚本・山形雄作、入江たか子、原節子）、小津安二郎監督『父ありき』（笠智衆、佐野周二、水戸光子）

▽五・九　朝鮮での徴兵制実施（一九四四年より）を閣議決定

＊五・二六　日本文学報国会（会長・徳富蘇峰）創立

＊六・五　ミッドウエー海戦始まる。日本海軍の航空母艦四隻撃沈

八月　陸軍省報道班『マレー戦記』（観客六〇〇万人と言われたドキュメンタリー）

▼九・二九　国策会社「社団法人・朝鮮映画製作株式会社」が発足

一二月　山本嘉次郎監督『ハワイ・マレー沖海戦』（大河内伝次郎、藤田進）

〈一九四三年〉

＊二・二三　陸軍省、「撃ちてし止まむ」のポスター五万枚を配布

▽三・一　徴兵制公布（八・一施行）

三月　黒澤明監督『姿三四郎』（藤田進、大河内傳次郎、月形龍之介、轟夕起子）

▼四・五　金永華監督『仰げ蒼空』（脚本・西亀元貞、金一海、文藝峰、金信哉）

▼四・一五　今井正監督『望楼の決死隊』（高田稔、原節子、金信哉、朱仁圭）

▼六・一六　朴基菜監督『朝鮮海峡』（南承民、文藝峰、金信哉、金一海）

七月　木下恵介監督『花咲く港』（上原謙、小沢栄

太郎、水戸光子、笠智衆）
▽七・二八　海軍特別志願兵公布（八・一施行）
一〇月　稲垣浩監督『無法松の一生』（阪東妻三郎、園井恵子）
▽一〇・五　関釜連絡船『崑崙丸』、米潜水艦に撃沈される（五四四名死亡）
＊一〇・二一　神宮外苑競技場で出陣学徒の壮行会
▼一二・一　豊田四郎監督『若き姿』（丸山定夫、菅井一郎、徐月影、文藝峰）

〈一九四四年〉
▼二・二四　方漢駿監督『巨鯨伝』（徐月影、卜恵淑、金信哉、金素英）
二月　阿部豊監督『あの旗を撃て』（大河内傳次郎、河津清三郎、月田一郎）
三月　山本嘉次郎監督『加藤隼戦闘隊』（藤田進、河津清三郎、大河内傳次郎）
五月　今井正監督『怒りの海』（大河内傳次郎、原節子、月田一郎）
＊六・一五　米軍、サイパン島上陸（七・七守備隊三万人玉砕）
▼六・一六　方漢駿監督『兵隊さん』（徐月影、南承民、金一海、李錦龍）
▽七・二五　朝鮮総督に阿部信行が任命される
八月　五所平之助監督『五重塔』（花柳章太郎、柳永二郎、伊志井寛）
▽八・二三　女子挺身隊勤務令を公布・施行
▽九月　呂運亨、地下秘密団体「建国同盟」を結成
＊一〇・二五　海軍神風特攻隊、レイテ沖で米艦船に体当たり
▼一一・四　崔寅奎監督『太陽の子供たち』（水島道太郎、金信哉、朱仁奎）
一二・七　映画配給社、生フィルム欠乏により七三一映画館に配給休止を通告
一二月　木下恵介監督『陸軍』（田中絹代、笠智衆、上原謙）

〈一九四五年〉
▽二・四〜一一　ヤルタ会談で朝鮮問題が取り上げられたという噂が朝鮮内で流布する

＊三・九〜一〇　三三四機のＢ29、東京を大空襲（五・二四〜二五、山手空襲）
＊四・一　米軍、沖縄に上陸開始（六・二三軍全滅、県民の死者一七万人）
四月　黒澤明監督『続姿三四郎』（藤田進、大河内傳次郎、月形龍之介）
▼五・二四　崔寅奎・今井正監督『愛と誓ひ』（金信哉、志村喬、竹下知恵子）
▽七・二四　親日団体「大義党」主催の演説会場・府民館で爆弾事件
八月　佐伯清監督『北の三人』（原節子、高峰秀子、山根寿子）
▼八月　申敬均監督『我等の戦場』（崔雲峰、趙勇子ほか不詳）
＊八・九　ソ連軍、満州侵攻。米軍、長崎原爆投下
＊八・一五　天皇、戦争終結の詔書を放送（玉音放送）
▽九・七　米極東軍司令部、南朝鮮に軍政を布告
一〇月　佐々木康監督『そよかぜ』（佐野周二、並木路子）
一一月　丸根賛太郎『狐の呉れた赤ん坊』（坂東妻三郎、羅門光三郎、阿部九洲男）
▽一一・二三　新義州で反共学生が決起（死傷者五〇余名、八〇余名検挙）
一二月　田中重雄監督『犯罪者は誰か』（戦争犯罪の告発映画。阪東妻三郎）
＊一二・一五　上野駅地下道の浮浪者二五〇〇人を一斉収容
▽一二・二七　モスクワ米英ソ外相会議、朝鮮の信託統治案を発表

（著者作成。佐藤忠男『日本映画史』、長沢雅和『韓国映画を作った男たち』、神田文人『昭和・平成現代史年表』、新東亜編集部編『朝鮮近現代史年表』などを参照した）

朝鮮シネマ人物事典

(本書に頻出する朝鮮映画人に限定した。李順真ほか編集『植民地時代大衆芸術家事典』(二〇〇六) などに準拠。生年順。朱仁奎に関しては本文で詳述した。)

尹白南(ユン・ベンナム)
一八八八・一一・七〜一九五四・九・二九

小説家、劇作家、言論人、俳優、映画監督、劇団代表、映画製作者。本名は尹教重《ユンキョジュン》。忠清南道公州《コンジュ》生まれ。一九〇四年に渡日。翌年、早稲田大学政経科に入学したが、東京高等商業学校(現在の一橋大学)に転校し、卒業した。帰国後「毎日申報」記者になり、文筆生活を始めた。一九一二年に新派劇団「文秀星」を創設し、『不如帰』翻案劇を公演し、自身も俳優として活躍した。一九一三年「毎日申報」編集局長。一九一九年には「東亜日報」に移り、朝鮮初の大衆小説『大盗伝』を連載し、翌年には新劇史論を掲載した。総督府逓信局の提案で一九二三年、劇映画『月下の誓い』(貯蓄奨励映画)の監督と脚本を担当した。翌年、朝鮮キネマ株式会社が釜山で設立されると『雲英伝』を演出した。この興行に失敗し、京城で「尹白南プロダクション」を創設して一九二五年、李慶孫監督『沈清伝』(羅雲奎が父親役)を製作した。『沈清伝』宣伝のため渡日したが、相次ぐ興行失敗から映画界から離れた。一九三一年、劇芸術研究会を創設。一九三七年に満州に移住し、歴史小説を執筆。解放後は朝鮮映画建設本部長などに就任した。ソラボル芸術学校初代学長、韓国芸術院の初代会員だった。

李弼雨(イ・ピルウ)
一八九七・一一・二七〜一九七八・一〇・二〇

撮影、録音、監督。ソウルの時計商の長男として生まれた。五歳年下の李明雨《イミョンウ》とともに活動写真機械の原理を習得した。一九一三年、優美館で映写助手として働き始めた。渡日して、天然色活動写真株式会社系の映画館で映写技師として働いた後、天活の小阪撮影所（現在の東大阪市）に入所し、撮影と現像を学んだ。京都の帝国キネマで現像技師、撮影技師として働いた。帰国後は映画の輸入会社を設立。連鎖劇撮影のため全国を巡回した。満州の新京で小谷ヘンリー監督の松竹映画『夕陽の村』（一九二一）の撮影を手伝うなど、二年間滞在し。団成社《タンソンサ》の朴承弼《パクスンピル》の依頼で「全鮮女子庭球大会」を撮影し、『薔花紅蓮伝』（一九二四）を撮影した。一九二九年ごろに上海に渡り、上海滞在中だった全昌根《チョンチャングン》、鄭基澤《チョンギテク》らと一緒に活動した。帰国後は弟の明雨が撮影した『アリラン後編』（一九三〇）の現像を担当した。羅雲奎とトーキー映画の製作を志向したが失敗し、技術研修のため再渡日し、松竹蒲田で土橋武夫らに録音技術を学んだ。一九三三年に帰国し、興行師・分島《わけじま》周次郎が設立した京城撮影所に入社。李明雨が監督、李弼雨が撮影し、文藝峰が主演した『春香伝』（一九三五）は朝鮮初のトーキー映画になった。文藝峰主演『迷夢』（一九三六）で録音・現像を担当した。一九三七年には安夕影監督『沈清』の録音。一九三九年に津村勇が設立した朝鮮文化映画協会に復帰し短編記録映画を撮影したが、新旧交代を実感し、一九四一年には満州に渡った。解放後に帰国し、米軍政当局の下で映画技術全般を管理した。朝鮮戦争で北朝鮮軍がソウルを占領すると、朱仁奎、姜弘植らから国立映画撮影所南朝鮮支部の責任者に任じられた。米軍がソウルを奪還すると、米広報院に復帰した。首都映画社安養撮影所の技術責任者となり、韓国最初のシネマスコープ『生命』（李康天監督）の録音を担当した。

徐光済（ソ・グァンジェ）一九〇一〜？

監督、脚本家、評論家。ソウル生まれ。普成専門学校を卒業後、東京の明治大学に進学。安鍾和らが一九二七年に創立した朝鮮映画芸術協会の研究生になり、金幽影監督の傾向映画『流浪』（一九二八）に出演した。同『火輪』（一九三一）では脚本を書いた。新興映画芸術家同盟の会員として、映画批評とプロレタリア映画理論の紹介に尽力し、一九三二年に渡日して映画研究を深めた。一九三八年には、聖峰映画と東宝が合作した軍国スパイ映画『軍用列車』（フィルム残存）を監督した。解放後は朝鮮映画同盟で活躍し、のちに越北した。

安夕影（アン・ソギョン）一九〇一〜一九五〇。画家、挿絵家、小説家、脚本家、監督、俳優、美術評論家、映画評論家、舞台美術家など多彩な活躍を見せた。本名・安碩柱《アンソクジュ》。京城の高等普通学校を卒業後に渡日し、本郷の洋画研究所で美術を学んだ。一九二一年に帰国し美術教師。二四年に再渡日し、帰国後は美術、演劇、映画など多面的に活動した。沈薫監督『夜明け（原題・闇から闇へ）』（一九二七）で美術を担当。一九三〇年には朝鮮シナリオライター協会を創設した。一九三七年の映画『沈清伝』（金素英主演）を監督。国策映画『志願兵』（一九四一）、文化映画『土に生きる』（一九四二）も彼の演出だ。一九三九年には朝鮮映画人協会の常務理事となり、戦時期の朝鮮シネマ界再編に積極的に関与した。解放直後は朝鮮映画建設本部の内務部長となり、朝鮮映画同盟が設立されると、中央委員会副委員長になった。左右対立が激化し一九四六年、右派映画人が結集する映画監督倶楽部を結成した。一九四七年三月、ソウル中央放送局の記念番組「私達の願いは独立」で、主題歌を作詞した。全国文化団体総連合会副社長、大韓映画社専務理事、大韓映画協会理事長などを歴任した。

安鍾和（アン・ジョンファ）一九〇二・一・二一〜一九六六・八・二演劇人、評論家、映画監督。本名・安龍熙《アンヨンヒ》。ソウル名家の子弟として生まれ、中学時代から文芸方面で才能を発揮した。一九二〇年、連鎖劇の女役で舞台デビューし、尹白南の民衆劇団で活躍した。一九二二年には咸興で劇団「藝林会」を創設し、地方で巡回公演した。釜山の朝鮮キネマ株式会社に入社し、王必烈（高佐貫長）監督『海の秘曲』（一九二四）の主役を演じた。尹白南監督『雲英伝』（一九二五）、王必烈監督『神の粧（原題・闇光）』（一九二五）、同『村の豪傑』（同）に出演した。一九三〇年代に入ると、映画監督として活躍するようになり『花商売』『歌う季節』（一九三〇）のほか、フィルムが残る『青春の十字路』（一九三四）を監督した。大衆劇の時代を開いた東洋劇場（一九三五年開館）の専属演出家になり、一九三八年には朝鮮日報と提携し、朝鮮初の映画祭を開催した。一九四〇年、朝鮮映画人協会会長。解放後は一九四六年、公報処映画課長。のちに大韓映画社撮影所長。映画『愁雨』（一九四八）などを監督した。一九六三年には、大韓民国文化勲章国民賞を受賞し、文化芸術総連合会最高委員などを歴任した。著作『韓国映画側面秘史』（一九六二）は逸話中心の朝鮮シネマ通史である。

羅雲奎（ナ・ウンギュ）一九〇二〜一九三七
俳優、監督、脚本家。雅号・春史《チュンサ》。咸鏡北道回寧生まれ、中学在学中の一九一九年、三・一独立運動に参加し、逃亡のため、満州やロシアを放浪したという。一九二〇年に京城で中学に入学したが、前歴が発覚し収監された。一九二三年に出所後、故郷に帰り、巡回公演に来た演劇団体「藝林会」に研究生として入会したが、藝林会は財政難のため解散した。一九二四年、釜山の朝鮮キネマ株式会社に入社し、尹白南の第二回映画『雲英伝』に端役で出演した。尹白南プロダクションの李慶孫監督『沈清伝』（一九二五）に出演。淀虎蔵《よどとらぞう》の朝鮮キネマプロダクションが製作した『籠中鳥』（一九二六）では主人公の友人役を演じた。同プロダクションの第二回作品が有名な羅雲奎監督『アリラン』（一九二六）である。脚本、監督、主演を演じた。日本人の津村守一が監督したという学説も韓国内で提起されている。団成社の後援を得て羅雲奎プロダクションを設立し、『風雲児』（一九二六）『仮面の舞』（一九二七）『野鼠』（同）『金魚』（同）『さらば』（同）『愛を求めて』（一九二八）『唖の三龍』（一九二九）で監督、主演したが、次第にマンネリズムが指摘されるようになった。一九三〇年の渡日から復帰後、遠山満プロダクションで島田章監督『金剛恨』（一九三一）同『夫は警備隊に』（同）に出演。これが非難されると裵亀子《ペグジャ》劇団と舞台生活をともにした。一九三二年、意欲作『開化党異聞』を監督したが、従前のような評価は得られなかった。文藝峰と共演した李圭煥監督『主なき渡し舟』（一九三二）では、剃髪して主人公を演じ、イメージを一新した。一九三二年以降は再び演劇に傾倒し、連鎖劇『新羅老』『岩窟王』『望郷歌』（一九三二）

同『銃声』『カルメン』『薔花紅蓮伝』『勝利者』『私が殺した女』『郷土民謡曲アリラン』（一九三二）を監督し、過去の羅雲奎イメージの再生を狙った。一九三五年の監督作品『無花果』『影』は玄芳蘭《ヒョンファンラン》一座が企画した映画である。一九三五年に上海から帰った全基澤《チョンギテク》と漢陽映画社（車相銀《チャサンウン》社長）を設立し、『対岸の村』（一九三五）を監督した。しかし、トーキー映画『アリラン三編』（一九三六）の技術的失敗は、その旧時代的な映画製作ぶりを露呈した。遺作は監督、脚本の『五夢女』（一九三七）である。持病の肺病が悪化し、一九三七年八月九日に亡くなった。羅雲奎の全作品はフィルムとして残存しておらず、その作品世界は神話の中にある。

尹逢春（ユン・ボンチュン）
一九〇二・三・二三〜一九七五・一〇・二一
監督、俳優。咸鏡南道定平《ジョンピョン》生まれ。咸鏡北道回寧で育ち、高等普通学校時代に羅雲奎に出会った。間島で三・一独立運動に参加し、六カ月間服役した。京城の専門学校に在学中の一九二一年、間島独立軍に加担した容疑で逮捕され、さらに一年間服役した。満州放浪後に帰郷し教会で勤務中に、『アリラン』『風雲児』のフィルムを持って帰郷した羅雲奎と再会した。一九二七年に再上京して、羅雲奎監督『野鼠』、同『金魚』、同『さらば』（一九二七）のほか、同監督『玉女』、同『愛を求めて』、洪開明監督『男』（一九二八）、羅雲奎監督『唖の三龍』（一九二九）などに連続出演した。羅雲奎の放蕩と独善に愛想をつかして決別後は、李亀永監督『僧房悲曲』（一九三〇）、安鍾和監督『歌う季節』（同）などに出演した。一九三〇年には、大邱の大東映画社で初監督作『盗賊野郎』を演出した。朱仁奎が脚本を書き、二人ともに出演した。監督第二作は『大きな墓』（一九三一）であり、前作に続いて妻の河小楊が出演した。間島独立軍の墓地を見たのが製作の契機になったという。一九三二年に羅雲奎と和解し、彼の再起作『開化党異聞』に金玉均役で出演した。その後も映画出演を継続し、一九三八年には監督第三作『図生録』を、一九四二年には『新開地』を監督した。映画出演は崔寅奎監督『家なき天使』（一九四一）が最期である。朝鮮映画法の施行により一九四一年、映画人登録をしたが、『新開地』（一九四二）監督以降の映画活動は記録されていない。国策会社「朝鮮映画製作」にも入社せず、一九四四年には京城を去って、楊州郡の山間地に引きこもり、子どもたちを教えながら解放を迎えたという。解放後は右派の映画人として、啓蒙映画協会を設立し『尹奉吉義士』（一九四七）『柳寛順』（一九四八）など、植民統治下の独立運動を扱った多くの作品の脚本、監督を担当した。朝鮮戦争当時は反共映画を演出し、一九六〇年代まで多くの作品を監督、製作した。韓国映画人団体総連合会長、韓国芸術文化団体総連合会長を歴任し、没後の一九九三年には独立運動功労者して羅雲奎とともに、建国勲章愛国章が授与された。

李明雨（イ・ミョンウ）一九〇三～？

撮影技師、監督。別名が李銘牛《イミョンウ》。李弼雨の五歳違いの弟。李弼雨が記録映画『漢江大水害』（一九二五）を撮影していた頃から、本格的な映画修行の道を歩み始め、淀虎蔵の朝鮮キネマプロダクションに入社した。金海雲監督『運命』（一九二七）で撮影技師としてデビュー。金永煥監督『三人の仲間（原題・三乞人）』（一九二八）では撮影、現像、編集を、李亀永監督『アリラン後編』（一九三〇）では撮影、編集を担当した。その後、李亀永監督『僧房悲曲』（一九三〇）、金尚鎮監督『芳娥打令』（一九三二）、李圭煥監督『主なき渡し舟』（一九三二）、方漢駿監督『故郷』（一九三四）、李圭煥監督『海よ語れ』（一九三五）などを撮影した。朝鮮初のトーキー映画である『春香伝』（一九三五）は、彼の監督デビュー作である。兄の弼雨とともに撮影も担当した。朝鮮映画京城撮影所（分島周次郎）では、続く『薔花紅蓮伝』（一九三六）でも撮影、現像、録音、編集を担当した。文藝峰主演『迷夢』（一九三六）で現像、録音を担当。金素英主演、安夕影監督『沈清』（一九三七）では撮影と編集を担当した。文藝峰の夫である林仙圭《イムソンギュ》原作・脚本『愛に騙され金に泣き』（一九三九）は二本目の監督作品である。崔寅奎監督の名作『授業料』（一九四〇）で、その卓越した撮影技術が現認できる。国策会社「朝鮮映画製作」が誕生した一九四二年当時、兄の弼雨は技術面で対応できず満州に渡ったが、明雨は技術専門家として重用された。当時最大のヒット作である朴基采監督『朝鮮海峡』（一九四三）を撮影、編集し、方漢駿監督『兵隊さん』（一九四四）でも撮影、編集を担当した。解放後は朝鮮映画建設本部委員であり、朝鮮プロレタリア映画同盟員としても活動した。一九四六年四月には、朝鮮映画同盟中央常任委員になった。米軍政下の広報院で撮影技師として働いたが、朝鮮戦争の勃発後、北朝鮮に拉致されたと言われ、その後の行跡は明らかでない。

卜恵淑（ボク・ヘスク）

一九〇四・四・二四（陰暦）～一九八二・一〇・五

女優、声優、本名・卜馬利《ボクマリ》。忠清南道の牧師の娘に生まれた。一九一五年に梨花学堂（梨花女子大の前身）に入学後、日本に留学。横浜の技芸学校に三年間通った。伊勢佐木町のオデオン座などで映画、演劇を見て、女優になりたいと志願。一九二一年に中退し、浅草の澤森舞踊研究所に入所したものの、父親から京城に連れ戻された。江原道の女学校で一時教師をしていたが、家出して京城に上京した。団成社の弁士に演劇人を紹介され、一九二五年まで新劇座で活動した。日本で見た演劇『涙橋』を翻案し、公演した。一九二三年には尹白南の衛生宣伝映画に出演。金陶山《キムドサン》の死後も、連鎖劇（新派演劇と映画を結合）のはしりになった『義理的仇討』にたびたび出演した。一九二五年、京城の俳優学校に入学。新劇劇団「土月会」に所属し、『カチューシャ』の演技は、日本の松井須磨子と比較されるほど好評を博した。朝鮮キネマプロダクションの李圭卨《イギュソル》監督『籠中鳥』（一九二六）に主演し、当時としては破格的な脚線美を披露した。美貌の女優陣が台頭してきたため、出演機会が減り、上海に行ったり、仁川検番での生活ぶりが報道されたりした。一九二〇年代後半から三〇年代前半にかけては、京城・楽園洞で茶房「ヴィーナス」を経営した。朴基采監督『春風』（一九三五）でカムバックすると、翌年には安鍾和監督『逆襲』にも出演。三六歳だった一九四〇年には、崔寅奎監督『授業料』で老婆役を演じて好評を得た。李炳逸監督『半島の春』（一九四一）でも女性事務員を演じた。富川馬利と創氏改名し、国策映画の豊田四郎監督『若き姿』（一九四三）などに出演した。解放後も崔寅奎監督『自由万歳』（一九四六）をはじめ、一九八〇年代の韓国ニューシネマの代表格・李長鎬監督『低きところに臨みたまえ』（一九八二）まで多数の作品に出演した。韓国俳優協会の初代会長。朝鮮シネマの開化期から韓流シネマ開花直前までの韓国映画界を生きた稀有な女優であった。

方漢駿（バン・ハンジュン）一九〇五・三・六～？
映画監督。ソウル生まれ。善隣商高を卒業後、渡日し、松竹で演出を学んだ。朝鮮中央映画株式会社の創立作品『撤水車』（一九三五）で監督デビューした。照明の金聖春が製作し、原題は『歩道の異端者』だった。第二回作品『漢江』（一九三八）は好評を得て、日本でも上映された。続く『城隍堂』（一九三九）の評価も高かった。朝鮮映画令（一九四〇）が公布され、国策会社「朝鮮映画製作」が誕生すると演出課に所属し、『勝利の庭』（一九四〇）『豊年歌』（一九四二）『巨鯨伝』（一九四四）『兵隊さん』（同）を監督した。解放後は、朝鮮映画建設本部執行委員となり、ニュース映画の製作にあたった。同本部が朝鮮映画同盟に統合されると、中央常任委員。一九四六年には右派映画人の映画監督倶楽部に参加した。米軍政下では広報部映画課長だったが、朝鮮戦争の際に北朝鮮に拉致された。

李創用（イ・チャンヨン）一九〇六～一九六一・八・二七
撮影技師、映画製作者、映画配給者。本名・李滄龍《イチャンヨン》。羅雲奎と同じ咸鏡北道回寧の生まれ。回寧商業学校を卒業後、淀虎蔵の朝鮮キネマプロダクション技術部に入社した。同社が羅雲奎監督『風雲児』（一九二六）を撮影した時、日本から呼んだ撮影技師・加藤恭平の助手として付き、同監督『野鼠』（一九二七）『金魚』（同）では加藤とともに撮影した。創設された羅雲奎プロダクションに合流。同監督『さらば』（一九二七）は李創用が撮影技師として独り立ちした作品である。同監督『玉女』（一九二八）、『愛を求めて』（同）を撮影し、金永煥監督『約婚』（一九二九）、同『若者の歌』（一九三〇）、島田章監督『金剛恨』（一九三一）、同『夫は警備隊へ』（同）も撮影した。当時は、生計のため写真館も経営していた。一九三一年春頃、撮影技術を学ぶために渡日し、新興キネマの鈴木重吉監督（傾向映画『何が彼女をさうさせたか』一九三〇が著名）のもとで映画を勉強した。二、三年後に帰国し、「紀新洋行」で映画配給に当たり、朝鮮初のトーキー映画『春香伝』（一九三五）の全朝鮮配給権を獲得した。一九三七年に高麗映画配給を設立し、間もなく、映画製作も行う『高麗映画協会』に発展した。製作に着手した作品が、全昌根監督『福地萬里』であるが、製作は遅延した。一九三九年には東洋劇場と提携し、同劇場のヒット作『愛に騙され金に泣き』を映画化。崔寅奎監督『授業料』（一九四〇）、方漢駿監督『勝利の庭』（同）を製作した。一九四一年に『福地萬里』と崔寅奎監督『家なき天使』を封切りした。一九四二年には方漢駿監督『豊年歌』を製作し、東宝と提携し今井正監督『望楼の決死隊』（一九四三）を共同制作した。一九四二年九月、高麗映画協会は他の映画社とともに、国策会社『朝鮮映画製作』に統合された。解放後は一九四六年に朝鮮映画同盟副委員長になった。一九四九年には鍾路四街の第一劇場社長であり、その後は日本に行ったという。李創用は朝鮮映画界初の本格的な映画製作者として活動した。彼が製作した映画は日本や満州でも上映され、戦前期の朝鮮シネマの絶頂期を創造した。

朴基采（パク・キチェ）一九〇六・七・二四〜？

映画監督。全羅南道光州《クァンジュ》の生まれ。一九二七年頃に渡日し、同志社大学に通った。一九三〇年、一年間の予定で京都の東亜キネマに委託生として入社。宝塚キネマにいたという記録もある。一九三五年三月、東亜キネマにいた撮影技師・梁世雄《ヤンセウン》とともに帰国し、安夕影原作『春風』を映画化し監督した。さらに李光洙原作『無情』（一九三九）を監督し、文芸映画路線を発展させた。一九三七年、光州の富豪・崔南周《チェナムジュ》を動かし、朝鮮映画株式会社を出奔させた。『無情』はその創立記念映画であり、議政府に建設された撮影所とともに、朝鮮キネマ隆盛の基礎を作ったと評価される。朴基采は国策会社「朝鮮映画製作」で『私は行く』（一九四二）『朝鮮海峡』（一九四三）を監督した。後者は戦時中の朝鮮映画界で最大のヒット作になった。解放後は警察庁の後援映画『夜の太陽』（一九四八）を監督した。朝鮮戦争中に北朝鮮に拉致されて以降、その所在は明らかでない。

梁世雄（ヤン・セウン）一九〇六・一二・一一〜？
撮影技師。釜山第二商業学校を卒業後、一九二四年に渡日し、京都の東亜キネマに入社した。一九三二年、撮影技師に昇進し、三星吐詩夫監督『涙の曙』（一九三二）、安藤五郎監督『二つの乳房』（同）などを撮影したという（日本側の記録には、撮影者として「進藤実」の名前がある）。日本映画界で最初の朝鮮人撮影技師である。一九三五年に帰国し、朴基采監督『春風』（一九三五）を撮影した。朝鮮シネマの新世代の一人であった。申敬均監督『純情海峡』（一九三七）、方漢駿監督『漢江』（一九三八）、徐光済監督『軍用列車』（同）、金幽影監督『愛恋頌』（一九三九）、李圭煥監督『新しき出発』（同）、申敬均監督『処女図』（同）、李炳逸監督『半島の春』（一九四一）、李圭煥監督『蒼空』（同）など、多くの監督と一緒に仕事をした。一九四二年に発足した国策会社「朝鮮映画製作」では金永華監督『仰げ大空』（一九四三）、同「朝鮮映画社」では申敬均監督『我等の戦場』（一九四五）を撮影した。解放後は朝鮮映画建設本部でニュース映画を撮影し、また、米軍広報部所属のカメラマンとしても活動した。『安重根史記』（一九四六）など劇映画の撮影にも参加したが、朝鮮戦争時に北朝鮮に拉致された。

金一海（キム・イルへ）
一九〇六・一二・二〇〜二〇〇四・七・一一
俳優。本名・金正錫《キムジョンソク》。京畿道水原《スウォン》生まれ。一九二〇年前半に渡日して、帝国キネマで俳優修業を始め、鈴木重吉監督『恋のジャズ』（一九二九）などに出演した。帝国キネマを紹介してくれた金聖春（東亜キネマ照明部）の朝鮮中央映画会社が製作した方漢駿監督『撤水車（原題・舗道の異端者）』（一九三五）に出演した。その後、朴基采監督『春風』（一九三五）、羅雲奎監督『五夢女』（一九三七）、申敬均監督『純情海峡』（同）、尹逢春監督『図生録』（一九三八）、朴基采監督『無情』（一九三九）、李圭煥監督『新しき出発』（同）、金幽影監督『水仙花』（一九四〇）などに連続して出演し、人気男優としての地位を築いた。李炳逸監督『半島の春』（一九四一）では、映画製作と恋愛の間で悩む脚本家を繊細な演技で描写した。崔寅奎監督『家なき天使』（一九四一）、安夕影監督『志願兵』（同）のフィルムも残っている。戦時中は安夕影監督『土の結実』（一九四二）、金永華監督『仰げ大空』（一九四三）、方漢駿監督『兵隊さん』（一九四四）、申敬均監督『我等の戦場』（一九四五）など多数の国策映画に出演した。解放後も『愁雨』（一九四八）をはじめ一九八四年（七八歳）までに、七本の映画に出演した。一九三〇年代に日本で勉学し、トーキー映画の登場とともに活躍した朝鮮シネマ界の第二世代を代表する男優である。

姜弘植（カン・ホンシク）一九〇七～一九七一
歌手、映画俳優、映画監督、演劇俳優、演出家。別名・秦薫《シンフン》。平壌《ピョンヤン》で生まれ、高等普通学校を二年で中退後に渡日した。東京の中学を四年まで習学し、一時期、舞踊家・石井漠の門下生になった。間もなく京都の日活撮影所に所属し、俳優・山本嘉一に付き従い、芸名を「石井輝男」と称したという。一九二六年頃に帰国し、李慶孫監督『長恨夢』（一九二六）、同『山寨王』（同）などに出演した。演劇活動も並行して行い、土月会『アリラン峠』（一九三〇）で、のちに妻となる全玉《チョンオク》と共演して注目され、団成社公演『赤い薔薇』（一九三〇）を演出。朝鮮劇場公演『故郷』『悲運』などに参加した。同時期に歌手活動も展開した。一九三三年、ポリドールレコードのレコード『沈黙』でも全玉と共演。一九三四年には朝鮮中央放送局のラジオ番組で多くの曲を歌うなど、人気歌手の一人だった。戦時体制下で全昌根監督『福地萬里』（一九四一）、崔寅奎監督『家なき天使』（同）、今井正監督『望楼の決死隊』（一九四三）、方漢駿監督『巨鯨伝』（一九四四）、崔寅奎監督『太陽の子供たち』（一九四四）に出演したのが注目される。解放後は平壌郊外に創設された国立映画撮影所副所長（所長は朱仁奎）になり、文藝峰らが出演した北朝鮮初の劇映画『我が故郷』（一九四六）など、多数の作品を監督した。一九七一年一〇月九日、北朝鮮の耀徳《ヨドク》強制収容所（咸鏡南道）で死亡したと伝えられる。

金駿泳（キム・ジュンヨン）一九〇七～一九六一
作曲家。黄海道の生まれ。高等普通学校を卒業後、日本に渡り、東京の東洋音楽学校で勉強した。一九三〇年代初期から一九四〇年代初めまで、朝鮮中央放送局の楽団でピアノを弾いていた。一九三四年からコロムビア・レコードで、姜弘植が歌う「処女総角」「ケナリ峠」などのヒット曲をリリースし、大衆歌謡の作曲家として名声を得た。一九四〇年代には日本の少女歌劇団で音楽監督。李明雨監督『愛に騙され金に泣き』（一九三九）の映画音楽を担当し、主題歌がヒットした。方漢駿監督『兵隊さん』（一九四四）では、李香蘭などの音楽慰問シーンが出色である。植民地時代の末期には上海にいた。解放後、故郷の黄海道海州で幼稚園を経営した時期もある。一九四七年、東京に行き、「朝比奈昇」の名前で活躍した。

全昌根（チョン・チャングン）
一九〇八・一・一八〜一九七三・一・一九
映画監督、脚本家、俳優。咸鏡北道回寧《フェーニョン》生まれ。一九二四年、釜山の尹白南プロダクションで王必烈（高佐貫長）監督『海の秘曲』で助監督をし、出演もしたが、母親の強い反対で出演場面は削除された。一九二六年、上海に渡り、大学で中国文学を学んだとされる。在籍したのは中華学院という記録もある。上海臨時政府が運営する学校で教師をした後、一九二八年に大中華百合影片公社に入社し、朝鮮から来ていた鄭基澤《チョンギテク》らに出会った。鄭基澤監督『火裏鋼刀』『愛国魂』（一九二八）の脚本を書き、李慶孫監督『揚子江』（一九三一）では脚本を書いたほか、出演もした。このほか、同公社で『大地の悲劇』『初恋』『春屍』などを監督したという。一九三七年に帰国。李創用の高麗映画協会に入社し、満州の朝鮮人移民を描く『福地萬里』を企画した。移民奨励の国策映画色が強く、満洲映画協会と合作したが、封切りは一九四一年にずれ込んだ。解放後は、崔寅奎監督『自由万歳』（一九四六）の脚本を書き、主演した。監督作品『ああ白凡金九先生』（一九六〇）、同『高宗皇帝と義士安重根』（一九六二）など、民族史観に彩られた映画を中心に一九六六年まで監督、脚本、出演を続けた。

林和（イム・ファ）
一九〇八・一〇・一三〜一九五八・八・六

詩人、評論家、言論人、映画俳優。本名は林仁植《イムインシク》。ソウル生まれ。通学していた私立小学校が閉鎖され、公立普通学校に転校。中学時代に父親が死んだことで家運が傾き、中退した。流行していたモダニズム詩に耽溺し、一九二六年、詩数編と評論を発表して文壇にデビューし、カップ（KAPF、朝鮮プロレタリア芸術同盟）に加盟した。ダダイズムや階級的視点に立つ文章を朝鮮日報などに掲載する一方、安夕影らの朝鮮映画芸術協会に加入して、金幽影、徐光済ら左傾映画人とともに影響力を強めた。金幽影監督『流浪』（一九二八）には主演俳優として出演。同『昏街（原題・暗闇の道）』（一九二九）、江湖監督『地下村』（一九三一）にも出演した。一九二九年頃には映画や演劇評も発表し、カップの代表的詩人として主導権を掌握した。東京にも一年余滞在した。カップ第一次事件で検挙され、三ヶ月間獄中にあった。一九三二年、カップ書記長。一九三四年のカップ第二次事件では検挙を免れた。馬山に落郷し結婚した。一九三七年に再上京し、複数の雑誌の編集長をしながら、社会主義に傾斜し、多くの評論を発表した。一九四〇年には李創用の高麗映画協会文芸部の嘱託になり、李の朝鮮映画文化研究所嘱託として「朝鮮映画年鑑」「朝鮮映画発達史」などを執筆した。解放後の一九四七年一一月に越北した。黄海道海州を拠点に活動し、朝鮮文化協会中央委副委員長。一九四八年に平壌に行き、朴憲永《パクホヨン》（南労党指導者）らを支持する文化路線を堅持した。朝鮮戦争中にはソウルに来て、朝鮮文化総同盟を組織した。一九五六年、南労党粛清と関連して「米帝の固定スパイ」として断罪され、絞首刑になった。

金漢（キム・ハン）一九〇九・四・二五〜？
映画美術家、舞台美術家、俳優。本名・金寅圭《キムインギュ》。ソウル生まれ、中学四年の時、同盟休校に参加し、退学処分になった。李慶孫監督を訪ね『淑英娘子伝』（一九二八）の美術部で働いた。一九二八年東京美術学校（現在の東京芸大）図案科に入学し、撮影所見学によく出かけたという。一九三一年夏休みに帰国中、金尚鎮監督『芳娥打令』（一九三二）に美術監督して参加し、主演した。共演は金素英。東京では舞台美術に専念し、吉田謙吉（一八九七〜一九八二）らの新舞台装置研究会に参加し、築地小劇場の舞台作りの経験を積んだ。一九三三年帰国し、舞台美術家として台頭した。一九三四年、朝鮮劇場企画部の責任者となり、三六年以降は東洋劇場にも関与した。家計のため茶房や看板屋も経営した。分島周次郎の京城撮影所でも、映画美術の仕事をした。一九三七年、徐光済監督らと大邱で聖峰映画園を作り、同監督『軍用列車』（一九三八）に出演した。李圭煥監督『新しき出発』（一九三九）、崔寅奎監督『授業料』（一九四〇）、同『家なき天使』（一九四一）、李炳逸監督『半島の春』（同）に出演し、方漢駿監督の国策映画『兵隊さん』（一九四四）にも出演した。梁柱南監督『迷夢』（一九三六）のチンケな強盗役や、『半島の春』の好色なレコード会社部長役が出色だ。解放後は、朝鮮映画同盟中央常任委員を務め、のちに越北した。朝鮮戦争時に、朱仁奎や姜弘植らとソウルに南下したことが、李弼雨の証言で確認されている。その後の消息は明らかでない。

李炳逸（イ・ビョンイル）一九一〇〜一九七八

映画監督。本名・李炳一《イビョンイル》。咸鏡北道咸興《ハムン》の生まれ。高等普通学校時代に黄雲監督『哀れな人々』（一九三二）の端役で出演。一九三二年の渡日後、神田の三崎英語専門学校で習学し、コリアレコード社を設立。一九三六年、日活演出部に入社し、米国帰りの阿部豊監督に師事した。一九四〇年に帰国し明宝映画社を設立、金一海・金素英主演『半島の春』（一九四一）を製作・監督した。解放後、国策会社「朝鮮映画社」の資産を管理し、朝鮮映画建設本部中央委員を歴任して、解放ニュースの制作に参加。一九四七年、右派映画人の映画監督倶楽部に参加。同年、文化総連盟「文化守護決起大会」に参加した後、二〇世紀フォックス社の招請で米国に渡り、南カリフォルニア大学映画科に通った。一九五〇年六月に帰国しようとしたが、朝鮮戦争勃発のニュースを聞き、日本に留まった。一九五四年に帰国し東亜映画社を設立した。アジア映画祭最優秀喜劇賞を受賞した『嫁入りの日』（一九五六）のほか、『自由結婚』（一九五八）『青春日記』（一九六二）などを監督した。一九七八年、大韓民国芸術院会員。アジア製作者連盟理事として、アジア映画界との交流を進めたが、心臓病のため六八歳で死去した。

沈影（シム・ヨン）

一九一〇・九・三〜一九七一・七・二四

演劇俳優、映画俳優。本名・沈載卨《シムジェソル》。ソウル生まれ。高等普通学校に通いながらYMCAで朝鮮舞踊、西洋舞踊を受講したが、学校の承認を得ず社会活動をしたとの理由で退学処分を受けた。その後、演劇団体「土月会」に研究生として入会した。一九三〇年、李亀永監督『守一と順愛』（一九三一）や金尚鎮監督『芳娥打令』（同）に出演。同年以降、多くの舞台にも立ち、一九三二年には日本コロムビア蓄音機文芸部の招請で日本に行った。朝鮮映画芸術協会の金光州監督『美しき犠牲』（一九三三）に出演し、さらに分島周次郎の朝鮮映画京城撮影所が製作したボクシング映画『血塗られたマット』（一九三四、山崎時彦監督）撮影のため東京に行き、薄田研二や山本安英らが組織した「新劇人協会」に幹部級会員として入会した。李圭煥監督『海よ語れ』（一九三五）、安鍾和監督『銀河に流れる情熱』（同）にも出演した。一九三九年二月には朱仁奎らと劇団「高協」を組織し、総務として統括した。全昌根監督の国策映画『福地萬里』（一九四一）に出演したほか、皇軍慰問として中国各地を巡回公演し、朝鮮演劇文化協会が主管する演劇競演大会では「国語劇演技賞」を受賞した。解放後は劇団「革命劇場」を創設し、左派演劇活動を展開した。一九四六年三月に怪漢に襲撃され、下腹部に銃撃を受けた。越北後は、演劇活動のほか北朝鮮映画にも多数出演した。功勲俳優（一九五七）人民俳優（一九六四）の称号を受けた。

全玉（チョン・オク）一九一一〜一九六九

女優、歌手。本名・全徳禮《チョンドンレ》。咸鏡南道咸興《ハムン》の生まれ。一九二四年頃、映画撮影に来た李弼雨を訪ねたことが因縁になり、女学校を中退して黄雲監督『楽園を求める群れ』（一九二七）に主演した。羅雲奎監督『さらば』（一九二七）『玉女』（一九二八）『愛を求めて』（同）に出演。この当時、演劇活動も並行して行い、一九三三年、ポリドールレコードの専属歌手となり、「ジャズのメロディー」でデビューし、大衆歌手として人気を集めた。雑誌「三千里」一九三五年一〇月号では、人気歌手第四位を占めた。映画には全昌根監督『福地萬里』（一九四一）で復帰。国策映画『兵隊さん』（一九四四）にも出演したほか、「南海芸能団」を作り、巡回公演した。解放後は「白鳥歌劇団」に改編して「木浦の涙」などのレパートリーを公演し、朝鮮戦争期は「涙の女王」として人気絶頂期にあった。姜弘植とは一九三七年に離婚。韓流スターの崔民秀《チェミンス》（日韓合作映画『ソウル』二〇〇二）は彼女の孫にあたる

崔寅奎（チェ・インギュ）一九一一〜？

映画監督。平安北道延辺生まれ。平壌商業学校を二年で中退して故郷に帰り、自動車運転を習得した。渡日して運転助手をしながら、京都の撮影所に入所しようとしたが果たせず、一九二九年ごろに帰国した。兄の崔完奎と「高麗映画社」を設立した。新義州の鉄工会社のほか、系列の映画館で映写技師として勤務し、金《キム》信哉《シンジェ》と結婚した。一九三七年ごろ、京城に行き、安夕影監督『沈清』（一九三七）の録音技師・李弼雨の助手になった。尹逢春監督『図生録』（一九三八）でも録音を担当した。この映画を製作した天一映画社で、監督デビュー作『国境』（一九三九）を演出した。李創用の高麗映画協会に入り、『授業料』（一九四〇）『家なき天使』（一九四一）を監督した。国策会社「朝鮮映画製作」では、今井正監督『望楼の決死隊』（一九四三）に演出助手として参加したほか、『太陽の子供たち』（一九四四）『愛と誓ひ』（一九四五）を監督した。解放後は兄・完奎の製作で『自由万歳』（一九四六）『独立前夜』（一九四八）『罪なき罪人』（同）を監督した。朝鮮戦争の際、北朝鮮に拉致され、消息不明になった。

田澤二（チョン・テギ）

一九一二・六・一〇〜一九九八・三・二

俳優、映画監督。本名・田溶鐸《チョンヨンタク》。ソウル生まれ。一九二九年ごろから、夜明歌劇団の舞台に立ち、一九三四年には金漢（金寅圭）の紹介で映画界に進出し、漢陽映画社撮影所を立ち上げた羅雲奎監督『対岸の村』（一九三五）に出演した。李奎煥監督『明るい人生』（一九三三）の撮影に来た藤井清から古いカメラを買い、それで撮影したという。羅雲奎監督『アリ

ラン三編』（一九三六）に出演したが、同時録音に失敗するなどトラブルが相次いだ。安夕影監督『沈清』（一九三七）、洪開明監督『青春部隊』（一九三八）、崔寅奎監督『国境』（一九三九）、同『授業料』（一九四〇）、同『家なき天使』（一九四一）、金永華監督『妻の倫理』（同）、李炳逸監督『半島の春』（同）、方漢駿監督『豊年記』（一九四二）などに多くの映画に出演した。「宮田泰彰」と創氏改名し、今井正監督『望楼の決死隊』（一九四三）、方漢駿監督『巨鯨伝』（一九四四）などの国策映画に出演した。解放直後は崔寅奎監督『自由万歳』（一九四六）、同『国民投票』（一九四八）などに出演し、一九五八年には『愛情無限』で監督デビューし、以後二作品を演出した。

申敬均（シン・ギョンギュン）
一九一二・九・一五〜一九八一・四・二二
映画監督。慶尚北道出身。大邱農林学校を卒業後、一九三〇年ごろ渡日し、京都の映画演劇学院に通った。新興キネマとJOスタジオで、録音など映画製作の経験を積んだ。帰国後『純情海峡』（一九三七）を監督したが、失敗作と評された。監督作品『半島の兄弟』（一九三七）『湖畔』（同）の詳細は明らかでない。漢陽映画撮影所で『処女図』（一九三九）も監督した。豊田四郎監督の国策映画『若き姿』（一九四三）では製作進行を担当し、敗戦間際には『我等の戦場』（一九四五）を監督した。解放後は、右派団体の映画監督倶楽部を結成し、一九四七年には青丘映画社を設立し、『新たな誓い』（一九四七）、『三千万の花束』（一九五一）などを監督し、朝鮮戦争後も一九七〇年代初めまで多くの映画を製作し、監督した。

金学成（キム・ハクソン）
一九一三・八・一〇〜一九八二
撮影技師。京畿道水原《スウォン》の生まれ。兄が団成社などで活躍した活動写真の弁士であり、姉は羅雲奎監督『さらば』（一九二七）などに出演した女優・歌手の金麗実《キムヨンシル》（一九一一〜一九九七、越北）である。一九三四年、東京の専修大学に留学。帰国後、分島周次郎の京城撮影所に入所し、李弼雨や梁世雄の撮影助手などを務めた。李圭煥の紹介で新興シネマに入り、一九三九年、日本撮影技術協会の試験に合格し正会員となり、「金井成一」の名前で三本の日本映画を撮影した。同年帰国し、方漢駿監督『城隍堂』を撮影した。撮影技師第二世代の代表格である。「きれいな画面」で定評があり、李創用の高麗映画協会で崔寅奎監督『家なき天使』（一九四一）、方漢駿監督『豊年歌』（一九四二）、さらに朝鮮映画製作で同監督『巨鯨伝』（一九四四）を撮影した。解放後は、朝鮮映画建設本部や米軍部隊でニュース映画を撮影した。朝鮮戦争では国防部映画課の撮影責任者となり撮影中に負傷した。女優・崔銀姫《チェウニ》と結婚したが、のちに離婚。一九六八年まで活躍し、韓国映画技術者協会長などを歴任した。

金素英（キム・ソヨン）一九一三（?）～一九八九（?）
女優。江原道寧越《ニョンウォル》の出身。牧師の父に連れられて開城に転居。父の死去で家運が傾き、映画界入りの契機になった。金兌鎮《キムテジン》監督『角のとれた黄牛』（一九二七）でデビュー。一七歳で演劇美術の青年・秋民《チュミン》と結婚した。川端基永監督『わが友よ』（一九二八）、金尚鎮監督『芳娥打令』（一九三二）、李昌根監督『罪を犯した女』（同）、金蘇峰監督『洪吉童伝前編』（一九三五）、李圭煥監督『虹』（一九三六）などに出演。安夕影監督『沈清』（一九三七）の演技でスター級女優に成長した。崔寅奎監督『国境』（一九三九）に出演したが、同監督との醜聞があり、愛人の趙澤元《チョテグォン》と一年間、東京に逃避生活した。帰国後は許泳監督『君と僕』（一九四一）、李炳逸監督『半島の春』（同）などに出演した。解放後は安鍾和監督『愁雨』（一九四八）に出演したが、趙澤元とともに米国に渡り、同地で亡くなった。

文藝峰（ムン・イエボン）一九一七～一九九九
女優。本名・文丁元《ムンチョンウォン》。咸鏡南道咸興《ハムン》の生まれ。一二歳では母を失い、俳優の父に従い劇団に入った。一三歳で初めて舞台に立った。日本から帰国した李奎煥監督『主なき渡し舟』（一九三二）で映画デビュー。第二作目が朝鮮初のトーキー映画である李明雨監督『春香伝』（一九三五）である。朴基采監督『春風』（一九三五）のほか、朝鮮映画京城撮影所に入所し洪開明監督『アリラン峠』（一九三五）、同『薔花紅蓮伝』（一九三六）、梁柱南監督『迷夢』（同）に出演した。安鍾和監督『人生航路』（一九三七）李圭煥監督『旅路』（同）に続き、徐光済監督『軍用列車』（一九三八）にも出演した。当代最高の人気があった女優である。李圭煥監督『新しき出発』（一九三九）、金幽影監督『水仙花』（一九四〇）、崔寅奎監督『授業料』（同）、許泳監督『君と僕』（一九四一）、李圭煥監督『蒼空』（同）、安夕影監督『志願兵』（同）、崔寅奎監督『家なき天使』（同）と、出演作は枚挙に暇がない。尹逢春監督『新開地』（一九四二）のほか、国策映画の朴基采監督『朝鮮海峡』（一九四二）、金永華監督『仰げ大空』（同）、崔寅奎監督『太陽の子供たち』（一九四四）でも足跡を残した。解放後は朝鮮映画同盟委員として活躍し、一九四八年に夫の林仙圭とともに越北。北朝鮮でも人民俳優になるなど朝鮮映画界で最高の経歴を記した。

金信哉（キム・シンジェ）一九一九～一九九九

女優。黄海道義州《ウイジュ》の生まれ。安東高女を中退し、新義州の映画館事務員として勤務中に、崔寅奎と結婚した。夫婦は一九三七年に京城に行き、金信哉は安夕影監督『沈清』（一九三七）の端役で出演した。崔寅奎は録音担当の李弼雨の助手だった。「永遠の少女」の愛称で呼ばれ、尹逢春監督『図生録』（一九三八）、朴基采監督『無情』（一九三九）、金幽影監督『愛恋頌』（同）、崔寅奎監督『家なき天使』（一九四一）、方漢駿監督『豊年歌』（一九四二）などに連続出演した。戦時中も国策映画の朴基采監督『朝鮮海峡』（一九四三）、金永華監督『仰げ大空』（同）、今井正監督『望楼の決死隊』（同）、崔寅奎監督『太陽の子供たち』（一九四四）、方漢駿監督『巨鯨伝』（同）、崔寅奎監督『愛と誓ひ』（一九四五）に連続出演した。戦後は、崔寅奎監督『独立前夜』（一九四六）、同『希望の村』（同）に出演。朝鮮戦争で崔寅奎が北朝鮮に拉致されると、釜山で茶房「水仙花」を経営した。兪賢穆監督『長雨』（一九七九）の老婆役が印象深い。一九八一年まで映画俳優の活動を継続したが、米国に移民し、同地で死亡した。

あとがき

映画は、時代と空間を追体験させるメディアだ。

本書は、戦時期の日朝映画人たちの人生を探求した群像史である。映画は、戦争と近代のプロパガンダ（政治宣伝）に活用されたメディアだ。副題を「戦争と近代の同時代史」とした所以である。日朝映画人の「青春残酷物語」と言ったほうが、より適正であろうか。

本書では、近代メディアの代表格である映画が、植民地朝鮮にあって、どのような格闘を経て製作され、どう挫折したかを、「映画群像史」の観点から研究し、叙述した。

これらの映画フィルムは長い間、紛失していたが、二一世紀になって相貌を顕にした。中国での発見を受けて、二〇〇七年八月、韓国映像資料院が注目すべきＤＶＤ選集を発刊した。『発掘された過去―日帝期劇映画選／一九四〇年代』である。

私はこの年、たまたま同資料院を訪れて、このＤＶＤ選集を職員から寄贈された。ホテルに戻り、パソコンで崔寅奎監督『家なき天使』（一九四一）を見て仰天した。京城の繁華街・鍾路《チョンノ》の夜景は、「植民地」の暗黒イメージとは対照的に、明るいネオンサインが輝く一方、その街を徘徊する少年少女の姿は、一九八〇年代までソウルで見られた貧しい浮浪児たちの日常生活でもあった。

ベテラン映画評論家の金鍾元《キムジョンウォン》氏が付録映像で語る解説が秀逸だった。穏やかな語り口であり、バランスの取れた視点に感銘を受けた。なによりも韓国映画への愛が感じられた。

翌日、映像資料院を再訪して、金鍾元氏と面談した。彼は偶然にも打ち合わせのため来院していたのだ。一時間ほど話して「ぜひ日本で上映会を開きたい。ぜひ解説者として来てほしい」と懇願した。訪日経験はないという。だが快諾してくれた。これが「日本統治下の朝鮮シネマ」研究に、私が引きずり込まれるきっかけである。

同じ頃、釜山・東西大学から「林権澤《イムグォンテク》映画祭」の提案を受けた。同大学に『風の丘を越えて（原題・西便制）』（一九九三）などで知られる林権澤監督の名前を冠した映画学部が誕生していた。毎日新聞ソウル特派員時代から、映画好きの私は、同監督と取材上のつきあいがあった。

戦前の朝鮮映画と林権澤監督。この二つの要素は二〇〇八年春、別府市で開いた第一回『日韓次世代映画祭』で結合した。私は当時、大分県立芸術文化短期大学の教壇に立っていた。専攻はマスメディアと現代韓国研究である。授業の中で、朝鮮戦争の悲劇を描いた姜帝圭《カンジェギュ》監督『ブラザーフッド』（二〇〇四）を見せた。平成生まれの学生たちが目に涙を浮かべ、「隣国でこんな歴史があったとは知らなかった」と口々に語った。映画を見る行為は、過ぎ去った時空を超越する。歴史教育における映像の力を再認識した瞬間だった。

日韓次世代映画祭は名優・安聖基《アンソンギ》氏らをゲストに招いて、第六回開催まで続いた。同氏や金鍾元氏は映画祭顧問として、知人の李明世《イミョンセ》監督は韓国側実行委員長として、映画祭開催に尽力された。私は映画祭ディレクターとして最新映画の上映を交渉する一方、「日本統治下の朝鮮映画」上映も欠かさず続けた。福岡市や北九州市でも上映会を開いた。それらの研究・報告は映画祭ブログ（https://ameblo.jp/jk-nextflm/）などで行ってきた。

本書の執筆構想を立てたのは、短大を定年退職した二〇一五年以降である。韓流シネマの関連図書はたくさんあるのに、日本人著者による植民地期の朝鮮映画の研究書がないことに気づいたからだ。韓国語からの翻訳通史は存在するのだが、日本や日本映画に詳しくないのが欠点だ。

前著『忘却の引揚げ史・泉靖一と二日市保養所』（弦書房、二〇一七）を執筆しながら、植民者二世の日本人と朝鮮人の若者たちによる「京城の青春群像」のありように、関心が募ったからでもある。映画製作という日朝映画人の共同作業は、そのテーマを探求するのにふさわしい事柄であると確信する。

とりあえず、本書を書き終えた。しかし、書かれるべき事柄の二割ほどしか書いていない、という慚愧の念に耐えない。もともと二〇本ほどの朝鮮映画を紹介し、多くの人物研究を行う予定だった。しかし調べれば調べるほど、その分厚い内容に気がつき、今回はこの程度でペンを置くことにした。書き残した「モダン京城の女優たち」などは、苦闘した朝鮮女性たちの群像を描くのにふさわしい次のテーマだ。

本書は多くの人たちの支援とご協力があって、刊行にこぎつけた。『日韓次世代映画祭』の開催に協力していただいたすべての学生、市民、映画関係者などの皆さんにお礼を申し上げたい。そのお力添えによって、本書の刊行も実現したと言っても過言ではない。映画祭の日本側委員長だった別府市のネクタイ会社社長、間島一雄氏（故人）は、京城の映画館「喜楽館」館主のご子息である。

御尊父の経歴を当時の文書で確認し、電話を差し上げたのが、最期の通話になった。

国立映画アーカイブ図書室のほか、東京都立中央図書館、品川区立図書館、港区立図書館、目黒区立図書館が所蔵する多くの書籍を参照した。韓国でデジタル化された新聞・雑誌資料も活用した。

金鍾元氏をはじめ韓国映画評論家協会の皆さん、鄭琮樺《チョンジョンファ》氏ら韓国映画資料院の皆さんからご指導をいただいた。鄭氏の『韓国映画一〇〇年史―その誕生からグローバル展開まで』（二〇一七）は、日本語で読める韓国映画通史としてベストの著作である。

西亀元貞の取材に関しては、長女の西亀百合子氏からご協力を得た。金学成について田中文人氏から貴重な助言を得た。あらかじめ原稿を読み助言をいただいた知人の皆さんにも、お礼を申し上げます。

本書で紹介した映画をＤＶＤ上映しながら、読者の皆さんと感想を語り合いたい。現在の私のささやかな願いである。お問い合わせは下川（sentense502@yahoo.co.jp）にいただきたい。弦書房の小野静男氏には、前著に引き続き、お世話になりました。ありがとうございました。

二〇一九年四月吉日

著者

《主な参考文献》

主な参考文献を、「朝鮮映画史」「日本映画・社会文化史」「朝鮮社会文化史」として分類した。「ソウル」とあるのは、韓国語での出版物。参考にした論文（韓国語を含む）やブログ、新聞・雑誌、ＤＶＤなども列挙した。

◎朝鮮映画史

李順真ら編著『植民地時代大衆芸術家事典』（ソウル・図書出版、二〇〇六）
金鍾元『韓国映画監督事典』（ソウル・国学資料院、二〇〇四）
金鍾元、チョン・ジュンホン『韓国映画一〇〇年』（ソウル・文学思想社、二〇〇〇）
李英一『改訂増補版　韓国映画全史』（ソウル・ソド、二〇〇四）
咸忠範『日帝末期韓国映画史　一九四〇〜一九四五』（ソウル・国学資料院、二〇〇八）
韓国映像資料院編『高麗映画協会と映画新体制　一九三六―一九四一』（ソウル・韓国映像資料院、二〇〇七）
パク・ヒョンヒ『文藝峰と金信哉　一九三二〜一九四五』（ソウル・ソンイン、二〇〇八）
韓相言『解放空間の映画・映画人』（ソウル・理論と実践、二〇一三）
申相玉『僕は映画だった』（ソウル・ランダムハウスコリア、二〇〇七）
朴南玉『韓国初の女性監督』（ソウル・マウムサムチェク、二〇一七）
金麗実『投射する帝国・投影する植民地』（ソウル・サムイン、二〇〇六）
チョ・ソンヒ『クラシック中毒』（ソウル・マウムサンチェク、二〇〇九）
姜聲律『親日映画』（ソウル・ロクメディア、二〇〇六）
佐藤忠男・李英一『韓国映画入門』凱風社編集部訳（凱風社、一九九〇）
安鍾和『韓国映画側面秘史』（ソウル・現代美術社、一九九八）／長沢雅和訳『韓国映画を作った男たち―一九〇五―四五年』（青弓社、二〇一三）
鄭琮樺『韓国映画一〇〇年史　その誕生からグローバル展開まで』野崎充彦・加藤千恵訳（明石書店、二〇一七）
金美賢・責任編集『韓国映画史　開化期から開花期まで』根本理恵訳（キネマ旬報社、二〇一〇）
扈賢賛『わがシネマの旅　韓国映画を振りかえる』根本理恵訳（凱風社、二〇〇一）
李英載『帝国日本の朝鮮映画　植民地メランコリアと協力』（三元社、二〇一三）

高島金次『朝鮮映画統制史』（朝鮮映画文化研究所、一九四三）／「日本映画論言説大系九」（ゆまに書房、二〇〇三）に収録
内海愛子・村井吉敏『シネアスト許泳の「昭和」』（凱風社、一九八七）
門間貴志『朝鮮民主主義人民共和国映画史　建国から現在までの全記録』（現代書館、二〇一二）

◎朝鮮社会文化史
方洙源『家なき天使』（那珂書店、一九四三）
任文桓『日本帝国と大韓民国に仕えた官僚の回想』（ちくま文庫、二〇一五）
金昌国『ボクらの京城師範附属第二国民学校　ある知日家の回想』（朝日新聞社、二〇〇八）
金振松『ソウルにダンスホールを　一九三〇年代朝鮮の文化』川村湊ら訳（法政大学出版局、二〇〇五）
徐大粛『金日成と金正日』古田博司訳（岩波書店、一九九六）
徐大粛『金日成』林茂訳（講談社学術文庫、二〇一三）
林鍾国『親日派』コリア研究所訳（御茶ノ水書房、一九九二）
柳宗鎬『僕の解放前後　一九四〇―一九四五』白燦訳（春風社、二〇〇八）
鄭在哲『日帝時代の韓国教育史』佐野通夫訳（皓星社、二〇一四）
金富子『植民地期朝鮮の教育とジェンダー』（世織書房、二〇〇五）
李栄薫『大韓民国の物語』永島広紀訳（文藝春秋、二〇〇九）
趙景達『近代朝鮮と日本』（岩波新書、二〇一二）
文京洙『新・韓国現代史』（岩波新書、二〇一五）
尹健次『「在日」の精神史（三）　アイデンティティの揺らぎ』（岩波書店、二〇一五）
辛基秀編著『映像が語る「日韓併合」史』（労働旬報社、一九八八）
南富鎮『文学の植民地主義　近代朝鮮の風景と記憶』（世界思想社、二〇〇六）
南富鎮『松本清張の葉脈』（春風社、二〇一七）
鄭大均『日韓併合期ベストエッセイ集』（ちくま文庫、二〇一五）
金英達『創氏改名の研究』（未来社、一九九七）
金賛汀『炎は闇の彼方に　伝説の舞姫・崔承喜』（日本放送出版協会、二〇〇二）
KBS光復六〇周年特別プロジェクト編『八・一五の記憶』（ソウル・ハンギル社、二〇〇五）
鄭晋錫『極秘　朝鮮総督府の言論検閲と弾圧』（ソウル・

コミュニケーションブックス、二〇〇七）
鄭尚進『アムール川で歌う白鳥の歌』（ソウル・知識産業社、二〇〇五）
趙澤元『趙澤元』（ソウル・コミュニケーションブックス、二〇一五）
磯谷季次『朝鮮終戦記』（未来社、一九八〇）
磯谷季次『良き日よ、来たれ　北朝鮮民主化への私の遺書』（花伝社、一九九一）
鎌田正二『北鮮の日本人苦難記　日窒興南工場の最後』（時事通信社、一九七〇）
加藤聖文「『大日本帝国』崩壊　東アジアの一九四五年」（中公新書、二〇〇九）
森田芳夫『朝鮮終戦の記録　米ソ両軍の進駐と日本人の引揚』（巌南堂書店、一九六四）
岡本進明編『聞書水俣民衆史第五巻　植民地は天国だった』（草風館、二〇〇〇）
黒川創編『〈外地〉の日本語文学選三　朝鮮』（新宿書房、一九九六）
川村湊『満州崩壊　「大東亜文学」と作家たち』（文藝春秋、一九九七）
川村湊『作文のなかの大日本帝国』（岩波書店、二〇〇〇）
安田敏『植民地のなかの「国語学」』（三元社、一九九八）
山田寛人『植民地朝鮮における朝鮮語奨励政策』（不二出版、二〇〇四）
小倉紀蔵『朝鮮思想全史』（ちくま新書、二〇一七）
林建彦『韓国現代史』（至誠堂新書、一九七六）
鄭大均・古田博司編『韓国・北朝鮮の嘘を見破る』（文春新書、二〇〇六）
永島広紀『戦時期朝鮮における「新体制」と京城帝国大学』（ゆまに書房、二〇一一）
和田春樹『北朝鮮　遊撃隊国家の現在』（岩波書店、一九九八）
御手洗辰雄編『南次郎』（南次郎伝記刊行会、一九五七）
松田利彦『日本の朝鮮植民地支配と警察　一九〇五年〜一九四五年』（校倉書房、二〇〇九）
坪江汕二『朝鮮民族独立運動秘史』（日刊労働通信社、一九五九）

◎日本映画・社会文化史
佐藤忠男『日本映画史　増補版』全四巻（岩波書店、二〇〇六）
佐藤忠男他編『講座　日本映画』全八巻（岩波書店、一九八五〜八八）
四方田犬彦『日本映画史一一〇年』（集英社新書、二〇一四）
四方田犬彦『李香蘭と原節子』（岩波現代文庫、二〇一一）

田中純一郎『日本映画発達史』全五巻（中央公論新社、一九八〇）
崔盛旭『今井正　戦時と戦後のあいだ』（クレイン、二〇一三）
今井正監督を語り継ぐ会編『今井正映画読本』（論創社、二〇一二）
映画の本工房ありす『今井正「全仕事」　スクリーンのある人生』（ACT、一九九〇）
シナリオ作家協会編『八木保太郎　人とシナリオ』（日本シナリオ作家協会、一九八九）
日本シナリオ文学全集『八木保太郎・山形雄策集』（理論社、一九五六）
尾崎秀樹『プロデューサー人生　藤本真澄映画に賭ける』（東宝出版事業室、一九八一）
ピーター・ブラウン・ハーイ『銀幕の帝国　一五年戦争と日本映画』（名古屋大学出版会一九九五）
石井妙子『原節子の真実』（新潮社、二〇一六）
山口猛『幻のキネマ満映　甘粕正彦と活動屋群像』（平凡社、一九八九）
宮島義勇『「天皇」と呼ばれた男　撮影監督宮島義勇の昭和回想録』（愛育社、二〇〇二）
飯島正『戦中映画史（私記）』（エムジー出版、一九八四）
加藤厚子『総動員体制と映画』（新曜社、二〇〇三）
古川隆久『戦時下の日本映画　人々は国策映画を観たか』（吉川弘文館、二〇〇三）
輿那覇潤『帝国の残影　兵士・小津安二郎の昭和史』（NTT出版、二〇一一）
宜野座菜央見『モダン・ライフと戦争　スクリーンのなかの女性たち』（吉川弘文館、二〇一三）
加藤陽子『天皇の歴史八　昭和天皇と戦争の世紀』（講談社学術文庫、二〇一八）
有馬学『日本の歴史二三　帝国の昭和』（講談社学術文庫、二〇一〇）
山田風太郎『戦中派不戦日記』（講談社文庫、二〇〇二）
佐野真一『遠い「山びこ」　無着成恭と教え子たちの四〇年』（文春文庫、一九九六）
高祐二『吉本興行と韓流エンターテイメント』（花伝社、二〇一八）
喜多由浩「北朝鮮に消えた歌声・永田弦次郎の生涯」（新潮社、二〇一一）
小野茂樹『大分県と文学』（藤井書房、一九六七）
下川正晴『忘却の引揚げ史　泉靖一と二日市保養所』（弦書房、二〇一七）

◎論文

李順真「植民地経験と解放直後の映画製作」（ソウル

朴光賢「検閲官・西村真太郎に関する考察」（ソウル、二〇〇六）
鄭琮樺「朝鮮映画『授業料』の映画化課程とテキスト比較研究」（ソウル、二〇一五）
曺健「中日戦争期朝鮮軍司令部報道部の設置と組織構成」（ソウル、二〇〇九）
チョン・ジニ「俳優金素英論　スキャンダルメーカー、人民と国民の間の女優」（ソウル）
イ・サンギル「一九二〇～一九三〇年代京城のメディア空間とインテリゲンチャ　崔承一の場合」（ソウル）
渡辺直紀「太平洋戦争期の日朝合作映画について」
田中則宏「植民地期朝鮮映画界における日本人の活躍とその展開」（二〇一三）
板垣竜太「植民地期朝鮮における識字調査」（一九九九）
高崎隆治「徴兵制の布石・映画『望楼の決死隊』」（季刊『三千里』一九八一・八）
井原麗奈「一九三〇～一九四〇年代の朝鮮半島における『女優』」（二〇一一）
森津千尋「植民地朝鮮におけるスポーツとメディア」（二〇一一）
稲葉継雄「塩原時三郎研究：植民地朝鮮における皇民化教育の推進者」（一九九九）
車承棋「帝国のアンダーグラウンド」西村直登訳（二〇一四」）
小野容照「福音印刷合資会社と在日朝鮮人留学生の出版史」（二〇〇九）
内藤寿子「脚本家・水木洋子と映画『あれが港の灯だ』」（二〇〇八）

◎雑誌・新聞・Web

『キネマ旬報』『映画旬報』『映画評論』『三千里』『東亜日報』『毎日申報』『輝国山人の韓国映画』『ヌルボ・イルボ　韓国文化の海へ』『yohnishi’s blog』『ウィキペディア』『ウィキペディア韓国語版』

〔著者略歴〕

下川正晴（しもかわ・まさはる）

一九四九年七月、鹿児島県生まれ。大阪大学法学部卒。立教大学大学院博士課程前期（比較文明論）修了。毎日新聞西部本社、東京本社外信部、ソウル支局、バンコク支局、編集委員、論説委員等を歴任。韓国外語大学言論情報学部客員教授、大分県立芸術文化短期大学教授（マスメディア論、現代韓国研究）。日韓次世代映画祭ディレクター。二〇一五年定年退職し、著述業。近現代史、韓国、台湾、映画を中心に取材執筆中。

著書『私のコリア報道』（晩聲社、二〇一六）『忘却の引揚げ史―泉靖一と二日市保養所』（弦書房、二〇一七）。論文「体験的に見た『慰安婦報道』論」（毎日新聞社「アジア時報」）、「終戦時の陸軍大臣・阿南惟幾、遺族が語る自決七〇年目の真実」（月刊誌「正論」）、「ジャーナリストが見た日韓関係五〇年」（月刊誌「海外事情」）、「隻脚の外交官・重光葵が韓国を撃つ」（月刊誌「正論」）ほかがある。

日本統治下の朝鮮シネマ群像
――戦争と近代の同時代史

二〇一九年 五 月三〇日発行

著　者　下川正晴
発行者　小野静男
発行所　株式会社　弦書房
（〒810・0041）
福岡市中央区大名二―二―四三
ELK大名ビル三〇一
電　話　〇九二・七二六・九八八五
FAX　〇九二・七二六・九八八六

組版・製作　合同会社キヅキブックス
印刷・製本　シナノ書籍印刷株式会社

ISBN978-4-86329-188-1 C0021

満州国の最期を背負った男
星子敏雄

荒牧邦三　甘粕正彦の義弟・星子敏雄。満州警察のトップとして国家運営の一端を担い、満州国破綻後も逃亡せず、最後まで責務をまっとうした清廉の人。満州国終焉後、ソ連軍に逮捕され、シベリア抑留11年を生き抜いた壮烈な生涯。〈四六判・224頁〉2000円

筑豊・軍艦島　朝鮮人強制連行、その後

林えいだい　韓国、サハリン、筑豊、長崎……戦争と石炭産業の犠牲になった朝鮮人の苦難の歴史。半世紀の歳月をかけて、写真三八〇点とルポで強制連行の全体像に迫る。〈菊判・330頁〉【3刷】2000円

占領下の新聞
別府からみた戦後ニッポン

白土康代　温泉観光都市として知られる別府（大分県）で、占領期の昭和21年3月から24年10月までにGHQの検閲を受け発行された52種類の新聞がプランゲ文庫から甦る。様々な世相を報じる紙面から当時のニッポンを読み解く。〈A5判・230頁〉2100円

靖国誕生　幕末動乱から生まれた招魂社

堀雅昭　靖国神社は、創建にいたる歴史にほとんどふれられていない。「靖国」と呼ばれるに至った明治12年までの創建史を、長州藩の側からまとめた一冊。「靖国神社のルーツ」をたどり、浮びあがってくる招魂社としての〈靖国〉の実像。〈四六判・250頁〉1800円

放浪・廻遊民と日本の近代

長野浩典　かつて国家に管理されず、保護もうけず、生き方死に方を自らで決めながら、定住地というものを持たない人々がいた。彼らはなぜ消滅させられたのか。非定住は不当なのか。山と海の漂泊民の生き方を通して近代の是非を問う。〈四六判・310頁〉2200円

＊表示価格は税別